公務員試験

出るとこ

14 自然科学

国家一般職・地方上級レベル対応

新装第2版

セレクト SELECT

55

過去問

TAC出版

TAC PUBLISHING Group

● はじめに ●

目指す場所に必ずたどり着きたい方のために──
『出るとこ過去問』は超実践的 "要点整理集＋過去問集" です。

「公務員試験に合格したい」
この本を手にされた方は、きっと心からそう願っていると思います。

公務員試験に合格することは、けっして容易なものではありません。勉強すべき科目は多く、参考書は分厚い。合格に必要な勉強時間はおおよそ1500 ～ 2000時間と言われており、準備に半年～ 1年かける方が大半でしょう。覚悟を決め、必死で取り組まなければなりません。

たとえ予備校に通っていても、カリキュラムをひたすらこなすだけでせいいっぱいという方もいるでしょう。独学の場合はなおさら、スケジュールどおりに勉強を進めていくには、相当な自制心が必要です。試験の日程が近づいているにもかかわらず、「まだ手をつけていない科目がこんなにある」と落ち込んでしまう方もいるかもしれません。

そんな時こそ、本書の出番です。この『出るとこ過去問』は、公務員試験合格のための超実践的 "要点整理集＋過去問集" です。絶対に合格を勝ち取りたい方が最後に頼る存在になるべく作られました。

おさえるべき要点はきちんと整理して理解する。解けるべき過去問はきちんと解けるようにしておく。それが公務員試験で合格するためには必須です。**本書は、合格のために "絶対理解しておかなければならない要点" の簡潔なまとめと、これまで公務員試験の中で "何度も出題されてきた過去問" だけを掲載しています。**だからこそ、超実践的なのです。

たくさんの時間を使い、たくさん勉強してきたけれど、まだ完全に消化しきれていない科目がある。そんな方にとって、本書は道を照らす最後の明かりです。**本書の重要事項スピードチェックやPointCheckを頼りに重要事項を整理して理解し、過去問が解けるところまで行けば、合格はもうすぐです。**

いろいろと参考書を手にしてみたものの、どれもしっくりとせず、試験の日程ばかりが迫ってきている。そんな方にとって、本書は頼もしい最後の武器です。**本書をぎりぎりまで何度も繰り返し勉強することで、合格レベルまで底上げが可能となります。**

道がどんなに険しくても、そこに行き先を照らす明かりがあれば、効果的な武器があれば、目指す場所に必ずたどり着くことができます。

みなさんが輝かしい未来を勝ち取るために、本書がお役に立てれば幸いです。

2020年3月　TAC出版編集部

● 本書のコンセプトと活用法 ●

本書のコンセプト

1. 過去問の洗い直しをし、得点力になる問題だけを厳選

その年度だけ出題された難問・奇問は省く一方、近年の傾向に合わせた過去問の類題・改題はしっかり掲載しています。本書で得点力になる問題を把握しましょう。

<出題形式について>
　旧国家Ⅱ種・裁判所事務官の出題内容も、国家一般・裁判所職員に含め表記しています。また、地方上級レベルの問題は地方上級と表示しています。

2. 基本問題の Level 1 、発展問題の Level 2 のレベルアップ構成

Level 1 の基本問題は、これまでの公務員試験でたびたび出題されてきた問題です。何回か繰り返して解くことをおすすめします。科目学習の優先順位が低い人でも、最低限ここまではきちんとマスターしておくことが重要です。さらに得点力をアップしたい方は Level 2 の発展問題へ進みましょう。

3. 重要事項スピードチェックと見開き2ページ完結の問題演習

各章とも、**重要事項スピードチェック**で基礎力の底上げがはかれるように内容を整理しています。全体の把握、知識の確認・整理に活用しましょう。この内容は、 Level 1 、 Level 2 の両方に対応しています。また、**Q&A**形式の問題演習では、問題、解答解説および、その問題に対応する キーワードチェック や **PointCheck** を見開きで掲載しています。重要ポイントの理解を深めましょう。

● 基本的な学習の進め方

どんな勉強にもいえる、学習に必要な4つのポイントは次のとおりです。本書は、この①〜④のポイントに沿って学習を進めていきます。

①理解する

問題を解くためには、必要な知識を得て、理解することが大切です。

②整理する

ただ知っているだけでは、必要なときに取り出して使うことができません。理解したあとは、整理して自分のものにする必要があります。

③暗記する　④演習する

問題に行き詰まったときは、その原因がどこにあるのか、上記①〜④をふりかえって考え、対処しましょう。

本書の活用法

1. 重要事項スピードチェックで全体像をつかむ

重要事項スピードチェックの キーワードチェック や ミニ演習 で、問題を解くために必要な知識を確認しましょう。関連する **Q&A** のリンクも掲載しています。

2. Level 1 ・ Level 2 の Q&A に取り組む

ここからは自分にあった学習スタイルを選びましょう。苦手な論点は、繰り返し問題を解いて何度も確認をすることで自然と力がついてきます。

Level 2 の **Level up Point!** は得点力をつけるアドバイスです。当該テーマの出題傾向や、問題文の目のつけどころ、今後の学習の指針などを簡潔にまとめています。

●本書を繰り返し解き、力をつけたら、本試験形式の問題集にも取り組んでみましょう。公務員試験では、問題の時間配分も重要なポイントです。

➡ **本試験形式問題集**

『**本試験過去問題集**』（国家一般職・国税専門官・裁判所職員ほか）

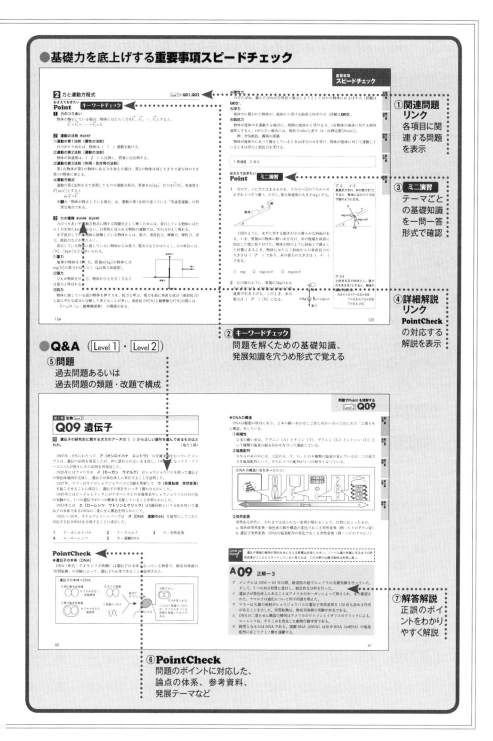

●基礎力を底上げする **重要事項スピードチェック**

重要事項 スピードチェック

2 力と運動方程式　　　　　　Level 1 ▶ Q01,Q02

Point　キーワードチェック

1 力のつりあい
物体が静止している場合、物体にはたらく力を$\vec{F_1}$、$\vec{F_2}$、…、$\vec{F_n}$とすると、
$\vec{F_1}+\vec{F_2}+\cdots+\vec{F_n}=0$

2 運動の法則 ※p147
(1)運動の第1法則（慣性の法則）
合力が0であるとき、物体は（ 1 ）運動を続ける。
(2)運動の第2法則
物体の加速度は、（ 2 ）に比例し、質量に反比例する。
(3)運動の第3法則（作用・反作用の法則）
第1の物体が第2の物体にある力を加えた場合、第2の物体は同じ大きさで逆方向の力を第1の物体に加える。

3 運動方程式
運動の第2法則を式で表現したものが運動方程式。質量をm[kg]、合力を$\vec{F}$[N]、加速度を$\vec{a}$[m/s²]とすると
$m\vec{a}=\vec{F}$
・※3「物体が静止している場合」は、運動の第1法則で述べている「等速度運動」の、特別な場合である。

3 力の種類 ※p146 ※p147
力のつりあいや物体の運動に関する問題を正しく解くためには、着目している物体にはたらく力を知ることが必要となる。目的的に見られる物体の種類は、次の力が正しく現れる。
まず着目している物体に接触している物体からは、張力、垂直抗力、摩擦力、弾性力、浮力、抵抗力などが考えられる。
着目している物体に接触していない物体からは重力、電気力などがはたらく。力の単位には、[N]、[kgw]などが用いられる。
(1)重力
地球が物体を引き、質量m[kg]の物体には
mg[N]の重力がはたらく（gは重力加速度）。
(2)張力
つるが物体を引く。物体がひもなど
は張力を引かれる
(3)抗力
物体に接触する物体が物体を押す。抗力と呼ぶ。重力を面に垂直な成分（垂直抗力）と面に平行な成分に分解して考えることがあり、垂直抗力がN[N]と動摩擦力F[N]の間には、
$F=\mu N$（μ:動摩擦係数）の関係がある。

124

---

(4)浮力
いたんだ、縮んだばねがその自然長に復元しようとするときほかの物体におよぼす力（詳細は～

(002)
(5)浮力
流体中に置かれた物体に、流体から受ける鉛直上向きの力（詳細はQ02）。
(6)抵抗力
物体が流体中を運動する場合に、周囲の流体から受ける力。vを物体の流体に対する相対速度とすると、vが小さい場合には、抵抗力は2kv と表す（k:比例定数[Ns/m]）。
例：空気抵抗、液面の摩擦
物体が流体中にあって静止しているときは浮力のみを受け、物体が流体に対して運動しているときは浮力と抵抗力を受ける。

1 等速度	2 合力

おさえておきたい
Point　ミニ演習

1 次のア、イに当てはまるものを、下の①～③のうちからそれぞれ1つずつ選べ。ただし、重力加速度の大きさはgとする。

上図のように、水平に対する傾きがθの滑らかな斜面がある。いま、質量mの物体に軽い糸を付け、糸の他端を斜面に固定して手で斜面に取り付けたとき斜面上に物体を静止させた場合、物体にはたらく糸の張力の大きさは（ ア ）であり、糸の張力の大きさは（ イ ）である。

① mg　② mgcosθ　③ mgsinθ

2 右の図のように、質量0.5kgのおもりが、重力と糸の張力を受けて、下向きに加速度1.0m/s²で引き上げられている。このとき、糸の張力T[N]は（ ア ）になる。

ア 5.4
上向きを正方向の向きし、張力の大きさをTとすると、物体の運動方程式は
0.5×10=T−0.5×98
T=0.5×(10+98)
T=5.4（N）

125

●Q&A　Level 1・Level 2

⑤問題
過去問題あるいは
過去問題の類題・改題で構成

第1源 生物 Level 2

Q09 遺伝子

問 遺伝子の研究史に関する次の文のア～オの（ ）から正しい語句を選んであるものはどれか。
（地方上級）

1865年、8年にわたって ア **[オシロイバナ エンドウ]** の交雑実験を行っていたメンデルは、遺伝の法則を発見したが、世に認められないまま没し、19世紀になってド・フリースら3人が別々にその法則を再現した。
1926年にはアメリカの イ **[モーガン ラマルク]** がショウジョウバエを使って遺伝子の染色体地図を完成し、遺伝子の染色体上に実在することに成功した。
1927年、マラーはX線でショウジョウバエに突然変異を起こして ウ **[形質転換 突然変異]** を起こさせることに成功し、遺伝子の実在を小っき一つ確かなものにした。
1945年にはビードルとテータムがアカパンカビの栄養要求からショウジョウバエの目の色の実験から、1つの遺伝子が1つの酵素を支配していることを明らかにした。
1953年には エ **[ローレンツ ワトソンとクリック]** はX線回折という方法を用いて遺伝子の本体である2重らせん構造を明らかにした。
1955～56年、オキョアとコンバーグは オ **[DNA 運搬RNA]** を鋳型にしてこれに対応する分やRNAを合成することに成功した。

1	ア―オシロイバナ	2	イ―ラマルク	3	ウ―突然変異
4	エ―ローレンツ	5	オ―運搬RNA			

PointCheck
※DNAの本体（DNA）
DNA（和名：デオキシリボ核酸）は遺伝子の本体となっている物質で、肺炎双球菌の「形質転換」の実験によって、遺伝子の正体であることが証明された。

遺伝子の本体＝DNA

60

問題でPointを理解する
Level 2　Q09

※DNAの構造
DNAは細胞の核内に、2本の細い糸がはしご状に向かい合ってねじれた「2重らせん構造」をしている。
①相補性
2本の細い糸は、アデニン（A）とチミン（T）、グアニン（G）とシトシン（C）という種類の塩基の組み合わせを守って連結している。
②塩基配列
DNAの糸の中には、上記のA、T、G、Cの4種類の塩基が並んでいるが、この並び方を塩基配列という。このA～Cの配列が1つの情報となっている。

（DNAの構造）（染色体＝DNA）

突然変異
突然ある世代に、それまでは見られない変異が現れることで、自然におこったもの。
a. 染色体突然変異=染色体の数や構造の変化でおこる突然変異（例：ヒトのダウン症）
b. 遺伝子突然変異=DNAの塩基配列の変化でおこる突然変異（例：ヘビのアルビノ）

Level up Point!　遺伝子研究の歴史的事実とその主要な業績に関し、ノーベル賞の受賞に関するものが多く、難問のように見えてもそこからスタートしていくことを考えれば、この分野の出題傾向は把握できる。

A09　正解―3

ア メンデルは1856～63年間、緑遺伝の純エンドウの交雑実験を行っていた。そして、7つの対立形質を調べ、統計的な分析を行った。
イ 遺伝子の染色体上にあることはアメリカのモーガンによって唱えられ、また、確認された。ラマルクは進化について用不用説を唱えた。
ウ マラーはX線の照射がショウジョウバエの遺伝子突然変異を150倍も高める作用があることを示した。形質転換は、肺炎双球菌の実験が有名である。
エ DNAの二重らせん構造の解明はアメリカのワトソンとイギリスのクリックによる。ローレンツは、すり込みを発見した動物行動学者である。
オ 鋳型となるのはDNAである。運搬RNA（tRNA）は伝令RNA（mRNA）の塩基配列に応じてアミノ酸を運搬する。

61

右側注記（レイアウト説明）

① **関連問題リンク**
各項目に関連する問題を表示

③ **ミニ演習**
テーマごとの基礎知識を一問一答形式で確認

④ **詳細解説リンク**
PointCheckの対応する解説を表示

② **キーワードチェック**
問題を解くための基礎知識、発展知識を穴うめ形式で覚える

⑦ **解答解説**
正誤のポイントをわかりやすく解説

⑥ **PointCheck**
問題のポイントに対応した、論点の体系、参考資料、発展テーマなど

● 効率的『出るとこ過去問』学習法 ●

1周目

　教養分野の一般知識は、学習範囲が膨大で、一定レベルの基礎知識があることを要求されます。だとすれば、**知識分野の学習は「点数になる範囲」をできるだけ多く見つけ出すことが最初の目標です。**スケジュールを重視して、細かいところはとばし、すでに学習した内容の再確認を目指しましょう。

> 法律・経済などの専門科目のように、最初に内容を理解することは、一般知識の分野では必要ありません。むしろ理解していることが前提なのです。細かい知識をインプットするためにも、全体の流れや科目の体系を過去に学習していなければなりません。そのためにも、本書を利用してスピード感のある学習を心がけてください。興味がある分野は参考資料などに当たって理解を深めるのも楽しいのが一般知識分野ですが、得点にならなければ深い学習も意味がありません。まずは、自分の既習範囲で1問でもプラスできる部分を見つけ出すことです。

1. 重要事項スピードチェックの キーワードチェック にトライ

　効率よく作業を進めます。大切なのは覚えている部分を見つけ出して、そこから広げていくことです。

> 知識の学習ですから深く考える時間は不要です。小中学校の夏休みのドリルのように、作業を仕上げる感覚で穴埋め部分をチェックしていきましょう。できるかどうか、知っているかどうかではなく、作業と割り切って処理していきます。

(1) キーワードチェック の各項目を概観 （3分程度）

　次の3点をテンポよく行ってください。

　① キーワードチェック の内容の構成を確認
　②中心的なテーマと、どのあたりが難しそうかを把握
　③全体を流し読みして、理解できる部分を探す

> 学習範囲を確認して目標設定をする段階です。何を確認し、どこが得点になるかを探します。理解できそうもない部分は、軽く確認する程度でかまいません。

(2) 穴埋め作業 （10～30分程度）

　はじめから解答欄をみて、知っているかどうかを確認します。

　　①知っている、わかる部分には、書き込みはしません。
　　②まったく知らない用語は、解答を書き込みます。
　　③自信がない、しっかり覚えたい部分は、頭文字だけヒントとして書いておきます。

> 全体像を確認したら、次にやることは「道しるべ」を作っておくことです。作業としてのスピード感が大切です。すべてに頭文字だけ穴埋めしてもいいでしょう。

2. 重要事項スピードチェックの ミニ演習 にトライ

ポイントとなる理解を試します。 ミニ演習 が楽にできる部分は得点力があり、ピンとこないところはある程度の努力が必要とされる部分です。

絶対正解できる自信がある問題は解答を塗りつぶしましょう。わからない問題には、問題文・解答解説に覚えるポイントを書き込みましょう。

3. Level 1 の問題にトライ （問題・解説1問あたり15分以内が目標）

まずは読む訓練と割り切りましょう。正解をみてもかまいません。むしろ○×を確認してから、どこが間違っているのか、理解が難しいのかを判断する程度で十分です。問題を読んで理解できない場合は、すぐに解説を読んで正誤のポイントを理解するようにしてください。

はじめは、問題を自力で解くことや、答えの正解不正解は全く考慮しません。また、ここで深く考える必要はありません。大切だとされる知識を「初めて学ぶ」感覚で十分です。問題で学ぶメリットを最大限に生かしましょう。

4. Level 1 の キーワードチェック を確認 （10分程度）

問題の背景や別の視点を キーワードチェック の穴埋めで把握します。問題を解くための、整理の仕方、解法テクニックなどを確認する作業です。暗記が必要な部分は印をしておき、目につくようにします。

5. Level 2 の問題の正誤のポイントを確認

Level 1 の問題と同様に読む訓練だと考えて、正誤のポイントを確認するようにしましょう。また、 Level 1 の キーワードチェック と同様、暗記用に印をしておきます。

Level 2 は1周目はとばしてもかまいません。ただ、眺めておくだけでも役に立ちます。「なんとなくわかった」レベルで先に進んでも大丈夫です。

2周目以降

ここからは、単純に覚える作業です。目を通すだけでキーワードの暗記が補強されていきます。穴埋めや解答にチェックマークを入れて、再確認を進めてください。

過去問学習が重要視される公務員試験ですが、一般知識の分野では過去問を数多く解くことが効率的だとは限りません。必要なのは知識を利用して本番の試験で得点することなのです。ここからは知識を広げ、得点力アップを心がけてください。

「ここだけ覚えればいい」「もう忘れない」と感じた問題は切り捨てて、「反復が必要」と感じる問題にチェックをしていきます。

ここまで本書で学習を進めれば、3周目は1日で全体の確認・復習ができるようになります。一覧性を高め、内容を絞り込んだ本書の利点を生かして、短期間のスピード完成を目指してください。

出るとこ過去問　自然科学セレクト 55

CONTENTS

第3章　物理

重要事項スピードチェック

出るとこ過去問　自然科学セレクト 55

CONTENTS

公務員試験

国家一般職
地方上級レベル対応

出るとこ過去問

⑭ 自然科学

セレクト55

第1章 生物

Level 1　p44〜p59　　Level 2　p60〜p65

1 細胞の構造とはたらき

Level 1 ▷ **Q02**

おさえておきたい
Point 〔キーワードチェック〕

1 細胞の構造

細胞内構造			特徴とはたらき
原形質	（ 1 ）	核 膜	二重膜構造で核孔（核膜孔）とよばれる小さな孔が多数ある。
		（ 2 ）	（ 3 ）とタンパク質からなる糸状の物質。酢酸カーミンでよく染まる。
		核小体（仁）	（ 4 ）とタンパク質からなる。核内に数個ある。
	細胞質	（ 5 ）	タンパク質とリン脂質からなる。物質の出入りを調節する。
		ミトコンドリア	二重膜構造。（ 6 ）の場で、（ 7 ）合成を行う。
		（ 8 ）＊	二重膜構造。クロロフィルを含んでおり、（ 9 ）の場となる。
		（ 10 ）	扁平な袋状の構造。物質の分泌や合成に関係。
		（ 11 ）	細胞内に網目状に分布。表面にリボソームが付着。物質の通路。
		（ 12 ）	べん毛の形成や細胞分裂の時の（ 13 ）の形成に関係。動物、菌類、藻類にある。
		（ 14 ）	RNAとタンパク質からなる粒子。（ 15 ）合成の場。
		（ 16 ）	酵素・糖・アミノ酸などが溶けている。
後形質		（ 17 ）＊	（ 18 ）を主成分とする丈夫な膜。細胞の保護と形の維持。
		（ 19 ）＊	成長した（ 20 ）細胞によく発達する。老廃物や色素が溶けた細胞液が内部を満たしている。
		細胞含有物	デンプン粒。脂肪粒、種々の結晶体など。

＊植物細胞のみに見られるもの

2 細胞膜と物質の出入り
(1)半透性による細胞の変化

外 液	高 張 液	等 張 液	低 張 液
水の出入り	水が出る	出入りなし	水が入る
赤血球	収 縮	変化なし	（ 21 ）
植物細胞	（ 22 ）	変化なし	緊張状態

(2)選択透過性
特定の物質を選んで透過している。エネルギーを使うもの

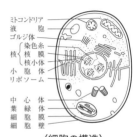

〈細胞の構造〉
（電子顕微鏡での模式図）
動物・植物細胞を一緒に示す

2

が（ 23 ）。

③ 細胞と個体の成り立ち

（ 24 ）生物　核膜で包まれた核がない。　細菌、らん藻類
（ 25 ）生物　核膜で包まれた核をもつ。　上記以外
・動物の組織……上皮組織、結合組織、神経組織、筋組織
・植物の組織……分裂組織、永久組織（表皮組織、通道組織、機械組織、柔組織など）

④ 細胞の増殖

①体細胞分裂
　体細胞が増えるときの分裂。1個の細胞が2個に分かれる。動物は外からくびれる。植物は（ 26 ）で中から分かれる。

②減数分裂
　（ 27 ）を形成するときの分裂。2回の分裂で、1個の細胞が4個に分かれる。染色体は（ 28 ）する。

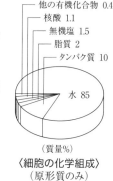

他の有機化合物 0.4
核酸 1.1
無機塩 1.5
脂質 2
タンパク質 10
水 85

（質量%）
〈細胞の化学組成〉
（原形質のみ）

⑤ 細胞を構成する物質

（ 29 ）がもっとも多くて、次いで原形質の主成分である（ 30 ）が多い。

⑥ 細胞の運動

①動物細胞の運動
　アメーバ(単細胞生物)は、細胞の形を変えて仮足をのばして、運動する(アメーバ運動)。白血球も同じ運動をする。

②植物細胞の運動
　細胞内で細胞質が流れるように動く原形質流動(細胞質流動)が見られる。原形質流動(細胞質流動)は、生きている細胞でしか見られない。

---

1 核　2 染色体　3 DNA　4 RNA　5 細胞膜　6 好気呼吸　7 ATP　8 葉緑体　9 光合成　10 ゴルジ体　11 小胞体　12 中心体　13 紡錘体　14 リボソーム　15 タンパク質　16 細胞質基質　17 細胞壁　18 セルロース　19 液胞　20 植物　21 溶血　22 原形質分離　23 能動輸送　24 原核　25 真核　26 細胞板　27 生殖細胞　28 半減　29 水　30 タンパク質

おさえておきたい
Point　ミニ演習

1　次のA～Cの文章は、ア～オの細胞小器官のどれを説明したものか。それぞれ選びなさい。

A 細胞内呼吸を行い、生命活動に必要なエネルギーを生産している。

A ウ
B イ
C エ

B 植物細胞のみに見られ、光合成を行い、デンプンを合成している。
C 遺伝情報にもとづいて、タンパク質を生産する。

ア ゴルジ体　　イ 葉緑体　　　ウ ミトコンドリア
エ リボソーム　　オ 中心体

2　次のA～Jの細胞小器官を、下のア～ウに分類しなさい。
A ミトコンドリア　B 染色体　C 小胞体　D 葉緑体
E リボソーム　F ゴルジ体　G 中心体　H 液胞
I 細胞壁　J 細胞膜

ア 動物細胞だけに見られる
イ 植物細胞だけに見られる
ウ 動物細胞、植物細胞どちらにも見られる。

ア	なし
イ	DHI
ウ	ABCEFGJ

Gの中心体は一般に植物細胞では見えないとされるが、下等な植物では、動物と同様に観察することができる。

3　ヒトの細胞膜
ヒトの赤血球を水に入れると（　ア　）が破れ（　イ　）という現象が見られる。したがって、血液の液体成分である（　ウ　）は、血球や組織の細胞に対して（　エ　）が等しく保たれていなければならない。点滴などで人工的な液を血液中に注入する場合には、ヒトでは0.9%の（　オ　）水溶液に等しい濃度の生理的塩類溶液を使用しなければならない。

ア	細胞膜
イ	溶血
ウ	血しょう
エ	浸透圧
オ	食塩（NaCl）

4　原形質の成分
原形質の成分は水が一番多いが、次に（　ア　）、（　イ　）、核酸、炭水化物などの有機物で占められている。核酸は（　ウ　）と（　エ　）の2種類があり、いずれも形質の発現に重要な働きをする。また、これらの有機物に共通な元素は、（　オ　）、（　カ　）、（　キ　）であり、その他に窒素（N）、リン（P）も含まれていて、これら5つの元素が生物体の主要元素といえる。

ア	タンパク質
イ	脂質（ア、イは順不同）
ウ	DNA
エ	RNA（ウ、エは順不同）
オ	炭素（C）
カ	酸素（O）
キ	水素(H)(オ～キは順不同)

2 代謝

Level 1 ▷ Q01,Q03

おさえておきたい
Point　キーワードチェック

1 代謝とエネルギー代謝

生体内で起こる物質の化学的な変化を代謝という。代謝には必ずエネルギー代謝が伴う。

代　謝	反応	エネルギーの出入り	例
（　1　）	物質を合成	エネルギー（　2　）	光合成、窒素同化
（　3　）	物質を分解	エネルギー（　4　）	好気呼吸・嫌気呼吸

生体内でエネルギーの受け渡しを行う物質はATP（アデノシン三リン酸）である。

（　5　）＋水　→　ADP＋（　6　）＋エネルギー

2　酵素の性質とはたらき　▶p48

⑴酵素

化学反応を促進させるが、それ自身は変化しない生体触媒。

⑵構造

主成分は（　7　）で（　8　）（ビタミン類）や金属原子（Feなど）をもつものもある。

⑶性質

①（　9　）…酵素は種類によってはたらく物質（基質）が違う。酵素が基質と結合する（　10　）の形が異なるためである。

②（　11　）をもつ…酵素は温度とともに反応速度が大きくなるが、あまり高温になると変性して活性を失う（失活）。多くの酵素は（　12　）℃でもっともよくはたらく。

③（　13　）をもつ…多くの酵素は中性（pH 7）付近でよくはたらくが、違うものもある（例：（　14　）はpH 2、（　15　）はpH 8）。

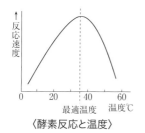

〈酵素反応と温度〉

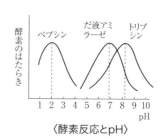

〈酵素反応とpH〉

⑷基質濃度と反応速度

基質濃度が高くなると反応は盛んになるが、ある濃度を超えると変わらなくなる。

酵素濃度を2倍にすれば、反応速度もそれに比例して2倍になる。

⑸酵素作用の阻害

基質の化学構造に似た物質が加わると、（　16　）が起こる。

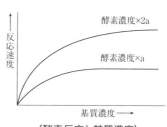

〈酵素反応と基質濃度〉

(6)消化酵素の種類

酵素名	酵素のはたらき	存在場所
（ 17 ）	デンプン → 麦芽糖	（ 18 ）、すい液
マルターゼ	麦芽糖 →（ 19 ）	腸液
スクラーゼ	ショ糖 →ブドウ糖＋果糖	腸液
ペプシン	タンパク質 →ペプトン	（ 20 ）
トリプシン	タンパク質 →ポリペプチド	（ 21 ）
ペプチダーゼ	ポリペプチド →アミノ酸	すい液、腸液
（ 22 ）	脂肪 →（ 23 ）＋（ 24 ）	すい液

1 同化　2 吸収　3 異化　4 放出　5 ATP　6 リン酸　7 タンパク質　8 補酵素　9 基質特異性　10 活性中心（活性部位）　11 最適温度　12 30〜40　13 最適pH　14 ペプシン　15 トリプシン　16 競争阻害（拮抗的阻害）　17 アミラーゼ　18 だ液　19 ブドウ糖　20 胃液　21 すい液　22 リパーゼ　23 脂肪酸　24 グリセリン（23、24は順不同）

おさえておきたい Point　ミニ演習

1　次の(1)〜(8)の生物現象をA：同化に関係あるもの、B：異化に関係あるもの、C：どちらにも関係ないものに区別せよ。

（ 1 ）　腸から吸収された余分なブドウ糖は、肝臓にグリコーゲンとして蓄えられる。

（ 2 ）　ヨーグルトやチーズなどの乳酸製品は、乳酸菌の働きによってつくられる。

（ 3 ）　腎臓では血液のろ過、再吸収によって尿がつくられる。

（ 4 ）　酒づくりでは、コウジカビ、酵母菌の酵素作用を利用してアルコールがつくられる。

（ 5 ）　筋肉中に蓄えられているグリコーゲンが利用され、筋収縮のエネルギーが得られる。

（ 6 ）　河川に流入する有機物は細菌などの微生物によって分解される。

（ 7 ）　植物は根から吸収したアンモニウム塩や硝酸塩を利用して、タンパク質などの有機窒素化合物をつくる。

（ 8 ）　植物の葉の気孔から蒸散によって失われた水は、根から吸収して補われる。

1	A
2	B
3	C
4	B
5	B
6	B
7	A
8	C

2　ATPの役割

全ての生物は生命活動のエネルギーをATPから得る。そ

6

の意味でATPは生物のエネルギー通貨とよばれる。ATPは
（　ア　）と（　イ　）に分解され多量のエネルギーを放出
する。また、（　ウ　）によって生じるエネルギーを使って、
（ア）と（イ）からATPが合成される。

3　次の酵素の働きを語群1から、分泌器官を語群2からそれ
ぞれ選びなさい。
A リパーゼ　B アミラーゼ　C ペプシン　D トリプシン
語群1：
ア デンプンをブドウ糖（グルコース）や麦芽糖に分解する。
イ 脂肪を脂肪酸とグリセリンに分解する。
ウ タンパク質をアミノ酸に分解する。
語群2：
ア だ液腺　イ 胃腺　ウ すい臓　エ 大腸　オ 食道

ア　ADP
イ　リン酸（ア、イは順不同）
ウ　呼吸

　　　語群1　語群2
A　　イ　／　ウ
B　　ア　／　ア
C　　ウ　／　イ
D　　ウ　／　ウ

生物 第1章
地学 第2章
物理 第3章
化学 第4章
数学 第5章

3　消化と吸収

（　1　）生物…光合成などで無機物から生活に必要な成分を合成。（　2　）、一部の細菌類。
（　3　）生物…生活に必要な成分を食物などの形で摂取する。動物、菌類、細菌類。
〈動物の同化〉

3大栄養素	消化→		再合成→	
（　4　）	—→	（　5　）（単糖類）	—→	グリコーゲン
（　6　）	—→	（　7　）	—→	タンパク質
（　8　）	—→	脂肪酸＋グリセリン	—→	脂肪

4　同化　▶p46

①炭酸同化…（　9　）をもとに炭水化物をつくるはたらき

	利用するエネルギー	生物の種類
（　10　）	光エネルギー	緑色植物、（　11　）
（　12　）	化学エネルギー	硝化細菌、硫黄細菌、鉄細菌などの（　13　）

②葉緑体と光合成色素
　光を吸収する光合成色素は葉緑体の
（　14　）に含まれている。

光合成色素		色
（　15　）	a	青緑色
	b	黄緑色
（　16　）		橙色
（　17　）類		黄色

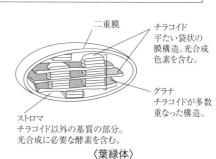

二重膜

チラコイド
平たい袋状の
膜構造。光合成
色素を含む。

グラナ
チラコイドが多数
重なった構造。

ストロマ
チラコイド以外の基質の部分。
光合成に必要な酵素を含む。

〈葉緑体〉

③光合成のしくみ

$$6CO_2 + 12H_2O + 光エネルギー \rightarrow C_6H_{12}O_6 + 6H_2O + 6O_2$$

反応の場	反応名	はたらき	ATP	影響する条件
チラコイド	（　18　）	光のエネルギーで水を分解	生成	（　21　）
ストロマ	（　19　）	（　20　）生成	消費	（　22　） （　23　）

④光合成と外的条件

真の光合成量＝（　24　）＋（　25　）

⑤細菌の光合成

$$6CO_2 + 12H_2S + 光エネルギー \rightarrow C_6H_{12}O_6 + 6H_2O + 12S$$

生物名	光合成色素	水素源
紅色硫黄細菌、緑色硫黄細菌	（　26　）	硫化水素（H_2S）

⑥化学合成…硝酸菌や亜硝酸菌などが行う。

$$6CO_2 + 12H_2O + 化学エネルギー$$
$$\rightarrow C_6H_{12}O_6 + 6H_2O + 6O_2$$

⑦窒素同化

根から吸収した無機の（　27　）からアミノ酸やタンパク質などの有機窒素化合物を合成するはたらき。

⑧窒素固定

空気中の窒素を還元してアンモニア塩にして（　28　）に利用する。

根粒細菌、アゾトバクター（好気性細菌）、クロストリジウム（嫌気性細菌）など。

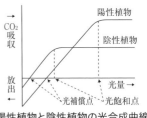

〈陽性植物と陰性植物の光合成曲線〉

---

1 独立栄養　2 緑色植物　3 従属栄養　4 炭水化物　5 ブドウ糖　6 タンパク質
7 アミノ酸　8 脂肪　9 二酸化炭素　10 光合成　11 光合成細菌　12 化学合成
13 化学合成細菌　14 チラコイド　15 クロロフィル　16 カロテン　17 キサントフィル
18 チラコイド反応（電子伝達・ATP合成反応、光化学反応）　19 カルビン・ベンソン回路（暗反応）
20 ブドウ糖　21 光の強さ　22 温度　23 CO_2濃度（22、23は順不同）
24 見かけの光合成量　25 呼吸量（24、25は順不同）　26 バクテリオクロロフィル
27 窒素化合物　28 窒素同化

おさえておきたい
Point ミニ演習

1 同化作用

炭酸同化作用には光エネルギーを利用する（　**ア**　）と無機物の酸化のエネルギーを利用する（　**イ**　）とがある。前者を行う生物は光を吸収する色素（　**ウ**　）をもち、（　**エ**　）などがその例である。後者は特殊な（　**オ**　）の仲間が知られている。これらの生物は、その栄養法から（　**カ**　）生物とよばれる。一方、それらの生物に依存した栄養法の動物や菌類は（　**キ**　）生物とよばれる。

> **ア** 光合成
> **イ** 化学合成
> **ウ** クロロフィル（光合成色素）
> **エ** 緑色植物
> **オ** 細菌類
> **カ** 独立栄養
> **キ** 従属栄養

2 光合成について次の文章のA～Dにあてはまる言葉を下のア～オから選びなさい。

1 光合成は植物細胞中の（　**A**　）で行われる。

2 光合成で放出される酸素は、吸収される（　**B**　）に由来する。

3 光合成でつくられるデンプン中の炭素は、（　**C**　）回路で吸収される（　**D**　）に由来する。

ア ミトコンドリア　イ 葉緑体　ウ ゴルジ体
エ クエン酸　オ カルビンベンソン　カ 二酸化炭素
キ 水　ク 酸素

> **A** イ　　**B** キ
> **C** オ　　**D** カ
>
> 2 光合成で吸収される酸素を含む化合物には、水（H_2O）と二酸化炭素（CO_2）があるが、私たち動物の呼吸にまわってくる酸素は、水に由来する。
>
> 3 いわゆる「有機物」として示される炭素は、カルビンベンソン回路で吸収される二酸化炭素に由来する。

3 緑色植物の光合成のグラフに関する説明として正しいものを、次の①～④のうちから1つ選べ。

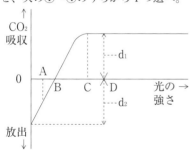

①光の強さがAの点では、光合成はまったく行われていない。
②光の強さがBの点では、呼吸量と真の光合成量とがつり合っている。
③光の強さがCの点は、光補償点という。
④光の強さがDの点において、見かけの光合成量とはd_1とd_2を足したものである。

> **②**
> 緑色植物は光とは無関係にほぼ一定量の呼吸を行っており、CO_2を排出している。このCO_2は、光合成においては原料として使われているのである。①では、Aの点でも光合成が行われている。③では、光補償点ではなくて光飽和点である。④では、見かけの光合成量とはd_1である。d_1とd_2を足したものは、真の光合成量である。

4 窒素同化

タンパク質を構成する単位分子は（ **ア** ）である。これは植物が（ **イ** ）という働きで、根から吸収する（ **ウ** ）などの無機窒素化合物を、呼吸の中間産物である有機酸と反応させ合成する。

ア	アミノ酸
イ	窒素同化
ウ	アンモニウム塩（硝酸塩）

5 異化 ▶ p44

①外呼吸と呼吸器官

外呼吸	呼吸器官	生物の種類
肺呼吸	（ 1 ）	両生類、は虫類、鳥類、（ 2 ）
気管呼吸	（ 3 ）	（ 4 ）、多足類
えら呼吸	（ 5 ）	魚類、両生類（幼生）、甲殻類、軟体動物
皮膚呼吸	体表	原生生物、刺胞動物、扁形動物

②呼吸色素

呼吸色素	含有金属	色	所 在	生物の種類
（ 6 ）	（ 7 ）	赤	赤血球	セキツイ動物
（ 8 ）	（ 9 ）	淡青	血しょう	軟体動物、甲殻類

③酸素と二酸化炭素の運搬

〈酸素の運搬〉

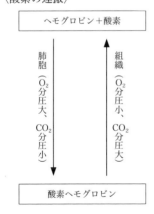

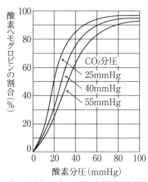

〈ヘモグロビンの酸素解離曲線〉

〈二酸化炭素の運搬〉

　赤血球中の酵素の作用で炭酸となり、イオンの形で（ 10 ）中を運ばれる。

④好気呼吸（酸素呼吸）

$$C_6H_{12}O_6 \ + \ 6O_2 \ + \ 6H_2O \ \rightarrow \ 6CO_2 \ + \ 12H_2O \ +エネルギー$$

　ブドウ糖　　　酸素　　　水　　　二酸化炭素　　　水　　（38ATPが生成）

次の3つの過程からなる。

重要事項
スピードチェック

生物 第1章
地学 第2章
物理 第3章
化学 第4章
数学 第5章

名　称	反　　応	場　所
（　11　）	ブドウ糖 → ピルビン酸（2分子）＋水素＋2ATP	（　12　）
（　13　）	ピルビン酸＋水 → 二酸化炭素＋水素＋2ATP	（　14　）
（　15　）	水素＋酸素 → 水＋34ATP	（　16　）

⑤呼吸商…この値から呼吸基質に何が使われたかを推定できる。

$$呼吸商（RQ）＝ \frac{放出した二酸化炭素の体積}{吸収した酸素の体積}$$

炭水化物＝1.0
脂肪＝0.7
タンパク質＝0.8

⑥嫌気呼吸（無気呼吸）…つくられるATPは好気呼吸の1/19

種　類	生物名	は　た　ら　き
（　17　）	（　18　）	ブドウ糖 → エタノール＋（　19　）＋2ATP
（　20　）	（　21　）	ブドウ糖 → 乳酸＋2ATP

（20）と同じしくみで筋細胞が乳酸とATPをつくることを（　22　）という。

1 肺　2 ほ乳類　3 気管　4 昆虫類　5 えら　6 ヘモグロビン　7 鉄　8 ヘモシアニン
9 銅　10 血しょう　11 解糖系　12 細胞質基質　13 クエン酸回路（TCA回路、クレブス回路）
14 マトリックス（ミトコンドリア）　15 水素伝達系（電子伝達系）
16 クリステ（ミトコンドリア）　17 アルコール発酵　18 コウボ菌　19 二酸化炭素
20 乳酸発酵　21 乳酸菌　22 解糖

おさえておきたい
Point　ミニ演習

1　酸素呼吸の反応過程
酸素呼吸の反応段階は、（　ア　）→（　イ　）→（　ウ　）
の3段階からなり、（ア）は細胞質基質で酸素なしで進行す
るが、（イ）・（ウ）は酸素の存在下で（　エ　）で反応が進
行する。最もATPの合成の多いのは（　オ　）での反応である。

ア　解糖系
イ　クエン酸回路
ウ　水素伝達系
エ　ミトコンドリア
オ　水素伝達系

2　酸素の運搬
脊椎動物の酸素運搬には（　ア　）中の（　イ　）とよばれ
る呼吸色素が働き、この色素は分子中に金属元素（　ウ　）
をもつので赤色である。無脊椎動物のうち軟体動物や甲殻類
は（　エ　）中の（　オ　）とよばれる呼吸色素が働き、こ
の色素の金属元素（　カ　）であるため、血液の色は無色
ないし淡青色である。

ア　赤血球
イ　ヘモグロビン
ウ　鉄（Fe）
エ　血しょう
オ　ヘモシアニン
カ　銅（Cu）

11

3 二酸化炭素の運搬
　脊椎動物の組織で生じた二酸化炭素は（　**ア**　）中に炭酸塩となって溶けて呼吸器に運ばれるが、その過程では、まず二酸化炭素は（　**イ**　）中に取り込まれ（　**ウ**　）酵素によって炭酸に変えられる反応が重要である。

ア	血しょう
イ	赤血球
ウ	炭酸脱水

4　アルコール発酵、乳酸発酵、好気呼吸の３つの異化を示す次の図について、下のA～Cの問いに答えなさい。

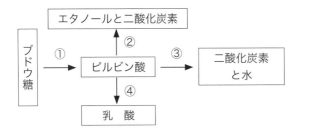

A エネルギー（ATP）が最も多く生成されるのは①～④のどれか。
B ミトコンドリアが関係して行われるのは①～④のどれか。
C クエン酸回路が行われているのは①～④のどれか。

A ③　B ③　C ③
①が解糖系を示しており、①→②はアルコール発酵を、①→④が乳酸発酵をそれぞれ示している。また、③はクエン酸回路、水素伝達系を示しており、①→③が好気呼吸を示している。
A. ATPを生成する過程は①が2ATP、③36ATP生成する。②④ではATPの生成はない。
B. 好気呼吸は、第2過程であるクエン酸回路からミトコンドリアで行われる。
C. クエン酸回路は、好気呼吸の第2過程であり、この問題では③の矢印に水素伝達系とともに含まれていると考えられる。

3 生殖と発生

Level 1 ▷ **Q05**

おさえておきたい
Point　キーワードチェック

1 生殖の方法　▶ p52

生　殖　法			増　え　方	生　物　例
無性生殖		（　1　）	個体が２つまたは数個に分かれる	細菌、ゾウリムシ、アメーバ
		（　2　）	からだの一部に芽のようなものができ、成長して分離する	コウボ菌、ヒドラ、サンゴ
		（　3　）	胞子が発芽して新個体になる	藻類、菌類
		（　4　）	根・茎・葉などの栄養器官から新しい個体ができる	サツマイモ、ジャガイモ、イチゴ
有性生殖	両性生殖	接合	配偶子が合体してできる	アオミドロ、クラミドモナス
		（　5　）	卵と精子が合体してできる	一般の植物や動物

有性生殖	単性生殖	（ 6 ）	卵が受精することなく発生	アブラムシ（春〜秋） ミジンコ（春〜秋） ミツバチ（オス）

2 植物の生殖

(1)花粉と胚のうの形成

花粉母細胞（2n）→花粉四分子（n）→花粉（精細胞2個、花粉管核1個）
　　　　　└ 減数分裂 ┘

胚のう母細胞（2n）→胚のう細胞（n）→胚のう（卵細胞1個、助細胞2個、
　　　　　└ 減数分裂 ┘　　　　　　　　　　　極核2個、反足細胞3個）

(2)重複受精

┌ 精細胞＋（ 7 ）→胚（2n）
└ 精細胞＋（ 8 ）2個→胚乳（3n）

(3)被子植物と裸子植物の受精の違い

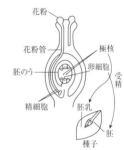

〈重複受精と種子形成〉

	雄性配偶子	受精	胚乳
被子植物	精細胞	重複受精をする	3n
裸子植物（イチョウ、マツなど）	精子	重複受精はしない	n

3 動物の生殖

　　　　　　　　　　↑（ 9 ）　　　↑(9)
始原生殖細胞→卵原細胞→一次卵母細胞→二次卵母細胞（n）→卵（n）
（2n）　　　（2n）　　　（2n）└────減数分裂────┘

始原生殖細胞→精原細胞→一次精母細胞→二次精母細胞（n）→精細胞（n）→精子（n）
（2n）　　　（2n）　　　（2n）└────減数分裂────┘

4 生活環

①有性生殖の場合

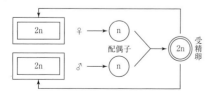

②無性生殖（胞子生殖）の場合

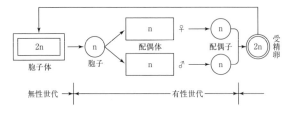

| 1 分裂 | 2 出芽 | 3 胞子生殖 | 4 栄養生殖 | 5 受精 | 6 単為生殖 | 7 卵細胞 | 8 極核 | 9 極体 |

おさえておきたい
Point ミニ演習

1 無性生殖と有性生殖

シダは世代交代を行うが、通常見られる生活体（いわゆるシダの葉）は、（　ア　）をつくって増える（　イ　）世代である。次の世代は目立たない小さな植物体で（　ウ　）とよばれる（　エ　）世代で、（　オ　）によって生殖を行う。

世代交代は植物では一般的であるが、動物でも腔腸動物の（　カ　）に見られるように、（　キ　）の受精による（　ク　）生殖と、（　ケ　）による（　コ　）生殖の交代の例もある。

2 次のA〜Gの生殖法は、無性生殖、有性生殖のどちらに分類されるか。
A 受精　　B 出芽　　C 接合　　D 胞子生殖　　E 分裂
F 単為生殖　　G 栄養生殖

3 減数分裂が見られる組織を次のア〜オからすべて選べ。
ア タンポポの根　イ ユリのおしべのやく
ウ ネズミの卵巣　エ アサガオのつる
オ ヒトの皮膚

4 次の被子植物の生殖について、文中のA〜Eにあてはまる語を正しく答えているのは、ア〜エのどれか答えなさい。

ア 胞子　イ 無性
ウ 前葉体（配偶体）
エ 有性　オ 配偶子
カ ミズクラゲ　キ 配偶子
ク 有性　ケ 分裂（複分裂）
コ 無性

A 有性生殖　B 無性生殖
C 有性生殖　D 無性生殖
E 無性生殖　F 有性生殖
G 無性生殖

イ、ウ
減数分裂とは精子や花粉、卵などの生殖細胞をつくるための細胞分裂のことである。したがって、動物の場合は精子をつくる「精巣」や卵をつくる「卵巣」、植物の場合は花粉をつくる「おしべ」や卵細胞をつくる「めしべ」などの組織の中で減数分裂が観察できる。

エ
被子植物の受精は、1度に2

14

被子植物の受精は、1度に2カ所で行われるため、（A）受精とよばれている。1つめの精細胞は、（B）と受精し、2つめの精細胞は胚のうの中央にある（C）と受精する。また2つめの受精の核相は（D）nになるので、遺伝子の組み合わせは最大で（E）通りになる。

	A	B	C	D	E
ア	平行	めしべ	娘細胞	2	3
イ	重複	卵細胞	極核	3	3
ウ	同時	卵母細胞	助細胞	2	2
エ	重複	卵細胞	極核	3	4

カ所でおこるため、「重複受精」という。1つは花粉管を通ってきた2つの精細胞のうち1つが「卵細胞」と合体する。もう1つの精細胞は、胚のうの中心にある「極核」と合体する。

また、極核との合体では核相が「3n」になるため、Ａa×Ａaの交雑であった場合、遺伝子の組み合わせはＡＡＡ、ＡＡa、Ａaa、aaaの4通りとなる。

生物 第1章

地学 第2章

物理 第3章

化学 第4章

数学 第5章

5 動物の発生

(1)卵の種類と卵割の様式

卵の種類	卵黄の量と分布	卵割の様式		生物の種類
（ 1 ）	卵黄少なく、均等に分布	（ 2 ）	全割	ウニ、ナメクジウオ、ほ乳類
（ 3 ）	卵黄多く、植物極側に偏る	不等割		両生類、軟体動物
	卵黄特に多く、植物極側に偏る	盤割	部分割	魚類、は虫類、鳥類
（ 4 ）	卵黄多く、中央に分布	（ 5 ）		節足動物（昆虫、甲殻類）

(2)ウニとカエルの初期発生

受精卵→卵割期→桑実胚→（ 6 ）→（ 7 ）
　　　　→プリズム幼生→（ 8 ）幼生→ウニ

受精卵→卵割期→桑実胚→胞胚→原腸胚→（ 9 ）
　　　　→（ 10 ）→オタマジャクシ→カエル

(3)胚葉の分化と器官形成（カエル）

原腸胚	神経胚	幼生・成体の器官
外胚葉	表皮	表皮（汗腺、毛、つめも含む）
	（ 11 ）	脳、脊髄、目の網膜
中胚葉	脊索	退化
	（ 12 ）	真皮、骨格、骨格筋
	（ 13 ）	腎臓、生殖巣
	（ 14 ）	心臓、血管、平滑筋
内胚葉	腸管	胃、腸、肝臓、すい臓、肺、気管

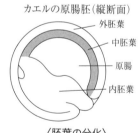

カエルの原腸胚（縦断面）

外胚葉
中胚葉
原腸
内胚葉

〈胚葉の分化〉

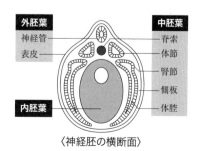

外胚葉
神経管
表皮

中胚葉
脊索
体節
腎節
側板
体腔

内胚葉

〈神経胚の横断面〉

⑷胚膜の形成

（　15　）生活をする動物（は虫類、鳥類、ほ乳類）は、胚を乾燥から保護するため胚膜が形成される。

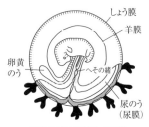

しょう膜	胚の最も外側の膜。
（　16　）	胚を直接包み、内側に（　17　）を満たしている。
尿膜	内部に老廃物を蓄える。外部との（　18　）のはたらきもする。
（　19　）	膜養分としての卵黄を包む。

〈ほ乳類の胚膜と胎盤〉

※ほ乳類の（　20　）はしょう膜と尿膜が合わさった膜からなる。

6 発生のしくみ

⑴調節卵とモザイク卵

卵の種類	特　　徴	生　物　例
（　21　）	分化を決定する時期が遅い　割球を分けても完全な胚	ほ乳類、イモリ、カエル、ウニ
（　22　）	分化を決定する時期が早い　割球を分けると不完全な胚	クシクラゲ、ホヤ、ツノガイ

〈調節卵〉
2細胞期に卵割面にそってしばっておく。

強くしばる　完全な2個体　　弱くしばる　奇形

⑵形成体と誘導

シュペーマンはイモリの胚の移植実験から、（　23　）が外胚葉にはたらきかけて神経管などを誘導し、そこに完全な二次胚が生じることを発見した。この原口背唇部のように、胚の一部にあって、他の部分にはたらきかけ、特定の器官の分化を（　24　）する組織を（　25　）という。

〈シュペーマンの実験〉

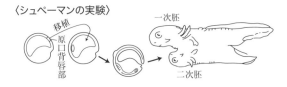

一次胚

移植　原口背唇部

二次胚

重要事項
スピードチェック

生物1章
地学第2章
物理3章
化学第4章
数学第5章

1 等黄卵　2 等割　3 端黄卵　4 心黄卵　5 表割　6 胞胚　7 原腸胚　8 プルテウス
9 神経胚　10 尾芽胚　11 神経管　12 体節　13 腎節　14 側板　15 陸上　16 羊膜
17 羊水　18 ガス交換　19 卵黄のう　20 胎盤　21 調節卵　22 モザイク卵
23 原口背唇部　24 誘導　25 形成体

おさえておきたい
Point　ミニ演習

1 次のA〜Fの動物の卵は、下のア〜ウ、a〜dのどれにあてはまるか。
A イモリ　B ウニ　C ニワトリ　D ネコ
E イワシ　F トンボ

ア 等黄卵　　イ 端黄卵　　ウ 心黄卵

a 等割　　b 不等割　　c 表割　　d 盤割

A イ、b
B ア、a
C イ、d
D ア、a
E イ、d
F ウ、c

卵割は卵黄が分布している場所を避けるように行われる。したがって、卵の種類を覚えれば、卵割様式も覚えられる。

2 調整卵とモザイク卵
ヒトの卵が調節卵であることは（　**ア**　）が誕生することによって確認できる。これに対してクシクラゲの卵を2細胞期に2分すると、櫛板の数が正常なものの半分のものを生じる。このような卵を（　**イ**　）という。昔から、発生運命の決定について前成説と後成説の2つの考え方があったが、調節卵は（　**ウ**　）を支持するものであるといえる。

ア 一卵性双生児
イ モザイク卵
ウ 後成説

3 形成体による誘導
発生の過程で未分化の組織に働きかけて、それを特定の組織、器官に分化させる働きをもつものを（　**ア**　）とよび、その働きを（　**イ**　）という。このことを最初に発見したのはドイツの発生学者（　**ウ**　）で、イモリの原腸胚の（　**エ**　）部が発生の出発点となり、1匹のイモリを誘導していくことを解明した。

ア 形成体（オーガナイザー）
イ 誘導
ウ シュペーマン
エ 原口背唇

おさえておきたい
Point　キーワードチェック

1 遺伝の法則

⑴遺伝に関する基礎的用語

形質	生物がもっている形や性質。
遺伝子	個体の形質を決める因子。
対立形質	種子の丸形・しわ形、花の色が赤い・白いのように互いに対立する形質。
交雑	いろいろな形質をもつ個体の間で受精を行うこと。
自家受精	同じ個体の配偶子間で行われる受精。
遺伝子型と表現型	遺伝子の組み合わせを遺伝子型といい、それによって現れる形質を表現型という。
ホモとヘテロ	a a のような同じ遺伝子の組み合わせをホモ、Aaのような異なる遺伝子の組み合わせをヘテロという。
純系	自家受精を繰り返しても常に同じ形質しか生じない系統。遺伝子型がホモ。
雑種第一代	両親（P）の交雑によって生じた一代目の個体（F_1）。二代目の個体を雑種第二代（F_2）という。

⑵遺伝の法則

（　1　）が（　2　）の交雑を繰り返して、発見した。

①（　3　）の法則

　　互いに対立形質をもつ純系どうしを交雑してできたF_1には、片方の形質だけが現れる。

②（　4　）の法則

　　２対以上の対立遺伝子が配偶子を形成するとき、各遺伝子は独立して配偶子に入る。

③（　5　）の法則

　　個体が配偶子をつくるとき、対立遺伝子は分かれて別々の配偶子に入る。

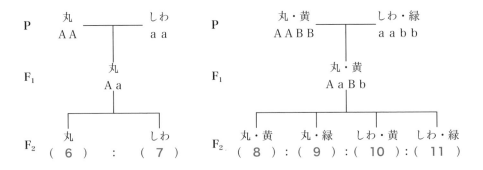

2 いろいろな遺伝

①（ 12 ）…対立遺伝子間に優劣がない。そのため、F₁に両親の中間形質が現れる。

例：マルバアサガオ、オシロイバナ

P 赤花×白花　　F₁ すべて桃花　　F₂ 赤:桃:白=（ 13 ）:（ 14 ）:（ 15 ）

②（ 16 ）…ホモになると致死作用を示す。

例：ハツカネズミ（黄色が優性だが、ホモになると死んでしまう）

P 黄×黄（両方ヘテロ）　　F₁ 黄:灰=（ 17 ）:（ 18 ）

③（ 19 ）…1つの形質に対して、対立遺伝子が3つ以上ある。

例：ヒトのABO式血液型（遺伝子はAとBとO）

AとBは不完全優性で、OはA、Bに対して劣性。

A型	B型	AB型	O型
AA	BB	AB	OO
AO	BO		

```
A 型  ×  B 型
(AO)     (BO)

AB型      A型       B型       O型
(AB)     (AO)      (BO)      (OO)
 1   :    1    :    1    :    1
```

1 メンデル　2 エンドウ　3 優性　4 独立　5 分離　6 3　7 1　8 9　9 3　10 3　11 1
12 不完全優性　13 1　14 2　15 1　16 致死遺伝子　17 2　18 1　19 複対立遺伝子

おさえておきたい Point　ミニ演習

1 両親の血液型が次のとき、その子の血液型の可能性として考えられるものはどれか。すべて選びなさい。

〈親の血液型〉

A A型とA型　　B A型とB型

C B型とB型　　D AB型とO型

〈子の血液型〉

ア A型　　イ B型　　ウ AB型　　エ O型

A ア、エ
B ア、イ、ウ、エ
C イ、エ
D ア、イ

ヒトのABO式血液型は「複対立遺伝子」で、さらに「A」と「B」の間に優劣がない「不完全優性」である。

2 エンドウの種子の色は、黄色が緑に対して優性であることが知られている。いま、黄色の種子をつける純系個体と緑の種子をつける純系個体を交雑したら、その子（F₁）はすべて黄色の種子が生じた。さらに、F₁をまいて育った個体と緑の種子をつける純系個体を交雑すると、その子（F₂）はどのような種子がどのような割合で生じるか。正しい答えをA〜Dから選べ。

A 黄色:緑色=1:0　　B 黄色:緑色=3:1

C 黄色:緑色=1:1　　D 黄色:緑色=0:1

C
F₁[黄色](Aa)×[緑色](aa)
=2(Aa):2(aa)
∴[黄色]:[緑色]=1:1

19

3 マルバアサガオの花の色は不完全優性の遺伝をすることが知られている。たとえば、赤の花色をつける個体と、白の花色をつける個体を交雑すると、桃色の花をつける個体ができる。この個体を中間雑種という。いま、中間雑種に赤の花色をつける個体を交雑したら、その子にはどのような花色をつける個体がどのような割合で生じるか。正しい答えをA〜Dから選べ。

A 赤花：桃花：白花＝1：1：1
B 赤花：桃花：白花＝1：2：1
C 赤花：桃花：白花＝2：1：1
D 赤花：桃花：白花＝1：1：0

4 メンデルの遺伝の法則に関する次の(1)、(2)の問いの答えとして正しいものを、下の①〜④のうちからそれぞれ1つずつ選べ。なお、(1)、(2)で同じものを選んでもよい。

(1) エンドウの背丈の高い純系（遺伝子型AA）と背丈の低い純系（遺伝子型aa）とを親として交配すると、その第一世代はどのような形質がどのような割合で生まれるか。なお、遺伝子Aはaに対して優性である。

(2) (1)で生じた第一世代どうしを交配すると、第二世代はどのような形質がどのような割合で生まれるか。

①すべて背丈の高いものが生まれる。
②すべて背丈の低いものが生まれる。
③背丈の高いものと背丈の低いものが1：1の割合で生まれる。
④背丈の高いものと背丈の低いものが3：1の割合で生まれる。
⑤背丈の高いものと背丈の低いものが1：3の割合で生まれる。

D
[桃花]（Aa）×[赤花]（AA）
＝2（AA）：2（Aa）：0（aa）
∴[赤花]：[桃花]：[白花]
＝1：1：0

(1) ①
(2) ④
遺伝子型AAとaaとの交配結果は下の表のとおりすべてAaである。また、第二世代は下の表のとおりである。

<AA×aa>

	A	A
a	Aa	Aa
a	Aa	Aa

<Aa×Aa>

	A	a
A	AA	Aa
a	Aa	aa

---

3 遺伝子と染色体 ▶p60

①連鎖
同じ（ **1** ）上にある遺伝子は連鎖している。連鎖している遺伝子では、（ **2** ）の法則は成り立たない。

②組換え
減数分裂のとき、染色体が交叉してその一部を交換することがある。それによって遺伝子に（ **3** ）が起こる。

AとB（aとb）は連鎖
AとB（aとb）とC（c）は互いに独立

〈遺伝子の連鎖と独立〉
体細胞2n=4の模式図

$$③組換え価（\%）＝\frac{組換えの起こった配偶子数×100}{全配偶子数}$$

④染色体地図

染色体に存在する遺伝子の（ 4 ）を直線上に表したもの。モーガンは組換え価をもとに（ 5 ）の染色体地図を明らかにした。

1組の相同染色体上に連鎖する
2遺伝子の組換え

〈染色体の交叉と遺伝子
の組換え（減数分裂時）〉

⑤性と染色体

染色体 「性染色体＋（ 6 ）」

ヒトの性染色体 女…（ 7 ） 男…（ 8 ）

（ 9 ）…X染色体上の性以外の形質に関する遺伝
子による遺伝。

例：キイロショウジョウバエの眼の色、ヒトの血友
病、ヒトの（ 10 ）…男は色覚異常の遺伝
子をもつと必ず色覚異常になる（女は2本のX
染色体両方に遺伝子がない限り色覚異常にはな
らない）

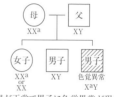

両親が正常で男子に色覚異常が現れる
（確率½）場合、母親が保因者

〈色覚異常の遺伝例〉

4 変異

同じ種の個体間に見られる形質の違い

（ 11 ）は環境条件の違いによって生じる変異で、
（ 12 ）しない。（ 13 ）は染色体や遺伝子の変化
が伴う変異なので(12)する。

染色体突然変異（染色体の構造や数の変化）

　…（ 14 ）、異数体、構造の変異（転座、逆位、
欠失、重複）

遺伝子突然変異（DNAそのものが変化）

　…白化個体、鎌状赤血球貧血症

人為突然変異

　…（ 15 ）、紫外線、コルヒチンなどで人為的
に染色体や遺伝子を変化させる。

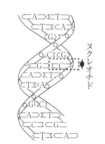

〈DNAの二重らせん構造〉

5 遺伝子の構造とはたらき

⑴分子構造 （ 16 ）構造（遺伝子の本体はDNA）

⑵遺伝子のはたらき

①DNAの複製…細胞分裂に先立って自己複製する。（ 17 ）複製。

②（ 18 ）の合成

DNAの遺伝情報（塩基3個の配列

 …（　19　）が1つのアミノ酸を決定している）

遺伝情報の（　20　）

 …DNAの塩基配列が鋳型となって、（　21　）がつ
 くられ、遺伝情報が転写される。

遺伝情報の（　22　）

 …（　23　）が特定のアミノ酸と結合しリボソーム
 に運ぶ。リボソーム上ではmRNAの塩基配列に対
 応した塩基配列をもつ（23）が並ぶ。そして、運
 ばれたアミノ酸どうしは互いに（　24　）でつな
 がって、（　25　）が合成されていく。

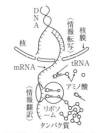

〈DNAの遺伝情報による
タンパク質合成〉

---

1 染色体　2 独立　3 組換え　4 位置　5 キイロショウジョウバエ　6 常染色体　7 XX
8 XY　9 伴性遺伝　10 赤緑色覚異常　11 環境変異　12 遺伝　13 突然変異　14 倍数体
15 X線　16 二重らせん　17 半保存的　18 タンパク質　19 コドン　20 転写　21 mRNA
22 翻訳　23 tRNA　24 ペプチド結合　25 タンパク質

おさえておきたい
Point　ミニ演習

1　遺伝子の本体

遺伝子の本体が明らかにされた実験は、肺炎菌の（　ア　）
実験が重要なものである。毒性の肺炎菌から抽出した
（　イ　）を、無毒性の肺炎菌に混ぜて培養すると、無毒性
の肺炎菌の中に毒性菌に転換するものが発現し、この菌は
代々毒性菌の性質を受け継ぐ。このことから（　ウ　）こそ
遺伝形質を発現し、その性質を代々伝える遺伝子の本体であ
ると考えられるようになった。

遺伝子の本体の証明実験としては、大腸菌に寄生するT_2フ
ァージの研究も重要である。ウイルスの一種であるファージ
は（　エ　）を成分とする外殻と、それに包まれた（　オ　）
から成る単純なつくりをもっている。大腸菌に寄生するとき
は、菌体の中に（　カ　）だけを注入し、それが複製を繰り
返し、その外殻もつくり、いずれ多くのファージが菌体を溶
かして出ていくことが巧妙な実験から明らかにされ、遺伝子
の本体が確認された。

ア　形質転換
イ　DNA
ウ　DNA
エ　タンパク質
オ　DNA
カ　DNA

2　DNAの構造

遺伝子の本体はDNAといわれる分子であることが知られて
いる。これは細胞の（　ア　）の中にあり、細胞分裂のとき

ア　核
イ　染色体

は（　イ　）によって新しい細胞に配分される。

DNA分子の構造は（　ウ　）構造といわれている。それは2本の（　エ　）鎖からなり、2本の鎖はその分子を構成する（　オ　）の相補的な弱い結合で二重鎖となっている。

ウ　二重らせん
エ　ヌクレオチド
オ　塩基

3　DNAの働き

DNAが遺伝子の本体であることは、その分子の中の（　ア　）配列が（　イ　）を合成する命令、すなわち（　ウ　）を担っていることによる。

DNAの分子は同じ分子が間違いなく複製されて、（　エ　）のときに新しい細胞に等しく配分される。

DNAの遺伝情報は、その分子中の（　オ　）連（組）の塩基配列が1つのアミノ酸の暗号となっている。その暗号は（　カ　）という核酸に転写され、細胞中の（　キ　）に出ていき、そこで（　ク　）という核酸が運んでくるアミノ酸を命令どおりに連結して（　ケ　）が合成される。

ア　塩基
イ　タンパク質
ウ　遺伝情報
エ　細胞分裂
オ　3
カ　伝令RNA（mRNA）
キ　リボソーム
ク　運搬RNA（tRNA）
ケ　タンパク質

生物 第1章
地学 第2章
物理 第3章
化学 第4章
数学 第5章

5 刺激と反応

Level 1 ▷ **Q06**

おさえておきたい
Point　キーワードチェック

1　受容器（受容体）とそのはたらき

（感覚神経）　　　（運動神経）

刺激 ──────→受容器 ────────→中枢 ────────→効果器 ──────→反応

適刺激	感覚	受容体	器官
光	（　1　）	（　2　）	目
（　3　）	聴　覚	（　4　）	耳
重力・回転	（　5　）	前庭、半規管	
化学物質（液体）	味　覚	（　6　）	舌
化学物質（気体）	（　7　）	嗅　上　皮	鼻
熱・圧力	触覚、温覚、冷覚、痛覚	触点、温点、冷点、（　8　）	皮膚

(1)ヒトの目の構造とはたらき

①光の受容

視細胞 ┌ （　9　）細胞…強い光で（　10　）を識別
　　　 └ （　11　）細胞…弱い光で（　12　）を感知
　　　　　　　　　（視紅を分解して興奮）

23

	毛様筋	チン小帯	水晶体
近くのものを見るとき	（ 13 ）	弛緩	厚くなる
遠くのものを見るとき	（ 14 ）	緊張	薄くなる

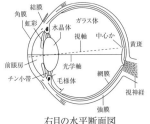

右目の水平断面図
〈ヒトの目の構造〉

②明暗順応

明順応	急に明所に出ると	はじめ目がくらむ→やがて見やすくなる
暗順応	急に暗所に入ると	最初は何も見えない→やがて見えるようになる

⑵ヒトの耳の構造とはたらき

①音波の受容

　　　音波→外耳道→鼓膜→耳小骨
　　　　→うずまき管（リンパ液）→基底膜→聴細胞

②平衡覚

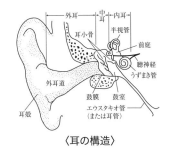

　　　　（ 15 ）（傾き）
　　　　　…聴砂が感覚細胞を刺激
　　　　（ 16 ）（回転）
　　　　　…リンパ液の流れを感覚細胞が受容

〈耳の構造〉

② 効果器（作動体）とそのはたらき

⑴筋肉の種類

横紋筋	（ 17 ）、心臓筋	随意筋（（ 18 ）神経の支配）
（ 19 ）	心臓筋以外の内蔵筋	不随意筋（（ 20 ）神経の支配）

⑵筋収縮のしくみ

　ミオシンが（ 21 ）を分解して、両側のアクチンをたぐり寄せる。

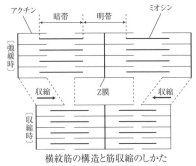

横紋筋の構造と筋収縮のしかた
〈横紋筋の構造〉

重要事項
スピードチェック

生物第1章
地学第2章
物理第3章
化学第4章
数学第5章

1 視覚　2 網膜　3 音　4 うずまき管　5 平衡覚　6 味覚芽　7 嗅覚　8 痛点　9 錐体
10 色　11 かん体　12 明暗　13 収縮　14 弛緩　15 前庭　16 半規管　17 骨格筋
18 運動　19 平滑筋　20 自律　21 ATP

おさえておきたい Point ミニ演習

1　刺激と受容体

受容体はその種類に応じて、特定の適刺激が受容される。光刺激の受容は（　ア　）、重力刺激の受容は（　イ　）、音波刺激の受容は（　ウ　）である。

受容体は適刺激なら、必ず受容するわけではなく、その刺激の強さがある強さに達すると感覚細胞に興奮を引き起こす。この最少の刺激量を（　エ　）という。その刺激以上の刺激量で初めて感覚細胞に（　オ　）といわれる電気的な変化が起こり、それが神経に同様の電気的な変化を起こし、中枢で感覚として知覚される。

ア 視覚器
イ 平衡器
ウ 聴覚器
エ 閾値
オ 活動電位

2　ヒトの眼の中で、光の刺激の伝達経路を正しく示しているのは次のA〜Dのどれか

A 角膜→瞳孔→水晶体→ガラス体→網膜→視神経
B 瞳孔→角膜→水晶体→ガラス体→網膜→視神経
C 角膜→瞳孔→ガラス体→水晶体→網膜→視神経
D 角膜→ガラス体→瞳孔→水晶体→網膜→視神経

A

3　ヒトの耳の中で、音の刺激の伝達経路を正しく示しているのは次のA〜Dのどれか。

A 外耳道→耳小骨→鼓膜→前庭→うずまき管→聴神経
B 鼓膜→外耳道→耳小骨→前庭→うずまき管→聴神経
C 前庭→鼓膜→外耳道→耳小骨→うずまき管→聴神経
D 外耳道→鼓膜→耳小骨→前庭→うずまき管→聴神経

D

4　筋肉の構造

横紋筋を構成する筋繊維は（　ア　）の模様が顕微鏡で確認できる。筋繊維は収縮性のタンパク繊維の細い（　イ　）と太い（　ウ　）分子の2種類のフィラメントからできており、収縮するときのエネルギーは（　エ　）の分解で得られる。

ア 横じま
イ アクチン
ウ ミオシン
エ ATP

③ 神経系の構造とはたらき ▶ p54

⑴神経

①神経単位（ニューロン）…（　1　）＋樹状突起＋軸索

②シナプス…ニューロン間の接続部

③全か無かの法則

興奮を起こす最小の刺激の強さを（　2　）という。閾値以下
では興奮は起こらず、閾値以上なら刺激の大きさに関係なく同
じ大きさの興奮が起こる。

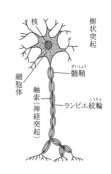

⑵神経系

〈散在神経系〉 神経細胞が散在し、網目状に連絡		ヒドラ クラゲ
〈集中神経系〉 （　3　）と（　4　）からなる	かご型神経系	プラナリア
	はしご型神経系	ミミズ 昆虫
	管状神経系	セキツイ動物

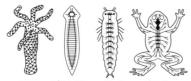

ヒドラ　　プラナリア　　バッタ　　　カエル
(散在神経系)(かご型神経系)(はしご型神経系)(管状神経系)

〈神経系の発達〉

⑶ヒトの神経系

{ 中枢神経系…脳、脊髄
末梢神経系 { 体性神経…感覚神経、運動神経
自律神経系…交感神経、副交感神経

〈ヒトの中枢神経〉

大脳…（　5　）；随意運動の中枢、（　6　）・（　7　）・感覚などの中枢
大脳辺縁系（旧皮質、古皮質）；（　8　）・（　9　）
の中枢

間脳…（　10　）や（　11　）の中枢

中脳…姿勢保持、（　12　）などの中枢

小脳…（　13　）の調節、平衡を保つ中枢

延髄…呼吸運動、（　14　）の中枢

重要事項
スピードチェック

生物 第1章

地学 第2章

物理 第3章

化学 第4章

数学 第5章

脊髄…興奮の中継、（ 15 ）の中枢

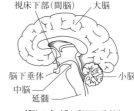

〈脳の各部と脳下垂体〉

視床下部(間脳)　大脳
脳下垂体
中脳
延髄
小脳

4 動物の行動

生得的行動	反射	脊髄反射（膝蓋腱）、延髄反射（眼瞼反射）、中脳反射
習得的行動	（ 16 ）	梅干しとだ液、コイと手の音、パブロフのイヌ
	学習行動	（ 17 ）（カモのひな）、（ 18 ）（ネズミの迷路）

1 細胞体　2 閾値　3 中枢　4 末梢（3、4は順不同）　5 新皮質　6 記憶
7 思考（6、7は順不同）　8 本能　9 感情（8、9は順不同）　10 自律神経系
11 内分泌系（10、11は順不同）　12 眼球運動　13 筋肉運動　14 心臓の拍動　15 脊髄反射
16 条件反射　17すりこみ　18 試行錯誤

おさえておきたい
Point　ミニ演習

1　脳
　われわれの本能や情動の中枢は（　ア　）にある、古皮質・
旧皮質といわれる部分で、両者は（　イ　）とよばれている。
だ液分泌、飲み込みなどの反射の中枢は脳の（　ウ　）にあ
る。また、眼球の運動などの反射中枢は（　エ　）にある。

ア	大脳
イ	大脳辺縁系
ウ	延髄
エ	中脳

2　ヒトの神経系と脳に関する説明として正しいものを、次の
①～④のうちから１つ選べ。
　①神経系を構成する細胞は神経単位（ニューロン）と呼ばれ、
　　その連接部（シナプス）において、バソプレシンやアセチ
　　ルコリンなどが分泌されて情報が伝達されている。
　②ヒトの脳はそれぞれ働きが異なるいくつかの部分から構成
　　されている。それは、大脳、間脳、中脳、小脳、延髄である。
　③ボールなどが目の前に飛んできたとき、思わず目をつむる
　　ことを、条件反射という。
　④自律神経系には、交感神経と副交感神経の２種類があり、
　　前者は安静時や睡眠中に、後者は活動時に働く。

②
①はバソプレシンではなくノ
ルアドレナリン、③は条件反
射ではなく反射、④は交感神
経は活動時に、副交感神経は
安静時や睡眠時に働く。

27

3 動物の行動
　動物の行動には本能のような（　ア　）的行動と、学習など
の（　イ　）的行動がある。高等な動物ほど成長に伴って
（　ウ　）的行動の占める割合が大きくなる。特殊な行動と
して、カルガモなどの雛が親について行動するのは、昔は本
能行動と考えられていたが、近年、動物行動学では（　エ　）
とよばれる（　オ　）的行動であることが知られるようにな
った。

ア	生得
イ	習得
ウ	習得
エ	すりこみ
オ	習得

6 個体の恒常性と調節　　　Level 1 ▷ **Q04,Q07**　Level 2 ▷ **Q10**

おさえておきたい Point キーワードチェック

1 内部環境　▶p50

①（　1　）（ホメオスタシス）…体内の状態を一定に保とうとするはたらき。

②体液

	名称	存在する場所
体液	（　2　）	血管中
	（　3　）	リンパ管中
	（　4　）	組織間（細胞と細胞の間）

血液の組成		直径（μm）	形状	核	数（1mm³中）	はたらき
有形成分45%	赤血球	7〜8	円盤状	無	男（　5　） 女（　6　）	（　7　） の運搬
	白血球	5〜20	不定形	（　8　）	（　9　）	食作用、 （　10　）
	血小板	2〜3	不定形	無	20〜30万	（　11　）
液体成分	（　12　）	水（90%）、タンパク質、ブドウ糖、無機塩類、ホルモンなどを含む				物質・熱の運搬、免疫

2 肝臓と腎臓のはたらき

(1)肝臓のはたらき

①グリコーゲンの貯蔵…グリコーゲン⇄ブドウ糖
②解毒作用…有毒物の無毒化。
　（　13　）を（　14　）でアンモニアから生成
③胆液の生成…胆液は胆のうに貯蔵。
④熱の発生…代謝が盛んで発熱量も多い。体温保持。

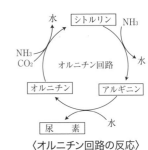

〈オルニチン回路の反応〉

重要事項
スピードチェック

生物 第1章
地学 第2章
物理 第3章
化学 第4章
数学 第5章

(2)腎臓のはたらき

血液 ──(15)でろ過──→ 原尿 ──腎細管で(16)──→ 尿

＜尿中の主な老廃物＞

	毒性	水溶性	動　　物
（ 17 ）	あり	可溶	魚類など
（ 18 ）	なし	不溶	は虫類、鳥類、昆虫
（ 19 ）	少し	可溶	両生類（成体）、ほ乳類など

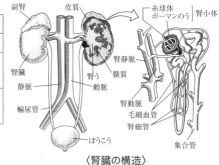

〈腎臓の構造〉

3 自律神経系

間脳の視床下部が自律神経系の中枢となる。

	分泌される場所	伝達物質
交感神経	脊髄	（ 20 ）
副交感神経	中脳、延髄、脊髄	（ 21 ）

	心臓の拍動	血圧	体表の血管	立毛筋	瞳	気管支	消化管の運動	排尿	だ液の分泌
交感神経	（ 22 ）	上昇	収縮	（ 23 ）	拡大	拡張	（ 24 ）	抑制	抑制
副交感神経	（ 25 ）	低下	分布せず	分布せず	縮小	収縮	（ 26 ）	促進	促進

4 内分泌系

(1)ホルモンの特性

　内分泌系とは、血管に対して「ホルモン」を分泌する器官の総称である。ホルモンは微量で作用を示す物質で、特定の器官(標的器官という)に対して作用する。主成分はおもにタンパク質である。

内分泌腺	分泌するホルモン	ホルモンの作用	＋…過多、－…過少
脳下垂体	成長ホルモン	成長を促進する	＋…巨人症
	甲状腺刺激ホルモン	甲状腺ホルモンの分泌促進	
甲状腺	チロキシン	代謝を促進する	＋…バセドウ病

副甲状腺	パラトルモン	ミネラルの調節	―…テタニー病
副腎髄質	アドレナリン	血糖量を増加	
すい臓	インシュリン	血糖量を低下	―…糖尿病

(2)フィードバック調節

ホルモンの分泌結果が、それを指示する前段階の器官に逆戻りして作用し、ホルモンの分泌量の調節を行う機能。たとえば、チロキシンの分泌が十分であったとき、そのことを前段階の脳下垂体前葉が感知し、甲状腺刺激ホルモンの分泌が低下し、結果的にチロキシンの分泌が抑えられる。

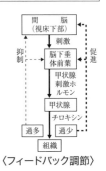

〈フィードバック調節〉

(3)血糖量の調節

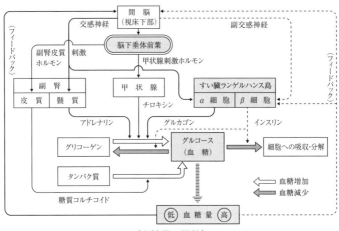

〈血糖量の調節〉

---

1 恒常性　2 血液　3 リンパ液　4 組織液　5 500万　6 450万　7 酸素　8 有
9 6000〜8000　10 免疫　11 血液の凝固　12 血しょう　13 尿素　14 オルニチン回路
15 腎小体　16 再吸収　17 アンモニア　18 尿酸　19 尿素　20 ノルアドレナリン
21 アセチルコリン　22 促進　23 収縮　24 抑制　25 抑制　26 促進

おさえておきたい
Point　ミニ演習

1 ヒトの血液循環を正しく示しているのは次のA〜Dのどれか。
A 心臓→肺→心臓→全身の各器官→肺→心臓
B 心臓→全身の各器官→肺→心臓
C 心臓→全身の各器官→心臓→全身の各器官→肺→心臓
D 心臓→全身の各器官→心臓→肺→心臓

D
ヒトの心臓は完全な「二心房二心室」で、動脈血と静脈血は混じり合うことはない。したがって、心臓を中心として、血液をリフレッシュする「肺循環」と、酸素を全身に配布する「体循環」の大きな2つの循環が成り立っている。

2 下の表は自律神経の各器官への作用をまとめたものである。それぞれA、Bのどちらか。

	瞳孔	心臓（拍動）	胃のぜん動	汗腺（発汗）	血管（太さ）
交感神経	A 拡大 B 縮小	A 促進 B 抑制	A 促進 B 抑制	A 促進 B なし	A 収縮 B 拡張
副交感神経	A 拡大 B 縮小	A 促進 B 抑制	A 促進 B 抑制	A 促進 B なし	A 収縮 B 拡張

	瞳孔	心臓	胃	汗腺	血管
交感	A	A	B	A	A
副交感	B	B	A	B	B

3 内分泌腺とホルモン
すい臓には2種類の内分泌腺があり、α細胞からはグリコーゲンを分解して（　ア　）とするホルモン（　イ　）が、β細胞からはその反対の作用をするホルモン（　ウ　）が分泌される。いずれも（　エ　）の調節に働くホルモンである。糖尿病は（　オ　）の分泌が（　カ　）することで起こる。

ア ブドウ糖　イ グルカゴン
ウ インシュリン　エ 血糖量
オ インシュリン
カ 不足

4 老廃物の排出
ヒトの尿中の代表的な窒素排出物は（　ア　）である。これは体内で（　イ　）の分解で生じる有毒な（　ウ　）を、（　エ　）中のオルニチン回路という反応で変化させ合成される。

ア 尿素　イ タンパク質
ウ アンモニア　エ 肝臓

5 抗原抗体反応
（　ア　）が体内に入るとリンパ球が認識し、（　ア　）に対してだけ反応する（　イ　）がつくられて血しょう中に放出され、（　イ　）が（　ア　）に結合するのが、抗原抗体反応である。このように、（　イ　）で体を防御する仕組みを（　ウ　）免疫という。（　エ　）を（　ア　）として接種し、体にあらかじめ（　イ　）をつくらせておいて、病気を予防する方法を（　エ　）療法という。

ア 抗原
イ 抗体
ウ 体液性
エ ワクチン

5 植物体の調節 ▶ p56

(1)成長の調節

①屈性 ⎰ 刺激の方向に曲がる→正
　　　 ⎱ 刺激と反対方向に曲がる→負

屈性	刺激	例
（ 1 ）	光	茎（正）、根（負）
屈地性	（ 2 ）	茎（負）、根（正）
（ 3 ）	接触	巻きひげ（正）

②傾性（刺激の方向に関係なく反応）

傾性	刺激	例
傾光性	光	タンポポの花の開閉
傾熱性	温度	チューリップの花の開閉

③膨圧運動…気孔の開閉、葉の就眠運動

(2)植物ホルモン

ホルモン名	はたらき
（ 4 ）	細胞の成長や発根の促進。落葉・落果の（ 5 ）
サイトカイニン	（ 6 ）の促進。老化防止
（ 7 ）	細胞の分裂や伸長の促進。種子の発芽促進
アブシシン酸	落葉・落果の（ 8 ）。種子の発芽抑制。（ 9 ）を閉じる
エチレン	果実の成熟促進（バナナ、リンゴなど）

(3)オーキシン（インドール酢酸）の性質

①（ 10 ）や（ 11 ）の先端でつくられ、先端部から基部方向へ移動する。

②光の（ 12 ）側へ移動する。

③寒天片は通るが、（ 13 ）は通らない。

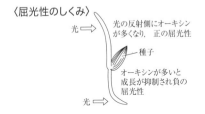

〈屈光性のしくみ〉

光 ⇨ 光の反射側にオーキシンが多くなり、正の屈光性
種子
オーキシンが多いと成長が抑制され負の屈光性
光 ⇨

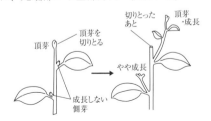

頂芽を切りとる
頂芽
切りとったあと
頂芽・成長
やや成長
成長しない側芽

〈頂芽優性〉 側芽は頂芽でつくられたオーキシンによって成長が（ 14 ）される。

6 免疫

自己と非自己を識別し、（ 15 ）を排除するしくみ

先天性免疫（自然免疫）		侵入した病原体などを（ 16 ）によって非特異的に排除
後天性免疫（獲得免疫）	体液性免疫	体内に侵入した抗原に対して特異的にはたらく抗体がつくられ、（ 17 ）により抗原が排除される。
	（ 18 ）	抗原に対してリンパ球の一種のキラーT細胞などが直接はたらく。ツベルクリン反応、移植片の拒絶反応など。

①免疫担当細胞

細胞名			はたらき	生成場所
マクロファージ			食作用、（ 19 ）に抗原を提示	骨髄
リンパ球	T細胞	（ 20 ）	（ 21 ）の抗体産生を促進	骨髄、（ 22 ）で成熟
		サプレッサー	B細胞の抗体産生を抑制	骨髄、(22)で成熟
		キラー	抗原に対して直接攻撃する	骨髄、(22)で成熟
	(21)		T細胞からの刺激で（ 23 ）を産生	骨髄
好中球			食作用など	骨髄

②（ 24 ）…他の動物に抗原を注射して（ 25 ）をつくらせ、その抗体を多量に含む血清を利用して病気の治療を行うこと。

③（ 26 ）…過敏な抗原抗体反応によって障害を引き起こすこと。(26)を引き起こす物質を（ 27 ）という。花粉症、喘息、アトピーなど。

---

1 屈光性　2 重力　3 屈触性　4 オーキシン　5 防止　6 細胞分裂　7 ジベレリン　8 促進　9 気孔　10 根　11 茎（10、11は順不同）　12 当たらない　13 雲母片　14 抑制　15 非自己　16 食作用　17 抗原抗体反応　18 細胞性免疫　19 ヘルパーT細胞　20 ヘルパー　21 B細胞　22 胸腺　23 抗体　24 血清療法　25 抗体　26 アレルギー　27 アレルゲン

おさえておきたい
Point　ミニ演習

1　植物ホルモン

樹木の剪定をすると枝の先端の（　ア　）が切り取られるために、その下の（　イ　）が伸長して、樹木の枝葉が密生するようになる。これは先端から下降する植物ホルモンの（　ウ　）による抑制効果がなくなるためである。

ニンジンの根の組織を切り取り、無菌的に寒天培養すると（　エ　）とよばれる未分化の細胞塊が得られる。この培地に植物ホルモンとして（　オ　）のほかにサイトカイニンを加えると、その2種のホルモンの濃度によっては完全な植物体を分化させることができる。1本のニンジンからいくつもの個体を増殖できるが、これらの個体は（　カ　）とよばれ遺伝的に純系なものである。

ア	頂芽
イ	側芽
ウ	オーキシン
エ	カルス
オ	オーキシン
カ	クローン

2　花芽形成のしくみ

植物の花芽の形成には1日の日長の変化、すなわち（　ア　）が深くかかわっている場合が多い。春咲きの大根などは（　イ　）植物、秋咲きのキクなどは（　ウ　）植物といわれる。

ア	光周性
イ	長日
ウ	短日

また、日長に関係なく花芽が形成するトマトなどは（　**エ**　）
植物といわれる。日長に関係するものは、特に昼夜の明暗の
長さのうち、（　**オ**　）の長さが重要である。

| エ | 中性 |
| オ | 暗期 |

3　ヒトなどの脊椎動物は、病原菌や毒素に対して抵抗し、生
体を守る仕組みをもっている。これを免疫という。免疫に関
して次の空欄に適切な語句を入れ、文章を完成させよ。なお、
同じ番号内の空欄には同じものが入る。
　①体内に異物（抗原）が侵入すると、体内の（　　　　）は抗
　　体を生産し、抗体が抗原と結びつく抗原抗体反応で異物を
　　排除する。（　　　　）にはB細胞、T細胞の区別がある。
　②免疫は人工的に作ることができる。例えば、死菌や毒性を
　　弱めた病原体や毒素といった、（　　　　）を体内に入れて、
　　これに対抗する抗体を作るのである。
　③後天的に得られた免疫が、人体に不利に働くことがある。
　　例えば（　　　　）とは、過敏な抗原抗体反応によって、皮
　　膚の発赤、粘膜の分泌増加などの障害が引き起こされるも
　　のである。

① リンパ球
② ワクチン
③ アレルギー

7 生物の集団

Level 1 ▷ **Q08**　　Level 2 ▷ **Q11**

おさえておきたい
Point　　キーワードチェック

■ 生物群集と個体群　▶ p58　▶ p64

⑴**個体群**…ある地域にすむ（　**1**　）の生物の集団。
　①（　**2**　）…個体群密度の違いによって個体に影響が表れること。
　②**個体群の成長**…成長曲線は（　**3**　）（増加を抑制するはたらき…エサの不足など）に
　　より（　**4**　）になる。個体数の上限が（　**5**　）。
　③**年齢構成**…個体の発生段階別にその割合を示したもの。年齢ピラミッドで表される。幼
　　若型、安定型、老齢型の3つに分けられる。
　④（　**6**　）…同時に生まれた生物の個体数の変動を時間の経過とともにグラフに表した
　　もの。

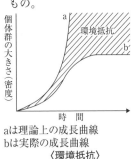

aは理論上の成長曲線
bは実際の成長曲線
〈環境抵抗〉

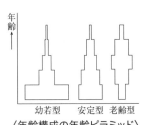
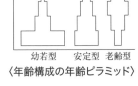

〈年齢構成の年齢ピラミッド〉

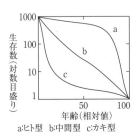

a:ヒト型　b:中間型　c:カキ型
〈生存曲線〉

(2)個体群内の相互作用（種内関係）

（ 7 ）	食物や巣の確保などのために一定の生活空間を占有	アユ（食物確保） トゲウオのオス（繁殖期）など
（ 8 ）	群れを構成する個体間に優劣の順序ができ、それによって秩序が保たれる	ニワトリ（つつきの順位） シカ、メダカ、ニホンザルなど
（ 9 ）	特定の個体（リーダー）に従って群れが行動する形式	ニホンザル、渡りをする鳥トナカイなど

(3)個体群間の相互作用（種間関係）

①競争

生活様式のよく似た個体群どうしの間では、食物や生活空間をめぐって競争が起こる。

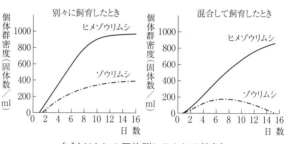

〈ゾウリムシの個体群にみられる競争〉

②すみわけと食いわけ

生活様式の似た個体群が同じ地域にすむとき、生活場所を違えたり、食物の種類を違えて共存する。

例：イワナとヤマメ（すみわけ）
　　カワウとヒメウ（食いわけ）

③被食と捕食

被食・捕食関係にある2種の個体群密度はたがいに密接な関係を持って変動している。

⑦ウサギ　④オオヤマネコ
〈被食・捕食による個体群変動〉

④寄生と共生

一方が利益を受け、他方は害を受けているものを（ 10 ）という。また、一方が利益を受け、他方も利益を受けるか利益も害も受けない場合を（ 11 ）という。

例：サナダムシ（寄生者）とヒト（宿主）…（ 12 ）
　　アリとアブラムシ、ヤドカリとイソギンチャク…（ 13 ）
　　サメとコバンザメ、ナマコとカクレウオ…（ 14 ）

---

1 同じ種類　2 密度効果　3 環境抵抗　4 Ｓ字状　5 環境収容力　6 生存曲線　7 なわばり制
8 順位制　9 リーダー制　10 寄生　11 共生　12 寄生　13 相利共生　14 片利共生

おさえておきたい
Point ミニ演習

1 次のA～Eの文章の生物どうしの相互作用に適当な語句を、語群1、2からそれぞれ選べ。

A ニワトリの群れの中で、つつき合いによって個体の優劣が生じる。

B 一般に、イワナとヤマメはすむ場所が似ているが、やがて離れてすむようになる。

C ヤドリギはブナなどの樹上に根をはり、養分を一方的に奪って生活する。

D アユは他の個体の侵入に対して、これを追い払う行動が見られる。

E アリはアリマキの天敵を追い払い、報酬として体液を与えてもらっている。

語群1：ア 共生　イ 寄生　ウ なわばり　エ 順位制
　　　　オ すみわけ
語群2：ア 種内関係　イ 種間関係

	語群1	語群2
A	エ ／	ア
B	オ ／	ア
C	イ ／	イ
D	ウ ／	ア
E	ア ／	イ

2 生物の個体数の変化を、A：幼齢期に死亡率が高いもの、B：生涯で一定の死亡率のもの、C：幼齢期に死亡率が低いものに分けると、次のア～カはA、B、Cのどれにあてはまるか。

ア イワシ　　イ ハゲワシ　　ウ ツバメ
エ トノサマバッタ　オ オランウータン
カ ヒドラ

ア A　イ C　ウ B　エ A　オ C　カ B
鳥類は一般にBのパターンと考えるが、大型の鳥類はCのパターンに分類されるところに注意する。よってハゲワシはC、ツバメはBと判断できる。また、ヒドラはBの例として示されることが多いのでこれも覚えておくとよい。

2 群落の分布と遷移

(1)群落（一定地域の植物の集団）の構成

（　1　）…群落の中で最も占有面積の広い種。

（　2　）…特定の群落だけに限って分布する種。

(2)森林の階層構造

高木層、亜高木層、低木層、草木層、他

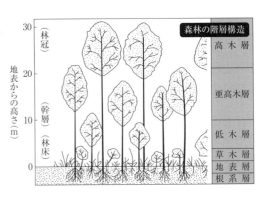

⑶**植物群系の分布**

（ 3 ）（目で見た植物群落の外観）に基づいて群落を分類したものを（ 4 ）というが、その分布は気温や（ 5 ）によって決まっている。

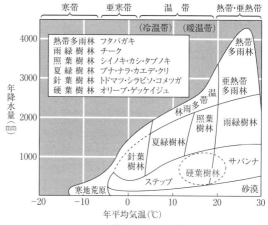

〈植物群系と気候〉

⑷**植物群落の遷移**

群落が時間とともに移り変わっていくことを（ 6 ）といい、その結果、最終的に到達する安定した状態を（ 7 ）（クライマックス）という。

①一次遷移…生物の全くいない裸地や湖沼からはじまる遷移。

[（ 8 ）]裸地→地衣・コケ類→草原（1年生→多年生）→陽樹林→陰樹林（極相）

[（ 9 ）]貧栄養湖→富栄養湖→湿原→草原

②（ 10 ）…山火事や森林伐採のあとに見られる遷移。一次遷移より進行は速い。

---

3 生態系 ▶p58

⑴**生態系の成り立ち**

生態系 { 生物群集 { （ 11 ）…光合成をする緑色植物
（ 12 ）…植食性動物（一次消費者）、肉食性動物（二次消費者…）
（ 13 ）…細菌、菌類
（ 14 ）…温度、光、空気、水、土壌など

⑵（ 15 ）…生態系での食う食われるの関係。

生産者→一次消費者→二次消費者→三次消費者→……

食物連鎖は実際には複雑で、網目状に連なっているので（ 16 ）という。

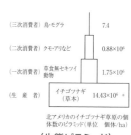

北アメリカのイチゴツナギ草原の個体数のピラミッド（単位　個体/ha）

〈生態ピラミッド〉

⑶**生態ピラミッド**

生態系の生産者、消費者をその数、生産量などで食物連鎖の栄養段階ごとに表すと、高次のものほど少なく（小さく）なるため、ピラミッド状になる。

⑷**同化量・成長量**

生 産 者	（ 17 ）＝ 総生産量－呼吸量
	成長量 ＝(17)－((　18　)＋枯死量)
消 費 者	（ 19 ）＝ 捕食量－不消化排出量
	成長量 ＝(19)－（ 20 ）－(被食量＋死滅量)

4 人間活動と生態系

⑴大気汚染

CO_2 の増加…（ 21 ）で気温が上昇する。

SO_2、NO_2 の増加…大気中の水と反応して、硫酸や硝酸に変化し、（ 22 ）の原因となる。
また、（ 23 ）の原因となっている。

フロンガスの使用…フロンガスにより（ 24 ）が破壊され、（ 25 ）が増えている。

⑵水質汚染

自然浄化…自然界では、有機物は分解者によって（ 26 ）される。しかし、限界を越える量の有機物が流入すると、富栄養化し、プランクトンの異常増殖により（ 27 ）や（ 28 ）の原因となる。

（ 29 ）…農薬や（ 30 ）など、生物が分解・排出しにくい物質が食物連鎖の過程で濃縮され、高次の栄養段階の生物になるほど高濃度になる。これによって害を及ぼしたものに有機水銀、PCB、DDTがある。

---

1 優占種　2 標徴種　3 相観　4 群系　5 降水量　6 遷移　7 極相　8 乾性遷移　9 湿性遷移
10 二次遷移　11 生産者　12 消費者　13 分解者　14 無機的環境　15 食物連鎖
16 食物網　17 純生産量　18 被食量　19 同化量　20 呼吸量　21 温室効果　22 酸性雨
23 光化学スモッグ　24 オゾン層　25 紫外線　26 自然浄化　27 赤潮
28 水の華（27、28は順不同）　29 生物濃縮　30 重金属

おさえておきたい
Point ミニ演習

1　食物連鎖

田畑に生息する動物には、クモ、イナゴ、カエル、ヘビ、ウンカなどが知られている。このうち第一次消費者は（　ア　）と（　イ　）で、最上位の消費者は（　ウ　）である。

ア イナゴ
イ ウンカ（ア、イは順不同）
ウ ヘビ

2　植物群落の遷移

地衣類は群落の（　ア　）でみられる先駆植物として代表的なもので乾燥、温度変化にきわめて強い。それは藻類と菌類の2種類の植物が（　イ　）の関係にあり、藻類は（　ウ　）で有機物を合成し菌類に与え、菌類は（　エ　）の確保と、藻類の生育場所を提供する。

ア 一次遷移
イ 共生
ウ 光合成
エ 水

重要事項
スピードチェック

生物第1章

地学第2章

物理第3章

化学第4章

数学第5章

3 下の図は、生態系における栄養段階とそれぞれの個体数を示した生体ピラミッドである。図中のA〜Dにあてはまる生物の組み合わせとして、正しいものをア〜エから選べ。

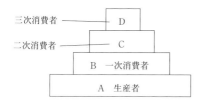

```
三次消費者 ┤       ┌───┐
           │       │ D │
二次消費者 ┤     ┌─┴───┴─┐
           │     │   C   │
         ┌─┴─────┴───────┴─┐
         │  B   一次消費者   │
       ┌─┴─────────────────┴─┐
       │   A    生産者        │
       └─────────────────────┘
```

ア A：カエル　B：イネ　　C：サギ　　D：バッタ
イ A：イネ　　B：サギ　　C：バッタ　D：カエル
ウ A：バッタ　B：イネ　　C：カエル　D：サギ
エ A：イネ　　B：バッタ　C：カエル　D：サギ

4 下の図は、自然界における炭素の循環を示したものである。図中の矢印A〜Fのうち、炭素が二酸化炭素として移動するところを正しく示しているものをア〜エから選べ。

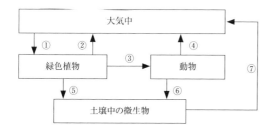

```
        ┌─────────────────────────┐
        │          大気中          │◄──┐
        └─┬───▲────────────▲──────┘   │
        ① │   │ ②       ④ │         │
     ┌────▼───┴─┐  ③   ┌──┴─────┐   │ ⑦
     │ 緑色植物  │─────►│  動物   │   │
     └────┬─────┘      └───┬────┘   │
        ⑤ │            ⑥ │         │
     ┌────▼───────────────▼────┐   │
     │      土壌中の微生物      │───┘
     └─────────────────────────┘
```

ア ①と③と④と⑤　**イ** ①と②と④と⑦
ウ ③と④と⑤と⑥　**エ** ①と②と⑦

5 植物群落は時間とともに変化し、最終的には変化のない安定した極相となる。その変化の過程はどのような順序をとるか、森林形成を例にした一次遷移について、次のア〜エに当てはまるものを、下の①〜④のうちからそれぞれ1つずつ選べ。

裸地→（ **ア** ）→（ **イ** ）→（ **ウ** ）→（ **エ** ）
　→陽樹・陰樹混交林→陰樹林〈極相〉

①一年生植物　②多年生植物　③地衣類・コケ類　④陽樹林

エ
自然界における食う・食われるという関係は、食物連鎖というより、より複雑な食物網ととらえるべきである。しかし、栄養段階を考えるときは、植物か、草食性か、肉食性か…とシンプルに食物連鎖を連想することが解法のコツとなる。

イ
生物界の生命を支えるエネルギー源は緑色植物が太陽光を用いて生産するデンプンをはじめとする「有機物」であり、もともとは大気中にある二酸化炭素に由来するものである。
二酸化炭素として生物間を移動するのは、光合成と呼吸と考えてよい。したがって、光合成のために吸収される二酸化炭素と、呼吸によって排出される二酸化炭素を示す矢印をさがせばよい。
ただし、緑色植物も呼吸をして二酸化炭素を排出する。

ア　③
イ　①
ウ　②
エ　④

8 生物の進化と系統

おさえておきたい
Point キーワードチェック

1 生物の進化

(1)進化の証拠

化石	（ 1 ）	特定の時期にのみ繁栄し滅んだ生物の化石で、地層の（ 2 ）を決めるのに有効	古生代…三葉虫、フズリナ 中生代…アンモナイト、恐竜 新生代…マンモス、貨幣石
	（ 3 ）	地層が形成されたころの環境を推定できるような化石	（ 4 ）…温暖で浅い海
	（ 5 ）	異なる生物群の中間的な特徴をもつ化石で、進化における枝分かれを示す	（ 6 ）（中生代ジュラ紀）…鳥類とハ虫類の中間
形態	（ 7 ）	形態や機能は異なるが、起源が共通な器官	鳥類の翼とコウモリの前肢とヒトの手
	（ 8 ）	形態や機能は似ているが、起源が異なる器官	昆虫の羽と鳥類の翼

(2)生物の変遷

先カンブリア時代	生命の誕生、地球の誕生
古生代	巨大シダ植物の全盛・衰退 両生類の出現、は虫類の出現 魚類の出現、三葉虫の繁栄・絶滅
（ 9 ）	恐竜の繁栄・絶滅 アンモナイトの繁栄・絶滅
新生代	（ 10 ）の出現 ほ乳類、被子植物の繁栄

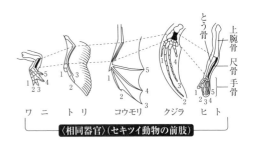

ワニ　トリ　コウモリ　クジラ　ヒト

〈相同器官〉（セキツイ動物の前肢）

(3)進化のしくみ

進化説	提唱者	内　容	欠　点
用不用説	（ 11 ）	よく用いる器官は発達し、用いない器官は退化する。	（ 12 ）は遺伝しない。
（ 13 ）	ダーウィン	生存競争に有利な変異をもつものが生き残り（（ 14 ））、子孫にその形質を伝える。	変異のうち、環境変異は遺伝しない。
突然変異説	（ 15 ）	進化は（ 16 ）によって不連続に起こる。	有害な突然変異が多く、これだけで説明できない。

2　生物の系統と分類

(1)分類段階
　種が分類の基本単位である。似た種を集めて属、さらに似た属をまとめた科というようにいくつもの分類段階を設けている。〔 種、属、科、（ 17 ）、綱、（ 18 ）、界 〕

(2)学名
　世界共通で、（ 19 ）が確立した。「属名＋種名」の（ 20 ）による。

(3)系統と系統樹
　生物群の類縁関係を（ 21 ）という。系統関係を樹木のように図示したものを（ 22 ）という。これは進化の過程を反映した図になる。

(4)五界説による分類
　①モネラ界（原核生物界）…（ 23 ）細胞からなる生物。（ 24 ）とラン藻類。
　②原生生物界…単細胞の動物と、主に単細胞の藻類。
　③植物界…多細胞の藻類と陸生植物。（ 25 ）栄養生物。
　④菌界…（ 26 ）をする従属栄養生物。からだは菌糸からなる。
　⑤動物界…多細胞の動物。従属栄養生物。

---

1 示準化石　2 年代　3 示相化石　4 サンゴ　5 中間化石　6 始祖鳥　7 相同器官
8 相似器官　9 中生代　10 人類　11 ラマルク　12 獲得形質　13 自然選択説
14 適者生存　15 ド・フリース　16 突然変異　17 目　18 門　19 リンネ　20 二名法
21 系統　22 系統樹　23 原核　24 細菌類　25 独立　26 胞子生殖

おさえておきたい Point　ミニ演習

1　次のA〜Eの化石から、ア 古生代、イ 中生代、ウ 新生代の示準化石となるものを、1つずつ選びなさい。

　A ティラノサウルス　　B 三葉虫　　C サンゴ
　D ゾウリムシ　　E ナウマンゾウ

> ア 古生代 B
> イ 中生代 A
> ウ 新生代 E
> 示準化石とは、地層形成の時代を示す化石のことであり、

2 次のA〜Cの進化説について、正しく述べている文章をア〜ウから選べ。

　A 用不用説　B 自然選択説　C 突然変異説

　ア Aはワグナーによる説で、よく用いる器官は発達し用いない器官は退化する。この形質が子孫に伝わっていくことで進化がおこるという説である。

　イ Bはダーウィンによる説で、環境に適応する変異をもったものが生き残り、子孫を残すことによって進化がおこるという説である。

　ウ Cはドフリースによる説で、進化は突然変異によるわずかな変化が積み重なって、少しずつ行われていくという説である。

イ
アは「ワグナー」がラマルクの誤り。
ウは突然変異説では「進化は少しずつではなく、飛躍的な変異によっておこる」と説明している。よって誤り。

3 右の図は五界説を示す図である。A〜Eの界の名称を語群1から、それぞれにあてはまる生物例を語群2から選びなさい。
ただしCはからだが菌糸でできた生物群、Dは光合成を行う生物群であるとする。

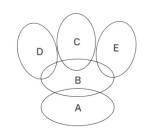

語群1：ア 動物界　イ 菌界　ウ 原生生物界　エ 植物界
　　　　オ 原核生物界（モネラ界）

語群2：ア ミドリムシ　イ シイタケ　ウ サクラ
　　　　エ カエル　オ ニュウサンキン

	語群1	語群2
A	オ	オ
B	ウ	ア
C	イ	イ
D	エ	ウ
E	ア	エ

4 生物の進化に関する記述として妥当なものを選べ。

　ア ダーウィンは、従来の自然選択説に対して、用不用の説に基づく進化論を提唱した。これは、生物は環境に適応しようとするが、その結果が子孫に遺伝（獲得形質の遺伝）し、次第に環境に適応した形質をもつ生物が誕生するというものである。

ア × 用不用説はラマルクが提唱したシンプルな主張だが、後天的な獲得形質の遺伝には異論が多い。ただ、この流れをくむネオ・ラマルキズムも存在する。

イ　古生代末や中生代末には生物が大量絶滅したが、その絶滅の空白を埋めるように別の系統の生物が新たに誕生し繁栄している。古生代末の裸子植物の絶滅後に被子植物が、中生代末の恐竜類の絶滅後にほ乳類が、それぞれ誕生したと考えられている。

ウ　人類は、中央アジアに生息していた霊長類より進化したものと考えられている。進化の主な要因は氷河期到来による森林の消失と草原の出現で、その結果、大脳、手、耳などの機能が発達したと考えられている。

エ　恒温動物の種分化に関しては、温暖な地域では大型化し、寒冷な地域では小型化する傾向がみられる。我が国では、南九州の屋久島に生息するヤクシカやヤクザルは、それぞれシカ類、サル類のなかで最も大きいことがこの例として挙げられる。

オ　大陸から離れた島にすむ生物は、ほかの場所へ移動することが難しく地理的に隔離された状態が続くと単一種の集団間に生殖的隔離が起き、種分化が生じることがある。我が国では、海洋島である小笠原諸島において、種分化が起こり、陸産貝類や植物などの固有種が多く見られる。

重要事項
スピードチェック

イ　×　おおまかに、古生代はシダ植物と魚類・両生類、中生代は裸子植物とは虫類、新生代は被子植物と哺乳類が衰退・繁栄を繰り返している。

ウ　×　人類の祖先は、アフリカに生息した霊長類・猿人である。森林消失は寒冷・乾燥いずれもが原因と考えられている。

エ　×　恒温動物の同種では寒冷地ほど体重が大きく、近縁な種では大型種ほど寒冷地に生息する（ベルクマンの法則）。ヤクシカ・ヤクザルは小型である。

オ　○　隔離による進化はワグナーが提唱。隔離のみで進化は説明できないが、地理的・生殖的隔離が種分化の要因であるとは認められている。

生物 第1章
地学 第2章
物理 第3章
化学 第4章
数学 第5章

Q01 異化・好気呼吸

問 次の文中の空欄A～Cに入る語の組合せとして、正しいものはどれか。 （地方上級）

酸素呼吸では、まず（ **A** ）でブドウ糖がピルビン酸に分解され、次に（ **B** ）に入ったピルビン酸は複雑な反応過程を経て分解されるが、この（ **B** ）は途中でクエン酸を生じるので、クエン酸回路とも呼ばれる。

（ **A** ）と（ **B** ）で生じた水素は、（ **C** ）において酸素と反応して水となる。

	A	B	C
1	解糖系	オルニチン回路	電子伝達系
2	電子伝達系	TCA回路	解糖系
3	解糖系	TCA回路	電子伝達系
4	電子伝達系	カルビン・ベンソン回路	解糖系
5	解糖系	カルビン・ベンソン回路	電子伝達系

おさえておきたい Point キーワードチェック

●異化

代謝のうち、体物質である（ **1** ）やタンパク質や脂質などの「複雑な物質」を、水や（ **2** ）のような「単純な物質」に分解する反応。嫌気呼吸や好気呼吸などがある。

●嫌気呼吸

（ **3** ）を使わずに有機物を分解し、エネルギーを得る呼吸。どちらの嫌気呼吸でも、（ **4** ）1個を分解して、ATP（ **5** ）個分のエネルギーしか取り出せない。

(1)アルコール発酵

酵母菌が行う嫌気呼吸。（ **6** ）を生成する。酒造法として利用。

$$C_6H_{12}O_6 \rightarrow 2C_2H_5OH + 2CO_2 + 2ATP （エネルギー）$$

「ブドウ糖」を分解し、「エタノール」と「ATP」を生成。排出物として「二酸化炭素」が発生。

(2)乳酸発酵

（ **7** ）が行う嫌気呼吸。乳酸を生成する。乳製品の製造法として利用。

$$C_6H_{12}O_6 \rightarrow 2C_3H_6O_3 + 2ATP （エネルギー）$$

「ブドウ糖」を分解し、「乳酸」と「ATP」を生成。

●好気呼吸

酸素を使って有機物を分解しエネルギーを得る呼吸。おもに（ **8** ）で行われる。嫌気呼吸にくらべて、ATPにして19倍の大きなエネルギーが得られる。

「①（ **9** ）系」「②（ **10** ）回路」「③（ **11** ）系」の3つの過程から成り立つ。

①解糖系

「ブドウ糖」が分解されて「水素」と「ATP」が生成される過程。

②クエン酸回路（TCA回路）

「クエン酸」がさまざまな物質に変化し、再びクエン酸に戻る回路反応。その反応の間に「水」が取り込まれて、「水素」と「ATP」が生成される。このとき、「二酸化炭素」が排出物として発生する。

③水素伝達系（電子伝達系）

解糖系とクエン酸回路で生成された「水素」が処理され、多くの「ATP」が生成される過程。処理された水素は取り込まれた「酸素」と結びついて「水」を生じる。

〈反応式〉

①～③をまとめると、好気呼吸は下のような反応式になる。これは、光合成の反応式のまったく逆の反応式であることがわかる。

$$C_6H_{12}O_6+6O_2+6H_2O \rightarrow 6CO_2+12H_2O+38ATP$$

---

1 炭水化物　2 二酸化炭素　3 酸素　4 ブドウ糖　5 2　6 エタノール　7 乳酸菌
8 ミトコンドリア　9 解糖　10 クエン酸　11 水素伝達

A01 正解―3

酸素呼吸（好気呼吸）を全体的に見ると、ブドウ糖と酸素が二酸化炭素と水になる反応である。この反応によって得たエネルギーでATPが生成される。

A：解糖系である。この反応は細胞質基質で行われ、1分子のブドウ糖（$C_6H_{12}O_6$）から、2分子のピルビン酸と2分子のATPが得られる。

B：TCA（トリカルボン酸）回路、クエン酸回路、また発見者の名をとってクレブス回路ともいう。ミトコンドリアのマトリックスで行われ、ブドウ糖1分子につき2分子のATPが得られる。カルビン・ベンソン回路は光合成の暗反応でブドウ糖が作られる反応系で、オルニチン回路は肝臓で尿素が作られる反応系である。

C：電子伝達系である。水素伝達系ともいう。この反応はミトコンドリアのクリステ（内膜）で行われ、ブドウ糖1分子につき34分子のATPが作られる。

Q02 同化・光合成

問 植物の光合成・化学合成に関する記述として正しいものはどれか。 （国家一般改題）

1 植物におけるチラコイド反応は、クロロフィルなどの光合成色素が光エネルギーを吸収して活性化され、炭水化物を還元する過程であり、光の強さだけでなく、温度の変化に大きく左右される。

2 光合成におけるカルビン・ベンソン回路は、葉緑体のチラコイドの部分で行われ、二酸化炭素をブドウ糖などの炭水化物にまで合成する過程であるが、この反応にはチラコイド中のいろいろな酵素が関係しているので温度の影響を強く受ける。

3 二酸化硫黄を含む温泉や湖の底では、紅色硫黄細菌や緑色硫黄細菌などの光合成細菌が、二酸化硫黄を分解して得た硫黄で二酸化炭素を還元して炭水化物を合成している。

4 硝酸細菌や亜硝酸細菌などの化学合成細菌は、一般の細菌と同様に有機物を必要とするものの、一般の細菌とは異なり、光エネルギーを使用しないで有機物を酸化したときに生ずる化学エネルギーを利用して炭水化物を合成している。

5 光を当てて二酸化炭素の吸収量を調べると、そのときの二酸化炭素の吸収量は「見かけの光合成量」と呼ばれるが、実際の「真の光合成量」は、「見かけの光合成量」と「呼吸量」を合わせた値に相当する。

おさえておきたい Point キーワードチェック

●同化とは

代謝のうち、外界から取り込んだ水や二酸化炭素のように「単純な物質」から、炭水化物やタンパク質や脂質などの「複雑な物質」をつくる合成反応。（ 1 ）や窒素同化などがある。

●光合成のしくみ

外界から得た「二酸化炭素」と「水」から、「光のエネルギー」を使って「（ 2 ）」を生成する同化。そのとき「酸素」と「（ 3 ）」が排出物として生成される。光合成は、細胞中の「葉緑体」で行われる。

$$6CO_2 + 12H_2O + 光エネルギー \rightarrow C_6H_{12}O_6 + 6H_2O + 6O_2$$

反応の場	反応名	はたらき	ATP	影響する条件
チラコイド	チラコイド反応	光のエネルギーで水を分解	生成	光の強さ
ストロマ	カルビン・ベンソン回路	ブドウ糖生成	消費	温度 CO_2濃度

◉細菌による光合成・化学合成

⑴光合成細菌

　緑色硫黄細菌・紅色硫黄細菌などの細菌は、緑色植物と同様に、光のエネルギーを使い光合成を行う。（　4　）を還元することは同じだが、H_2Oは不要で、H_2S、H_2などを還元剤として使用する。

$$6CO_2 + 12H_2S + 光エネルギー \rightarrow C_6H_{12}O_6 + 6H_2O + 12S$$

　光合成細菌は一般に、上の反応式のように（　5　）の放出をしない細菌を指す。

⑵化学合成細菌

　硝酸菌や亜硝酸菌などの細菌が行う化学合成は、光のエネルギーのかわりに、無機化合物の（　6　）で生じる化学エネルギーを使って、CO_2から炭水化物を合成する炭酸同化の働きである。

$$6CO_2 + 12H_2O + 化学エネルギー \rightarrow C_6H_{12}O_6 + 6H_2O + 6O_2$$

　光合成細菌のようにクロロフィルを持たず、無機物の酸化によるエネルギーで炭酸同化を行う（　7　）細菌である。

---

1 光合成　2 ブドウ糖　3 水　4 CO_2　5 O_2　6 酸化　7 独立栄養

A02　正解－5

1－誤　光合成色素を含むチラコイドの中で行われる反応は、光エネルギーで水分子を分解し、酸素を発生させるとともにNADPHとATPをつくる反応（光化学反応）である。光の強さや波長の影響は受けるが、温度変化の影響は受けない。

2－誤　葉緑体は袋状の構造のチラコイドとチラコイド以外の基質のストロマからなっている。チラコイドはクロロフィルなどの光合成色素を含み、いわゆる明反応の場となり、ストロマは多くの酵素を含み、カルビン・ベンソン回路の場となる。

3－誤　光合成細菌は硫化水素を分解して得た水素で二酸化炭素を還元して炭水化物を合成している。

4－誤　化学合成細菌は、有機物を必要としない。無機物を酸化したときに生ずる化学エネルギーを利用して二酸化炭素の同化を行っている。

5－正　緑色植物は一定量の呼吸を行いCO_2を排出するが、このCO_2は光合成においては原料として使われているのである。

Q03 酵素

問 酵素に関する記述として正しいものはどれか。 （国家一般）

1　酵素は化学反応を促進する働きをもち、主成分はタンパク質である。細胞内では大量の基質を処理するので大量に生産されているが、細胞外には存在しない。

2　酵素が作用する物質を基質という。一部の酵素は一つの基質にしか働かないが、多くの酵素は数種類の基質に働く。

3　酵素がよく働く最適ｐＨは酵素の種類によって異なるが、どの酵素も中性またはアルカリ性でよく働き、酸性では働かない。

4　酵素の働きやすい温度は普通35 ～ 40℃である。それ以上になると反応速度は急に遅くなる。

5　酵素は比較的低分子の無機塩類と結合して作用するものがある。これらの無機塩類を補酵素といい、酵素と補酵素との結合は強い。

おさえておきたい Point　キーワードチェック

●生物を構成する物質

（　1　）（70%）　　　タンパク質（20%）　　　　脂質（5%） 無機化合物（2%）　　核酸（1%）　　炭水化物（1%未満）

生物は、ほとんどが（1）とタンパク質でできていることがわかる。
　※動物や植物、細胞の種類によって異なる。

●酵素としてのタンパク質

(1)酵素

生命活動として、体内で行われる「化学反応」を（　2　）する物質。「生体触媒」ともいう。

(2)触媒

それ自身は変化したり、失われたりすることなく化学反応を促進する物質。

(3)酵素の性質

　①最適温度

　　酵素がもっとも働きやすい温度。一般に（　3　）℃前後。酵素は主成分がタンパク質であるため高熱に弱く、熱変成してはたらきを失う。

　②最適pH

　　酵素がもっとも働きやすいpH環境。酵素の種類によって異なる。（アミラーゼ…pH7、ペプシン…pH2、トリプシン…pH8）

●消化酵素と栄養素のゆくえ

消化器官		口	食道	胃	（ 7 ）	（ 8 ）	最終物質
栄養素	（ 4 ）	アミラーゼ	→	→	アミラーゼ	＜吸収＞	ブドウ糖
	（ 5 ）	→	→	ペプシン	トリプシン	＜吸収＞	アミノ酸
	（ 6 ）	→	→	→	胆汁、リパーゼ	＜吸収＞	脂肪とグリセリン

①ブドウ糖……………… （8）の柔毛_{じゅうもう}のなかの「毛細血管」から吸収される。
②アミノ酸……………… （8）の柔毛のなかの「毛細血管」から吸収される。
③脂肪酸とグリセリン… （8）の柔毛のなかの「（ 9 ）」から吸収される。

1 水　2 触媒　3 40　4 炭水化物　5 タンパク質　6 脂肪　7 十二指腸　8 小腸
9 リンパ管

生物 第1章

地学 第2章

物理 第3章

化学 第4章

数学 第5章

A03 正解ー4

1－誤　酵素はごく微量でも効果があり、しかも何度でも繰り返し使える（酵素自身は変化しない）。したがって大量には生産されない。また、消化酵素のように細胞外に分泌されてはたらくものもある。

2－誤　酵素の種類はきわめて多く、それぞれ決まった基質にのみはたらく。これを基質特異性という。この性質は酵素の活性部位（活性中心）の構造に基づくものである。

3－誤　多くの酵素の最適 pH は中性付近であるが、胃のペプシンのように強い酸性（pH2）の下でよくはたらくものもある。

4－正　温度が上がりすぎると、変性して活性を失う（失活）ものが増える。

5－誤　酵素と補酵素との結合は弱い。そのため、透析などで容易に分離できる。酵素には金属（銅、鉄など）を含むものもある。

Q04 循環系・血液

問 次の文は、ヒトの血液の凝固に関する記述であるが、文中の空欄A〜Dに該当する語句の組合せとして、妥当なものはどれか。 (地方上級)

　小さなけがの場合には、血管の破れた所に[A]が集まって傷口をふさぐとともに、いろいろな物質の共同作用で血液の中に[B]という酵素ができ、この酵素の働きで[C]から[D]という繊維状のタンパク質が作られる。[D]は、血球と絡み合って粘着性のある構造となり、血管の破れた部分をふさぐので、それ以上の出血は起こらなくなる。

	A	B	C	D
1	赤血球	フィブリン	プロトロンビン	トロンビン
2	赤血球	トロンビン	フィブリノーゲン	フィブリン
3	血小板	トロンビン	フィブリノーゲン	フィブリン
4	血小板	フィブリン	プロトロンビン	トロンビン
5	白血球	トロンビン	フィブリノーゲン	フィブリン

おさえておきたい Point キーワードチェック

◉循環系

(1)体液

細胞が直接、接している「内部環境」としての液

①血液（赤血球、白血球、（ 1 ）、血しょう）：血管の中を通る液。

②組織液：各器官・組織の細胞の間を満たしている液。（ 2 ）が血管をしみ出たもの。

③リンパ液：リンパ管を流れる液。組織液の一部がリンパ管に流れ込んだもの。

(2)心臓

全身に血液を送り、体液循環のためポンプの役割を果たす臓器

①（ 3 ）：全身から心臓に戻ってきた血液が、一時的にたまる部屋。

②（ 4 ）：強く収縮する性質をもつ、血液を送り出すための部屋。

③心臓のタイプ（セキツイ動物の心臓）：

　一心房一心室（魚類）、（ 5 ）心房（ 6 ）心室（両生類）、

　（不完全な）二心房二心室（（ 7 ）類）

　（完全な）二心房二心室（鳥類、ほ乳類）

〈セキツイ動物の心臓〉　　　　　　　　　　　　　　　〈ヒトの心臓〉
（二心房二心室）

一心房一心室　　二心房一心室　　二心房二心室（不完全）

生物 第1章

地学 第2章

物理 第3章

化学 第4章

数学 第5章

　ヒトの場合、血液をリフレッシュするための「（　8　）循環」と、血液を身体全体へ送り出し、酸素や養分と二酸化炭素や老廃物を交換する「（　9　）循環」がある。

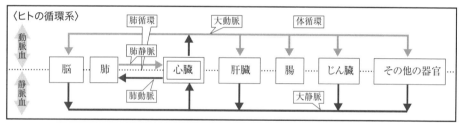

〈ヒトの循環系〉
動脈血　　肺循環　　大動脈　　体循環
　　　　肺静脈
静脈血　　脳　肺　心臓　肝臓　腸　じん臓　その他の器官
　　　　肺動脈　　　　　大静脈

1 血小板　2 血しょう　3 心房　4 心室　5 二　6 一　7 ハ虫　8 肺　9 体

A04 正解－3

A：血液凝固に関与しているのは血小板である。赤血球は O_2 の運搬、白血球は免疫に関係している。

B：トロンボプラスチン、Ca^{2+} ほかいくつかの凝固因子が関わって、プロトロンビンからトロンビンという酵素がつくられる。

C、D：血しょう中のフィブリノーゲンから繊維状のタンパク質フィブリンがつくられる。そして、フィブリンが血球を絡めて血ぺいをつくり、血液は凝固する。

Q05 生殖

問 生殖法に関する記述のうち、下線部が正しいものはどれか。 (地方上級改題)

1 シダは世代交代を行うことが知られている。通常見られる生活体（いわゆるシダの葉）には、造卵器と造精器ができ、有性生殖を行う。

2 アブラムシ（アリマキ）は環境が良いと、雌が受精せずに雌をうむ。これは胞子生殖と呼ばれる。

3 ヤマノイモやオニユリのむかごは地面に落ちると新しい植物体になる。この生殖方法は栄養生殖と呼ばれる。

4 ゾウリムシやミドリムシは二分裂法で増えるが、これは有性生殖の一つである。

5 身体の一部から出芽して親と同じ形になり、これが離れて新しい個体をつくる生殖法を出芽というが、ウニはこの方法で繁殖する。

おさえておきたい Point キーワードチェック

●生殖の方法

⑴生殖とは

生物が自己と同じ種類の新個体をつくること

① （ 1 ）生殖…性の区別をもたず、親の体の一部が分かれて、新しい個体をつくる。

② （ 2 ）生殖…（ 3 ）という生殖細胞の合体によって新個体をつくる。

⑵無性生殖

無性生殖では、親のからだの一部が新しい個体に分離するため、新しくできた個体は親の個体と（ 4 ）的に全く同じ性質をもつ個体といえる。以下の4つの生殖法がある。

①分裂

親のからだが2つ以上に分かれ、それぞれが新しい個体になる生殖法。

・単細胞生物：アメーバ、ゾウリムシなど ・多細胞生物：イソギンチャクなど

②（ 5 ）

親の体の一部に小さな突起物が生じ、それが新しい個体に成長する生殖法。

・単細胞生物：コウボキン ・多細胞生物：ヒドラ

③栄養生殖

植物が行う。根・茎・葉などの「（ 6 ）器官」が分離し、新個体となる生殖法。多くの植物が行う。オランダイチゴ、ユキノシタ、ジャガイモ、サツマイモなど。

④胞子生殖

胞子という「（ 7 ）」がつくられ、それが単独で発芽し、新個体となる生殖法。コウジカビ、アオカビなどの菌類、ワラビなどの植物。

⑶有性生殖

有性生殖では、配偶子の合体（接合という）によって、他の個体と遺伝子が合わさるため、

新しくできた個体は親の個体と遺伝的にも異なる性質をもつ。

合体する２つの配偶子が、ほぼ同じ形・大きさの場合これを「（ 8 ）」といい、大きさやはたらきが異なる配偶子の場合これを「（ 9 ）」という。

①同形配偶子による接合

・接合：ゾウリムシなどの（ 10 ）生物がからだそのものを配偶子として他の個体と合体し、遺伝子を交換して新個体をつくる。（クラミドモナス、アオミドロなど）

②異形配偶子による接合

・接合：アオサなどのように配偶子の大きさが（ 11 ）場合の接合。

・（ 12 ）：大きくて栄養をたくわえた卵と、小さくて運動能力をもつ精子が合体して、新しい個体をつくる。異形配偶子であるが、とくにこれを受精とよぶ。

・単為生殖：（ 13 ）側の配偶子が接合なしに成長し新個体を生じる。

---

1 無性　2 有性　3 配偶子　4 遺伝　5 出芽　6 栄養　7 生殖細胞　8 同形配偶子
9 異形配偶子　10 単細胞　11 異なる　12 受精　13 雌

出題 Point：生殖　　カエルの発生の過程

次のA〜Eのカエルの発生に関する記述を発生の過程の順に整序してみよう。外胚葉の神経管は、神経板がくびれて管状に分離してできるが、試験ではそこまで問われる。

A 神経管が形成される。　　　B 卵割腔がしだいに大きくなり、胞胚腔となる。
C 神経板が形成される。　　　D 卵割が進み、桑実胚となる。
E 陥入が始まり、原腸がつくられる。

（解答：D−B−E−C−A　P15参照）

A05 　正解─3

1 −誤　シダの生活体（シダの葉）は無性世代に属し、胞子体とよばれる。葉の裏には胞子のうをつくり、胞子を形成する。胞子は地面に落ちて発芽し、前葉体になるが、これは有性世代に属し、造精器と造卵器をもつ。

2 −誤　これを単為生殖という。単為生殖も有性生殖の一種で、他にはミジンコやミツバチなどが行う。ミツバチは受精卵からは雌が、未受精卵（単為生殖）からは雄がうまれる。

3 −正　他にもイモ類などは栄養生殖を行う。

4 −誤　分裂、出芽、胞子生殖、栄養生殖は無性生殖に分類される。

5 −誤　ウニは有性生殖（受精）を行う。出芽で生殖を行うものとしては、ヒドラ、コウボ菌、サンゴなどがある。

Q06 神経

問　神経に関する次の文中の空欄A ～ Eに当てはまる語句の組合せとして、妥当なものはどれか。
(地方上級)

　神経系を構成する神経細胞を（　A　）と呼ぶ。（　A　）は、核のある細胞体、枝分かれの多い樹状突起および長くて枝分かれの少ない（　B　）からできている。また、（　B　）の末端が、他の（　A　）の細胞体または樹状突起の末端と狭い透き間を隔てて接している連接部を（　C　）という。刺激によって神経細胞の一部に生じた興奮は、（　A　）や（　C　）を伝わって、筋肉などの作動体に送られる。（　A　）内で興奮が伝わることを（　D　）といい、（　C　）で興奮が伝わることを（　E　）という。

	A	B	C	D	E
1	ニューロン	軸索	シナプス	伝導	伝達
2	ニューロン	軸索	シナプス	伝達	伝導
3	ニューロン	筋繊維	シナプス	伝達	伝導
4	シナプス	筋繊維	ニューロン	伝達	伝導
5	シナプス	軸索	ニューロン	伝導	伝達

おさえておきたい Point　キーワードチェック

●神経の構造

①神経単位（ニューロン）…（　1　）＋樹状突起＋軸索

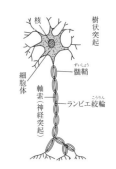

	髄鞘	伝導速度	種別
（　2　） 神経繊維	（　3　）	大	セキツイ動物の神経（交感神経以外）
（　4　） 神経繊維	もたない	（　5　）	無セキツイ動物の神経

②シナプス…ニューロン間の接続部。

●興奮の伝導と伝達

　ニューロンの細胞膜では、膜の内側が－、外側が＋に帯電している。このときの細胞内外の電位差を（　6　）という。軸索が刺激を受けると（　7　）が急激に細胞内に流入し、外側が－、内側が＋になり、（　8　）が生じる。この状態が興奮である。
　(8) が生じると、隣接部も興奮して軸索部の両方向に伝わっていく。これが（　9　）で

ある。興奮がシナプスに達すると末端部から（　10　）が放出される。そして興奮がとなりのニューロンへ伝えられる。このことを（　11　）という。(10) を出す側と受け取る側が決まっているので、伝達は軸索から神経細胞体へと一方向にしか伝わらない。

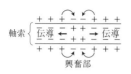

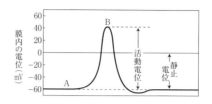

●神経伝達物質

神経伝達物質	神経の種類
アセチルコリン	運動神経、（　12　）から分泌
ノルアドレナリン	（　13　）から分泌

> 1 細胞体　2 有髄　3 もつ　4 無髄　5 小　6 静止電位　7 Na⁺　8 活動電位　9 伝導
> 10 神経伝達物質　11 伝達　12 副交感神経　13 交感神経

A06 正解―1

A：神経系を構成する細胞を神経単位（ニューロン）という。髄鞘をもつ有髄神経ともたない無髄神経に分けられる。

B：ニューロンは核のある「細胞体」、それから出る「樹状突起」、長く伸び出す「神経突起（軸索）」からできている。

C：ニューロンどうしの接続部分をシナプスという。

D：興奮が1つのニューロン内を伝わることを伝導と呼ぶ。

E：シナプスで興奮が伝わることを伝達とよぶ。伝達には神経伝達物質（ノルアドレナリン、アセチルコリン）が使われる。

Q07 植物の花芽形成

問 次の文は、植物の開花に関する記述であるが、空欄A〜Dに当てはまる語句の組合せとして、妥当なものはどれか。 (国家一般改題)

開花は、光や温度などの環境条件に影響されるほか、昼や夜の長さに影響されることが多い。[**A**]のように昼の長さが短くなっていく季節に花芽を作る短日植物や、[**B**]のように昼の長さが長くなっていく季節に花芽を作る長日植物がある。このように昼夜の長さに応じて一定の反応を示す性質を[**C**]という。このほか、[**D**]のように昼夜の長さに関係なくある程度成長すれば花芽を作る植物を中性植物という。

	A	B	C	D
1	キク	アブラナ	光周性	トマト
2	コスモス	キク	光周性	セイヨウタンポポ
3	アブラナ	セイヨウタンポポ	光周性	アサガオ
4	アサガオ	キク	傾光性	ヒマワリ
5	セイヨウタンポポ	アブラナ	傾光性	トマト

おさえておきたい Point キーワードチェック

◉植物の成長の調節

・屈性（刺激の方向に曲がる→正、刺激と反対方向に曲がる→負）

屈性	刺激	例
屈光性	光	茎（正）、根（負）
屈地性	重力	茎（負）、根（正）
屈触性	接触	巻きひげ（正）

・傾性（刺激の方向に関係なく反応）

傾性	刺激	例
傾光性	光	タンポポの花の開閉
傾熱性	温度	チューリップの花の開閉

◉光周性

(1)光周性

日長の変化によって動植物のホルモンが生成・分泌され、それにより発生・変化する現象。動物では、鳥の渡り、魚の回遊、冬眠などが光周性によるとされる。植物では、花芽形成、塊根・塊茎形成、落葉が昼夜の変化で発現する。

(2)光周性と花芽形成

（ 1 ）	日長が一定時間以上で花芽を形成	（ 2 ）咲きが多い	ダイコン、ホウレンソウ、コムギなど
（ 3 ）	日長が一定時間以下で花芽を形成	（ 4 ）咲きが多い	キク、ダイズ、コスモス、オナモミなど
中性植物	日長と無関係に花芽を形成	四季咲きが多い	トマト、トウモロコシ、ヒマワリなど

◉植物の花芽形成

①（ 5 ）…花芽形成に必要な、長日植物では最長の、短日植物では最短の暗期の長さ。
②光中断…短日植物では、暗期の途中で適当な時間光を当てると、（ 6 ）が起こらない。
③（ 7 ）（フロリゲン）…花芽形成を促進する物質。暗期に葉でつくられる。
④（ 8 ）…植物によっては一定期間低温にさらされないと花芽形成が行われないものがある。それらを人工的に低温にさらし花芽形成を促すこと。

> 1 長日植物　2 春　3 短日植物　4 秋　5 限界暗期　6 花芽形成　7 花成ホルモン
> 8 春化処理

出題 Point：植物体の調節　植物ホルモン

①サイトカイニン：細胞分裂の促進や葉の老化の抑制・気孔の開孔などの働きがある。
②アブシシン酸：種子の休眠の維持や発芽の抑制、葉の気孔の閉孔などの働きがある。
③エチレン：果実の成熟や落葉・落果の促進などの働きがある。
④オーキシン：細胞の成長や発根の促進、果実肥大化と落果抑制などの働きがある。
⑤ジベレリン：茎の成長や不定根の形成の促進、子房の成長の促進などの働きがある。

A07　正解ー1

A：短日植物は日照時間が一定時間より短くなると花芽を形成し開花する植物で、秋咲きの植物に多い。例）キク、アサガオ、コスモス、オナモミなど
B：長日植物は日照時間が一定時間より長くなると花芽を形成し開花する植物で、春咲きの植物に多い。例）コムギ、アブラナ、ホウレンソウ、ダイコンなど
C：日長に影響される植物の性質を光周性とよぶ。傾光性は光を刺激とした方向に関係なく起こる成長運動で、タンポポの花の開閉などがある。
D：日長に関係なく主に温度変化などによって花芽を形成し、開花する植物が、中性植物である。例）トマト、ナス、セイヨウタンポポ、トウモロコシなど

Q08 生物と環境

問 次の生態系に関する記述中の空欄A～Eに当てはまる語の組合せとして、正しいものはどれか。 (国税専門官)

　生物群集を構成する生物の間には、一般に食物連鎖の関係がみられるとともに、それぞれの生物は、光・温度・空気・水・土壌など、生物を取り巻く非生物的環境との間で、物質やエネルギーのやりとりをしながら生活している。

　たとえば、大気中の二酸化炭素に含まれる（　**A**　）は、（　**B**　）によって有機物に変えられ、植物自身の成長と（　**C**　）に使用され、また一部は食物連鎖を通して動物や微生物に利用され、最後に大気中に放出される。また、太陽エネルギーは（　**B**　）によって化学エネルギーに変換され、植物に取り入れられる。化学エネルギーは植物の（　**C**　）に利用されたり、また一部は食物連鎖を通して動物や微生物の（　**C**　）に利用され、最後に熱エネルギーとなって大気中に放出される。このように（　**A**　）は、生態系を（　**D**　）が、エネルギーは生態系を（　**E**　）。

	A	B	C	D	E
1	酸素	光合成	呼吸	循環する	循環しない
2	酸素	光合成	呼吸	循環しない	循環する
3	炭素	光合成	呼吸	循環する	循環しない
4	炭素	呼吸	光合成	循環する	循環しない
5	炭素	呼吸	光合成	循環しない	循環する

おさえておきたい Point 〔キーワードチェック〕

●生物と環境

①**生物群集**　ある地域に生活する生物の集団で、個体群どうしの関係（相互作用という）によって結びつけられた集団。

②**非生物的環境**　生物群集をとりまく、温度・水・地形・風などの非生物的な環境要因。

③**作用と反作用**　非生物的環境から生物がうける影響を「（　1　）」といい、逆に生物が非生物的環境に与える影響を「（　2　）」という。

④**生態系**　ある地域の「（　3　）」とそれをとりまく「（　4　）」を、1つのまとまりとしてとらえたもの。

●生態系とエネルギー・物質の循環

①**食物網**　生物群集における食う・食われる関係のつながりを「（　5　）」という。しかし実際には、その関係が複雑に絡まっているため、これを「（　6　）」という。

②**生産者**　太陽の光エネルギーから（　7　）によって「有機物」を生産する生物群。緑

問題でPointを理解する
Level 1 Q08

生物 第1章
地学 第2章
物理 第3章
化学 第4章
数学 第5章

色植物などの生産者が生物界全体のエネルギー供給を支えているといえる。

③**消費者**　生産者が生産した有機物を直接または間接に食べる動物。生産者を食べる「一次消費者」、さらにそれを食べる「二次消費者」、さらにそれを食べる「三次消費者」のように分類する。

④**分解者**　生物の遺体を無機物までに分解する土壌動物や（　8　）、カビなどの微生物。

⑤**栄養段階**　生産者や消費者、分解者など生態系の役割で分けた段階。

---

1 作用　2 反作用　3 生物群集　4 非生物的環境　5 食物連鎖　6 食物網　7 光合成　8 細菌

出題 Point：生態系　　**成長量の計算**

　ある森林生態系における森林面積 $1m^2$ 当たりの1年間の有機物の移動量を示した次の図から、この森林 $1m^2$ 当たりの1年間の純生産量と生産者の成長量を求めよ。

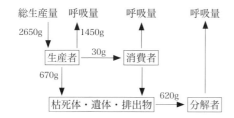

純生産量＝総生産量－呼吸量＝2650－1450＝1200（g）
成長量＝純生産量－（被食量＋枯死量）＝1200－（30＋670）＝500（g）　P37参照

A08　正解－3

1－誤　生産者（緑色植物）は二酸化炭素の形で炭素を取り入れる。光合成により二酸化炭素を有機物に変えるが、呼吸をして二酸化炭素を放出もする。

2－誤　太陽の光エネルギーは、生産者がおこなう光合成によって、化学エネルギーに変換される。この化学エネルギーは、食物連鎖によって生産者から消費者、分解者へと移動し、最終的には、熱エネルギーとなって大気に放出される。エネルギーは、炭素や窒素と違い、循環はしない。

3－正　大気中の CO_2 →〈光合成〉→生産者（緑色植物）→〈呼吸〉→大気中の CO_2 と循環する。

4－誤　Bに呼吸は入らない。炭素が「呼吸によって有機物に変えられる」ことはない。

5－誤　肢4を参照。さらに、DとEの循環するしないも間違いである。

Q09 遺伝子

問 遺伝子の研究史に関する次文のア〜オの｛ ｝から正しい語句を選んであるものはどれか。 (地方上級)

1865年、8年にわたって **ア｛オシロイバナ　エンドウ｝** の交雑実験を行っていたメンデルは、遺伝の法則を発見したが、世に認められないまま没し、1900年になってド・フリースら3人が別々にその法則を再発見した。

1926年にはアメリカの **イ｛モーガン　ラマルク｝** がショウジョウバエを使って遺伝子の染色体地図を完成し、遺伝子が染色体上に実在することを証明した。

1927年、マラーはキイロショウジョウバエにX線を照射して **ウ｛形質転換　突然変異｝** を起こさせることに成功し、遺伝子の実在をいっそう確かなものにした。

1945年にはビードルとテータムがアカパンカビの栄養要求やショウジョウバエの目の色の実験から、1つの遺伝子が1つの酵素を支配していることを明らかにした。

1953年には **エ｛ローレンツ　ワトソンとクリック｝** はX線回析という方法を用いて遺伝子の本体であるDNAの二重らせん構造を明らかにした。

1955〜56年、オチョアとコーンバーグは **オ｛DNA　運搬RNA｝** を鋳型にしてこれに対応する伝令RNAを合成することに成功した。

1	アーオシロイバナ	**2**	イーラマルク	**3**	ウー突然変異	
4	エーローレンツ	**5**	オー運搬RNA			

PointCheck

●遺伝子の本体（DNA）

DNA（和名：デオキシリボ核酸）は遺伝子の本体となっている物質で、肺炎双球菌の「形質転換」の実験によって、遺伝子の正体であることが証明された。

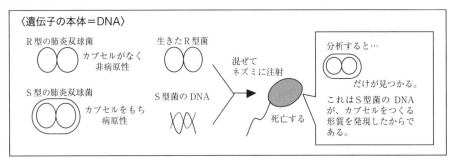

〈遺伝子の本体＝DNA〉

●DNAの構造

DNAは細胞の核内にあり、2本の細い糸がはしご状に向かい合ってねじれた「2重らせん構造」をしている。

①相補性

2本の細い糸は、アデニン（A）とチミン（T）、グアニン（G）とシトシン（C）という種類の塩基の組み合わせを守って連結している。

②塩基配列

DNAの糸の中には、上記のA、T、G、Cの4種類の塩基が並んでいるが、この並び方を塩基配列という。さらに3つの配列が1つの暗号となっている。

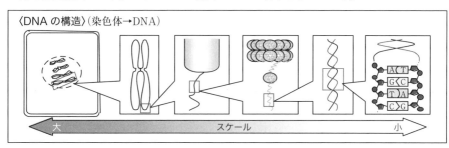

〈DNA の構造〉（染色体→DNA）

A - T
G - C
T - A
C - G

大 ←　スケール　→ 小

③突然変異

突然ある世代に、それまでは見られない変異が現れることで、自然におこったもの。
a. 染色体突然変異…染色体の数や構造の変化でおこる突然変異（例：ヒトのダウン症）
b. 遺伝子突然変異…DNAの塩基配列の変化でおこる突然変異（例：ヘビのアルビノ）

Level up Point !
遺伝子情報の解明が現代社会に与える影響は非常に大きい。ノーベル賞の受賞に至るまでの研究成果がここからスタートしていると考えれば、この分野の出題可能性は非常に高い。

A09 正解ー3

ア　メンデルは 1856 ～ 63 年の間、修道院の庭でエンドウの交雑実験を行っていた。そして、7 つの対立形質に着目し、統計的な分析を行った。

イ　遺伝子が染色体上にあることはアメリカのモーガンによって唱えられ、また確認された。ラマルクは進化について用不用説を唱えた。

ウ　マラーはX線の照射がショウジョウバエの遺伝子突然変異を 150 倍も高める作用があることを示した。形質転換は、肺炎双球菌の実験が有名である。

エ　DNAの二重らせん構造の解明はアメリカのワトソンとイギリスのクリックによる。ローレンツは、すりこみを発見した動物行動学者である。

オ　鋳型となるのはDNAである。運搬RNA（tRNA）は伝令RNA（mRNA）の塩基配列に応じてアミノ酸を運搬する。

Q10 内分泌系

問 動物の内部環境の調節に関する次の記述のうち、妥当なものはどれか。　　（地方上級）

1　甲状腺から分泌されるパラトルモンは身体中の細胞に働きかけて物質代謝を促進し、その代謝によって生体エネルギーに関与するATPが作られる。パラトルモンの分泌量はほぼ一定になるように保たれているが、過剰になると体温や心拍数の上昇が見られる。

2　血糖量が減少した血液が視床下部に達すると、調節中枢が興奮し、交感神経を通じてすい臓のランゲルハンス島 α 細胞からグルカゴンが分泌される。このホルモンはグリコーゲンを分解して血液中のブドウ糖量を増加させる機能をもつ。

3　副腎皮質ホルモン（糖質コルチコイド）は、脳下垂体前葉からの副腎皮質刺激ホルモンの作用によって副腎皮質から分泌される。このホルモンはグリコーゲンをブドウ糖に変えて血糖量を減少させる機能をもつ。

4　肝臓は、血液中のブドウ糖が多くなると肝細胞に蓄え、少なくなると貯蔵していたものを放出して、ブドウ糖量を一定に保つように調節する働きをするほか、ナトリウムイオンや尿素などの老廃物をろ過して排出する働きももつ。

5　血糖量が減少すると副交感神経が働いて、すい臓のランゲルハンス島 β 細胞からインスリンが分泌され、肝臓などに蓄えられているグリコーゲンの分解を促進して血糖量を増加させる。

PointCheck

◉内分泌系

⑴ホルモンの特性
　①内分泌腺でつくられ、体液によって運ばれる。
　②ごく微量で作用し、はたらきは即効的。
　③特定の器官（標的器官）にだけ作用する。
　④主成分はタンパク質またはステロイドである。

⑵内分泌腺とホルモン

内分泌腺		ホルモン	はたらき
脳下垂体	前葉	成長ホルモン	成長促進
		甲状腺刺激ホルモン	チロキシンの分泌促進
		副腎皮質刺激ホルモン	糖質コルチコイドの分泌促進
		生殖腺刺激ホルモン	生殖器官の発達促進 生殖腺ホルモン分泌促進
	中葉	インテルメジン	黒色素の拡散、体色変化
	後葉	バソプレシン	血圧上昇、水分の再吸収を促進

副甲状腺		パラトルモン	血中のカルシウム量を増加
副腎	髄質	アドレナリン	（グリコーゲンを分解し）血糖量増加
	皮質	糖質コルチコイド	タンパク質を分解して糖を生成、血糖量増加
		鉱質コルチコイド	腎細管でNa^+再吸収とK^+排出促進
すい臓（ランゲルハンス島）	β細胞	インスリン	グリコーゲンの合成促進、血糖量を低下
	α細胞	グルカゴン	グリコーゲンを分解し、血糖量を増加
精巣		雄性ホルモン	雄の二次性徴発現
卵巣		ろ胞ホルモン	雌の二次性徴発現、排卵の促進
		黄体ホルモン	排卵を抑制、妊娠を維持・継続

Level up Point!　内分泌腺とホルモンの対応とその働きは確実におさえておきたい。初めに整理表を覚えるのではなく、いくつかの問題にあたってポイントを絞った後に確認するように。

A10　正解ー2

1－誤　甲状腺から分泌されるのはチロキシンである。チロキシンは物質代謝の促進に働く。ヒトでは、チロキシンが不足すると、呼吸が減退して物質代謝が衰えるので、発育が遅れるクレチン病になる。また、多すぎると、物質代謝が盛んになりすぎて、かえって体が衰弱し、眼球が飛び出すバセドウ病になる。パラトルモンは、副甲状腺から分泌されるホルモンで、血中のCa^{2+}量を保っている。

2－正　グルカゴンは、肝臓や筋肉中のグリコーゲンをグルコース（ブドウ糖）に変え、血糖量を増やす。

3－誤　副腎皮質ホルモン（糖質コルチコイド）は、タンパク質を糖化させるように働き、血糖量を増やす。

4－誤　肝臓では、グルコース（ブドウ糖）はグリコーゲンという形で蓄えられる。アンモニアを尿素に変える働きを行うのは肝臓であるが、ナトリウムや尿素のろ過を行うのは腎臓である。

5－誤　副交感神経が働いて、すい臓のランゲルハンス島β細胞からインスリンが分泌されるのは血糖量が増加したときで、インスリンは、ブドウ糖の消費、グリコーゲンの分解抑制と合成を促進し、血糖量を減らす。

Q11 生物の集団

問 生物の集団に関する次の記述のうち、正しいものはどれか。 （国家一般）

1 生物群集の間には食物をめぐる食物連鎖の循環があるが、植物の作り出した化学エネルギーも食物連鎖に伴って途中で消費されることなく循環する。
2 自然界で起こる動物の大発生は、昆虫でも哺乳類でもその動物によって捕食される個体群の密度に影響されるので、不規則に起こり周期性をもたない。
3 生物の集団は、大気・光・温度などの環境から作用を受けるが、生物の集団の営みが逆に環境に作用しそれを変化させるということはない。
4 動物の個体群は、競争・共生・寄生など個体群相互の関係によって維持されているが、これらの関係は植物でも見られる。
5 植物群落は時間の経過とともに交代して変わっていき、ついには安定した状態となるが、この状態では一般に陽生植物の群落となる。

PointCheck

●個体群の構造
⑴生物の生活と個体群
　①個体群：ある地域内に生息する同種の個体の総称。
　②個体群内の関係：個体群内の個体どうしにみられる関係。
　　a. 順位制：群れのなかにみられる個体間の攻撃性の優劣の差（例：ニワトリのつつき）。
　　b. リーダー制：特定の個体が群れに対して統制と秩序を与える（例：ニホンザルの群れ）。
　　c. なわばり：食物や交尾・子育ての場を確保するため、特定の空間を占め、他の個体を排除する（例：アユのなわばり）

⑵異種の個体群の間にみられる関係
　　a. 捕食・被食：食う・食われるの関係。
　　b. 寄生：異種の生物が一緒に生活し、一方は利益をうけ、他方は害をうける関係。
　　c. 共生：異種の生物が一緒に生活し、両方または片方が利益をうける関係。
　　d. 競争：食性や生息場所が似ている異種の個体群間の、それらをめぐる争い。
　　e. すみわけ：競争の結果、生息場所をわけ合い共存する関係。
　　f. 食いわけ：競争の結果、食物をわけ合い共存する関係。

●個体群の構造と成長
⑴個体群の成長曲線
　個体数の時間的増加（個体群の成長という）をグラフ化したもの。
　　a. 理論上の成長曲線：個体群の成長を妨げる要因がない条件での増加を表す曲線。
　　b. 実際の成長曲線：理論上の増加曲線に対し、実際には食物や空間の不足など、個体

群の成長を妨げる要因（環境抵抗という）が働き、ある個体数に達すると一定の状態を保つ（環境収容力という）。このS字型の増加を表す曲線。

(2)密度効果

一定の空間あたりの個体数（個体群密度という）の変化によって、増殖率が変化したり、個体の形態が変化（相変異という）する。

(3)個体数変動

捕食と被食の関係にある動物、例えば「ヤマネコ」と「ウサギ」の個体数の変動を長期的にみると、ウサギが増えるとそれを餌とするヤマネコがやや遅れて増え、ウサギが減少するとヤマネコもやや遅れて減少する。そしてこの変動が周期的にくり返される。

(4)生存曲線

同じ時期に生まれた生物集団が、時間（寿命に対する相対時間）とともにどのように死亡し、個体数が減少するかを示す曲線。動物の種類によって、3つの型に大別される。

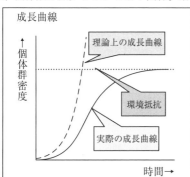

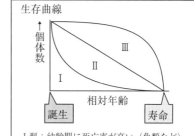

Ⅰ型：幼齢期に死亡率が高い（魚類など）
Ⅱ型：全過程で一定の死亡率（鳥類など）
Ⅲ型：幼齢期に死亡率が低い（ほ乳類など）

紛らわしい用語の整理や、理論上の区別のチェックを確実に行い、重点的に反復すること。

A11 正解ー4

1－誤　食物連鎖において、化学エネルギーはより高次の消費者へ移動するにつれて生活活動や呼吸熱で失われるので、高次のものほど少なくなる。

2－誤　個体数変動は、捕食・被食の関係のようにむしろ周期性をもつ。

3－誤　大気・光・温度などの無機的環境が生物に影響を与える（作用）が、森林の形成が気象の変化をもたらすように、逆に生物も無機的環境要因に影響を与える（反作用）。

4－正　日光獲得の競争、ヤドリギの寄生、菌類との共生などがある。

5－誤　植物群落が時間とともに変化していく現象を遷移という。遷移の最終段階の安定した状態を極相（クライマックス）というが、これは陰生植物の群落（陰樹林）になる。

1 太陽系の天体

Level 1 ▷ **Q01,Q02**

おさえておきたい
Point　キーワードチェック

1 太陽系の構成

太陽を中心として惑星・小惑星・衛星・彗星・惑星間物質などから構成されている。

①惑星

太陽を中心とした軌道を太陽の自転と同じ方向に回る。

(a)太陽に近い惑星：（　1　）型惑星（水星・金星・地球・火星）

(b)太陽から遠い惑星：（　2　）型惑星（木星・土星・天王星・海王星）

ただし、（　3　）はこれらの分類に含まれない（準惑星に分類される）。

	半径	質量	密度	衛星数	主成分	大気の主成分
地球型	小	小	大	少	岩石と金属	CO_2、N_2（地球のみO_2）
木星型	大	大	小	多	水素とヘリウムガス	H_2、He、CH_4など

②小惑星

（　4　）と木星の間の軌道を惑星と同じ向きに公転している小天体。大きさはさまざまで、時々太陽や地球に接近したりするものもある。

③衛星

惑星の周りを回る天体。地球の（　5　）、大気を持つ土星のタイタンや火山活動が見つかった木星のイオなどがある。

④彗星

氷や（　6　）などからなり、太陽に近づくと固体粒子やイオンが太陽の光圧や太陽風によって太陽の反対方向に流出し、尾をつくる。

⑤流星

さまざまな大きさの惑星間物質（宇宙塵）が大気圏に突入し、大気の摩擦で発光するもの。彗星が軌道上に残した物質を地球が横切るとき多くの流星が観察される。これが流星群である。夏のペルセウス座流星群や秋のしし座流星群がある。

⑥隕石

惑星間物質が大気圏で燃えつきずに地表に落下したもの。鉄・ニッケルなどの金属が主成分の（　7　）隕石（隕鉄）、カンラン石・輝石などの鉱物が主成分の（　8　）隕石、金属と鉱物が混じりあった成分の石鉄隕石、と成分によって3つに分類される。

2 惑星の特徴　▶p102

①水星

太陽に最も近い軌道を回る（公転周期は0.24年）。表面は無数の（　9　）に覆われている。

大気はほとんどなく、昼夜の温度差は昼400℃、夜－180℃と激しい。

②金星

地球に最も近い軌道を回る（公転周期は0.62年）。最も明るく輝く（宵の明星、明けの明星）。厚い大気（主成分はCO_2）に覆われ、表面は見えない。表面温度は高く約470℃、気圧は約90気圧。

③地球

平均軌道半径1.5億km（1天文単位）。表面の71％は（ **10** ）、大気の主成分はN_2とO_2。

④火星

軌道の離心率がかなり大きいので、衝のときの視半径の変動が大きい（公転周期は1.88年）。四季の変化が見られ、昼20℃、夜－100℃。両極には白い（ **11** ）が見えるが氷でなくドライアイスである。大気はCO_2を主成分とし気圧は1/200気圧、衛星は2個。

⑤木星

太陽系最大の惑星、半径は地球の11倍、質量は318倍、密度は小さく1.3 g/cm^{3}で、表面にはしま模様や（ **12** ）が見られる。公転周期は11.9年。大気はH_2とHeが主で太陽の成分とほぼ同じである。表面温度－140℃。（ **13** ）と呼ばれる4個の大きな衛星がある。衛星イオに火山活動が発見された。

⑥土星

小望遠鏡でも見える輪を持っている。木星に次ぐ大きな惑星で、密度は0.7 g/cm^{3}と水より小さい。公転周期は29.5年。大気はH_2とHeで木星に似ている。表面温度は－150℃。

⑦天王星

1781年ハーシェルによって発見された。半径は地球の4.0倍、表面温度－180℃以下。公転周期は84.0年。大気成分はH_2、He。自転軸が横倒しになっている。

⑧海王星

天王星の軌道のずれから位置が予測され、1846年に発見された。半径は地球の3.9倍、表面温度－200℃以下。公転周期は165年。大気成分は天王星とほぼ同じ。

⑨冥王星（準惑星）

1930年トンボーによって発見された。公転周期は248年。軌道の一部は海王星の内側に入り込む。質量は地球の1/430と太陽系で最も（ **14** ）。

1 地球　2 木星　3 冥王星　4 火星　5 月　6 二酸化炭素　7 鉄質　8 石質　9 クレーター
10 海洋　11 極冠　12 大赤斑　13 ガリレオ衛星　14 小さい

おさえておきたい Point ミニ演習

1　太陽系

太陽系は太陽を中心として惑星・小惑星・（ **ア** ）・彗星・（ **イ** ）などから構成されている。惑星は大きさ・構成成分などから大きく2つに分けられる。（ **ウ** ）惑星には水星・

ア 衛星　イ 宇宙塵
（ア、イは順不同）
ウ 地球型（小型）エ 火星

金星・地球・（　エ　）があり、（　オ　）惑星には（　カ　）・土星・天王星・海王星が含まれる。

オ	木星型（大型）　カ　木星

2　水星

水星は太陽に最も近い軌道をまわる。表面には無数の（　ア　）があり、大気がほとんどなく、昼夜の温度差は（　イ　）

ア	クレーター
イ	激しい

3　木星

木星は太陽系（　ア　）の惑星で、半径は地球の（　イ　）、質量は318倍だが、密度は（　ウ　）。表面には大赤斑やしま模様が見られ、大気はH_2とHeが主で（　エ　）の成分とほぼ同じである。望遠鏡で見ると（　オ　）とよばれる4個の大きな衛星が見える。

ア	最大　イ　11倍
ウ	小さい　エ　太陽
オ	ガリレオ衛星

4　次の(ア)〜(エ)の空欄に当てはまるものを、下の①〜④のうちからそれぞれ1つずつ選べ。

・（　ア　）は太陽に最も近い惑星であるが、大気はほとんどなく、表面はさまざまな大きさのクレーターで覆われている。

・太陽系最大の惑星である（　イ　）の半径は地球の約11倍であり、その表面には赤道に平行なしま模様や大赤斑が見られる。

・（　ウ　）の極地方には、低温のために大気中の二酸化炭素が凍ってドライアイスになり、白く輝いて見える部分（極冠）がある。

・明けの明星、宵の明星として知られている（　エ　）は、地球に最も近い軌道を持つ惑星である。

①　火星　　②　水星　　③　木星　　④　金星

ア	②
イ	③
ウ	①
エ	④

5　それぞれの星は何と呼ばれているかを答えよ。

ア　太陽と同じように自ら光を発する星。

イ　太陽系に属する小さな天体で、独自の軌道をまわるもの。

ウ　自らは光を発しないで、光を発する星の回りを公転する地球のような星。

エ　月のようにウの回りをさらに公転する天体。

ア	恒星
イ	すい星（彗星）
ウ	惑星
エ	衛星

3 惑星の運動 ▶ p102

(1)地球の自転と公転

①恒星の日周運動

地球の自転によって恒星の位置は時間と共に変化していく。北の空では北極星を中心に
ほぼ1日で1回転している。こうした恒星の動きを（　**1**　）という。

②天球

恒星の日周運動を考えるときにすべての星が地球を取り巻く球面に張りついていると考
えるとわかりやすい。この球のことを（　**2**　）という。この（2）に地球の北極、南極、
赤道を投影したものを、それぞれ天の北極、天の南極、天の赤道という。こうして天球
を天の北極と天の南極を軸として回転させたのが日周運動である。

③自転の証拠（フーコーの振り子）

振り子の振動面は常に一定方向を示す。しかし、振り子を回転する物体の上で動かすと
振り子の振動面は動かないが、物体が回転しているために物体上から見ると振り子の振
動面が見かけ上回転していく。北半球では地球は左回りに自転しているため、振り子の
振動面は（　**3**　）回りに回転する。フランスのフーコーが1851年にパリのパンテオ
ン寺院で振り子の実験を行った。

④太陽の年周運動

太陽は地球の公転によって天球上を1日で約1°東へ移動していく（1年で1周する）。
この太陽の動きを（　**4**　）という。実際には毎晩同じ時刻に見られる恒星が、少しず
つ西へ移動していくように見える。

⑤黄道

天球上における太陽の年周運動の（　**5**　）。星占いに使われる12星座はこの黄道上に
ある。

⑥公転の証拠

地球から見た恒星の位置が1年周期で変化すること（　**6**　）と、地球上で、恒星の観
測される方向が実際の方向より傾いていること（　**7**　）が地球の公転の証拠となる。

(2)天球面上での惑星の運動

惑星は恒星とは違いその位置を変えながら移動している。地球から見たこうした惑星の動
きを（　**8**　）という。惑星の公転軌道面と地球の公転軌道面はほぼ同一平面内といえるので、
惑星は常に（　**9**　）の近くを動く。太陽の年周運動と同じ動き（西から東へ）に動いてい
るときを（　**10**　）、逆の動き（東から西へ）のときを（　**11**　）という。また、順行か
ら逆行、逆行から順行と動きを変えるときには、天球上にとどまって見えるので（　**12**　）
という。

(3)惑星と太陽との位置関係

①内惑星

地球より内側の軌道を回る惑星。天球上では太陽からあまり離れない。夕方（地球から
見ると太陽の東）に太陽から最も離れて見えるときを（　**13**　）、明け方（地球から見
ると太陽の西）に太陽から最も離れて見えるときを（　**14**　）という。また、軌道上
で地球に最も近づくときを（　**15**　）、最も離れるときを（　**16**　）という。

②外惑星

地球より外側の軌道を回る惑星。地球から見て外惑星が太陽と同じ方向に並んだとき（最も地球から離れたとき）を（　17　）、太陽と正反対方向に来たとき（最も地球に近づいたとき）を（　18　）という。衝の前後で逆行が起こる。

⑷会合周期

内惑星の内合から内合までの時間と外惑星の衝から衝までの時間。

会合周期をS、惑星の公転周期をP、地球の公転周期をEとすると、

$$外惑星：\frac{1}{E}-\frac{1}{P}=\frac{1}{S} \qquad 内惑星：\frac{1}{P}-\frac{1}{E}=\frac{1}{S}$$ の関係が成り立つ。

⑸ケプラーの法則

惑星の（　19　）に関する3つの法則

①第1法則

惑星は太陽を1つの焦点とする（　20　）軌道を描く。

②第2法則

太陽と惑星を結ぶ直線によって描かれる扇形の（　21　）は一定である。

③第3法則

（　22　）の3乗と（　23　）の2乗の比は一定である。

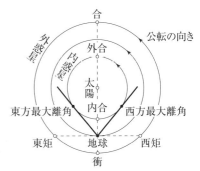

---

1 日周運動　2 天球　3 右　4 年周運動　5 軌道　6 年周視差　7 年周光行差　8 視運動
9 黄道　10 順行　11 逆行　12 留　13 東方最大離角　14 西方最大離角　15 内合
16 外合　17 合　18 衝　19 運動　20 楕円　21 面積速度　22 惑星と太陽の平均距離
23 惑星の公転周期

おさえておきたい
Point　ミニ演習

1　次の①〜⑤のなかで木星型（大型）惑星の説明をすべて選びなさい。

①衛星を多く持っている。

②平均密度が大きい。

③自転周期が長い。

④主成分は水素とヘリウムである。

⑤扁平率が大きい。

①④⑤

2　惑星に関する記述で、正しい説明をすべて選びなさい。

①地球に最も接近する惑星は金星である。

②水星や金星は太陽の正反対方向に見えることはない。

③地球との会合周期は遠い惑星ほど長い。

④外惑星は合となることはない。

①②

重要事項
スピードチェック

生物第1章

地学第2章

物理第3章

化学第4章

数学第5章

⑤惑星の年周運動で逆行の起こるのは外惑星だけである。

3 惑星の公転運動について述べたものである。この中で「ケプラーの法則」に該当しないものを2つ選べ。
ア 惑星と太陽の平均距離の3乗と惑星の公転周期の2乗との比は、どの惑星でも一定である。
イ 惑星と太陽の平均距離の2乗と惑星の公転周期の3乗との比は、どの惑星でも一定である。
ウ 惑星の軌道は太陽を中心とした楕円軌道を公転する。
エ 惑星と太陽を結ぶ線分が一定時間に描く面積は、惑星によってそれぞれ一定である。
オ 惑星と地球を結ぶ線分が一定時間に描く面積は、惑星によってそれぞれ一定である。

イ・オ
第1法則：惑星は太陽を1つの焦点とする楕円軌道を描く。
第2法則：太陽と惑星を結ぶ直線は、等しい時間に等しい面積を描く。
第3法則：惑星と太陽の平均距離の3乗は、惑星の公転周期の2乗に比例する。

4 それぞれの説明文はどの惑星のことを述べているのか答えよ。
ア 太陽系最大の大きさを持つが、質量の99％は水素とヘリウムからなる。約10時間周期で自転しており、イオ、エウロパなどの衛星を持つ。
イ 自転周期は地球とほぼ同じで、地軸の傾きもあることから季節の変化が見られる。大気の主成分は二酸化炭素で、なおかつ大気は非常に少ない。フォボスという衛星を持つ。
ウ 地球と質量や大きさが似ているが、大気の主成分は二酸化炭素であり、気圧は約90気圧と大きい。雲は水ではなく、濃硫酸でできていると推定されている。
エ 太陽系の惑星の中で最も平均密度が小さい。この惑星はほとんどが水素とヘリウムからできており、氷の固まりの集合であるリングを持つ。
オ 直径は地球の半分よりもさらに小さい。表面は多くのクレーターで覆われ、大気や水がなく、侵食活動がなかったために険しい地形が残されている。

ア 木星
ほぼ気体からなる。直径は地球の約11倍。衛星のイオでは火山活動が活発。
イ 火星
火星の直径は地球の半分よりやや大きい。他にダイモスという衛星もある。
ウ 金星
地表温度は極めて高い。8000m以上の高地が地表の約1割。
エ 土星
タイタンなどの衛星を持つ。土星の環の厚さは約10kmで意外に薄い。
オ 水星
太陽に最も近く、大気はない。直径は地球の4割弱。

4 太陽 ▶p100
(1)太陽の構造
①地球から約（ **1** ）km（1天文単位）離れたところにある。
②半径は約7.0×105km（地球の（ **2** ）倍）。
③質量は約2×1030kg（地球の33万倍）。
④密度は平均値で1.4g/cm³（地球の1/4）。
⑤エネルギー源は水素の（ **3** ）反応。

(2)光球

普段見ている太陽の表面。厚さ約400km、温度は約5800Kである。

①黒点：光球に現れる黒い部分。4000～4300Kと光球面より低温のため黒く見える。中心の暗部とその周りの半暗部がある。平均すると（　4　）年ごとにその数が増減する。

②白斑：太陽の縁に見られる光球よりも温度の高い明るい斑点。

③粒状斑：光球に見られる粒状の模様。

(3)彩層

皆既日食のとき見られる光球の外側のガス層。太陽面の（　5　）（フレア）にともなってプロミネンス（紅炎）が現れる。

(4)コロナ

皆既日食のとき見られる彩層のさらに外側の層。（　6　）状態にある。彩層もコロナも特殊な装置で見ることができる。X線でコロナを観察するとコロナは一様ではなく穴の開いているように見える場所がある。これを（　7　）という。またフレアに伴って強いX線が放出される。

(5)太陽の温度

物体の表面の絶対温度T〔K〕とその物体から放出される最も強い光の波長λ_m〔m〕の関係　$\lambda_m T = 2.90 \times 10^{-3}$　を（　8　）という。太陽の放射エネルギーの最大となる波長は約5.0×10^{-7}mなので、太陽表面の温度は約5800Kである。

(6)太陽の放出するエネルギー

物体が1秒間にその表面積1m²から放出するエネルギー量E〔J/m² s〕と表面温度T〔K〕との関係　$E = 5.67 \times 10^{-8} T^4$　を（　9　）という。

(7)太陽のスペクトル型

恒星はそのスペクトルの吸収線の現れ方によりO・B・A・F・G・K・Mの7つのスペクトル型に分けられる。太陽は（　10　）型で黄色の恒星に分類される。恒星の色とスペクトル型の関係は次の通りである。

スペクトル型	O	B	A	F	G	K	M
表面温度〔K〕	45000	15000	8300	6600	5600	4400	3300
色	青	青白	白	淡黄	黄	橙	赤

(8)太陽光線

太陽光線をプリズムによって屈折させるといろいろな色の光の帯（スペクトル）が見える。詳しく調べるとスペクトルの中に暗い線（吸収線）が見える。これを（　11　）といい、太陽の大気中に含まれている元素を知る手がかりとなる。

(9)太陽が地球に及ぼす影響

太陽から放射されるエネルギー（太陽放射）は、電磁波として地球に伝わる。電磁波は波長の短いものからガンマ線、（　12　）、紫外線、（　13　）、赤外線、電波に分けられる。このうち最も多く放射されているのは可視光線である。

太陽からは放射エネルギーのほかにコロナから高速のプラズマ（電離した荷電粒子）が放

重要事項
スピードチェック

生物第1章
地学第2章
物理第3章
化学第4章
数学第5章

出される。このプラズマの流れを（　14　）という。黒点の数が極大になる時期（太陽活動極大期）には太陽からのX線、紫外線の放射が強くなり、放射エネルギーの量が増す。

このように太陽からは可視光線や熱（赤外線）といったもののほかに、人体にとって有害な紫外線やプラズマが地球に降りそそいでいる。これらから地球を守っているのが大気圏のオゾン層や磁気圏である。

①オゾン層：高さ20〜30kmのところを中心にオゾン（O_3）が多く含まれている層。オゾンは（　15　）を吸収している。フロンガスなどによって破壊される。南極や北極の上空ではオゾン層が円形に激減している（　16　）が見つかっている。オゾン層の減少は紫外線の増加につながるため、オゾン層破壊物質（フロンガス）の排出規制が行われている。

②磁気圏：地球が持つ磁場（地磁気）によってつくられる。太陽の活動が活発になったり、フレアが起こったりすると地球の磁力線にそって北磁極や南磁極にプラズマが入りこみ、大気と衝突して発光する。この現象が（　17　）である。また、フレアなどによって強いX線が放出されると地磁気が乱されて電離層が通信障害を起こす。これを（　18　）現象という。そのあとに大量のプラズマが地球に降りそそぎ、地磁気に異常変化が起こる。これを磁気嵐という。

③（　19　）：地磁気によって捕獲された荷電粒子がドーナツ状に地球を取り巻く領域。
(19)は高さ約4000kmにある内帯と高さ約20000kmにある外帯の二重になっている。

---

1 1.5×10^8　2 109　3 核融合　4 11　5 爆発　6 プラズマ　7 コロナホール
8 ウィーンの変位則　9 シュテファン・ボルツマンの法則　10 G　11 フラウンホーファー線
12 X線　13 可視光線　14 太陽風　15 紫外線　16 オゾンホール　17 オーロラ　18 デリンジャー　19 バン・アレン帯

おさえておきたい
Point　ミニ演習

1　太陽は水素の（　ア　）反応をエネルギー源として光を放っているが、普通円板状に見えているのは可視光線を放射している（　イ　）である。
　　（　ウ　）は緯度5°〜40°のところに出現し、4300Kと光球面より（　エ　）のため黒く見える。（　オ　）（太陽面爆発）は黒点付近の彩層とコロナの一部が突然光る現象で、（　カ　）の極大期に多く発生する。地球では（　キ　）、通信障害、（　ク　）が現れる。

| ア 核融合　イ 光球 |
| ウ 黒点　エ 低温 |
| オ フレア　カ 太陽活動 |
| キ 磁気嵐　ク オーロラ |
| （キ、クは順不同） |

2　月食は太陽・地球・月が、日食は太陽・月・地球がそれぞれこの順に一直線上に並んだときに起こる現象である。次の各文のうち、月食や日食に関する記述として正しいものを1つ選べ。

| ウ |

ア　新月のとき、世界のどこかで必ず日食が見られる。

イ　月の公転軌道は、地球の公転軌道に対して約5度傾いているので、月食には周期はないが、日食には周期がある。

ウ　日本で見られる皆既日食は、月が太陽の西側から東側へ進むように太陽が覆い隠していく。

エ　月食が見られるのは、観測地点の時刻が必ず午後12時（深夜0時）のときだけである。

オ　太陽と月の見かけの直径は等しいので、日食のとき、世界のどこかで必ず皆既日食が見られる。

2 大気と地球 Level 1 ▷ Q03　Level 2 ▷ Q09,Q10

おさえておきたい Point キーワードチェック

1 大気の熱収支 ▶p117

(1)大気の層構造

温度の分布で区分

①対流圏

地表から高さ11kmぐらいまで、気温は高さと共に（　1　）なる。気象現象はここで起こる。対流圏の上限を圏界面という。

②成層圏

圏界面から高さ50kmぐらいまで、気温は高さと共に（　2　）なる。大気は安定していて対流は起こらない。オゾン層が存在する。

③中間圏

高さ50kmから高さ80kmぐらいまで、気温は高さと共に低くなる。

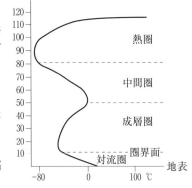

④熱圏

高さ80kmから高さ500kmぐらいまで、気温は高さと共に高くなる。電離層が存在する。

(2)大気組成

N_2（78%）、O_2（21%）、Ar（0.9%）、CO_2（0.03%）

(3)太陽定数

地球大気圏外で太陽光線に（　3　）な$1cm^2$の面に1分間に達する太陽エネルギー（約$2cal/cm^2 \cdot min$）

(4)地球の熱収支

地球が受け取るエネルギーと地球が放出するエネルギーは等しい。

地球が受け取る太陽放射→（　4　）放射（可視光線や紫外線）

地球から放出する地球放射→（　5　）放射（赤外線）

重要事項
スピードチェック

生物 第1章
地学 第2章
物理 第3章
化学 第4章
数学 第5章

(5)温室効果

大気中のCO_2やH_2Oは紫外線や可視光線は通すが赤外線は吸収する性質がある。このため地表からの（ 6 ）放射を吸収して宇宙空間へのがさないので下層大気を高温に保つはたらきがある。

(6)緯度による熱収支

地表が受ける太陽放射の量は低緯度ほど（ 7 ）、高緯度ほど（ 8 ）。一方、地表からの放射は緯度による差は小さい。緯度38°のところを境に高緯度では（ 9 ）、低緯度では（ 10 ）となる。

(7)エネルギー移動

高緯度のエネルギー不足と低緯度のエネルギー過剰分は等しく、地球全体でみると熱収支はつり合っている。低緯度の過剰なエネルギーを高緯度に運ぶしくみが大気や海水の（ 11 ）である。また、地表と大気のエネルギーのやりとりに重要なはたらきをするのが、水蒸気の凝結・蒸発の際の（ 12 ）である。

(8)大気の大循環（北半球の場合）

①低緯度での循環

赤道で上昇した大気は上層で北へ向かって流れ、緯度30°辺りで下降して亜熱帯高圧帯をつくり、（ 13 ）となって赤道に戻る。このような循環を（ 14 ）循環という。

②中・高緯度での循環

緯度30°より北の上空では強い偏西風が吹いている。特に圏界面付近に強く吹く（ 15 ）があり、亜熱帯ジェット気流と寒帯前線ジェット気流と呼ばれている。これらのジェット気流は南北に蛇行しながら吹いており、これによってエネルギーの運搬を行っている。このような循環を（ 16 ）循環という。

(a) 地表付近の大気の流れと子午面上の大気の循環

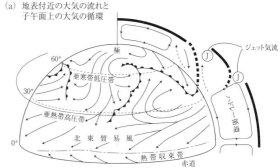

(b) ジェット気流を含む高度での大気の流れ

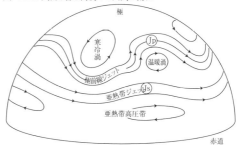

〈実際の大気の大循環〉

2 風の吹き方（北半球の場合） ▶p104 ▶p118

(1)コリオリの力（転向力）

地球の自転によって起こる見かけ上の力。北半球では運動の向きに垂直（ 17 ）向きの力としてはたらく。

⑵地衡風・傾度風・地上風

　気圧差による気圧傾度力と地球自転による転向力とがつり合って、高圧部を右手に、等圧線に（　18　）に吹く風を地衡風という（高層の風の吹き方）。この等圧線が円形（曲線）になると遠心力の影響が加わり、3力がつり合って傾度風が吹く。また、地表付近では地面との摩擦力がはたらくために、気圧傾度力と転向力との3力のつり合いとなり、地上風が等圧線に（　19　）に低圧部に向かって吹く。

⑶局地風

①海陸風

　海岸では日中、太陽によって陸地と海面が温められ陸地はすぐに（　20　）になるが海面は高温になるのが遅い。また、夜間の冷却によって陸地はすぐに（　21　）になるが、海面は低温になるのが遅い。この結果、日中低温の海面から高温の陸地へ空気が移動する（（　22　））。また、夜間低温の陸地から高温の海面へ空気が移動する（（　23　））。

②山谷風

　山では盆地や谷で日中温められた空気が山を上り（（　24　））、夜間冷やされた空気が山を下る（（　25　））。

③フェーン現象

　湿った空気が山を越えると乾燥した高温の空気となる現象。山を上るときに気温が（　26　）、空気が（　27　）に達すると水蒸気が凝結して雲をつくる。山を下るときに気温が（　28　）、空気は（　29　）し、湿度が（　30　）。

3　環境問題

⑴地球温暖化

　20世紀に入って人類が化石燃料を大量に消費した結果、大気中のCO_2は急激に（　31　）している。このため大気中の温室効果ガスの濃度を安定化させることを目的とした気候変動枠組条約締約国会議（COP）が開催されている。

⑵酸性雨

　大気中に放出される窒素酸化物や硫黄酸化物が雨にとけこむ結果、強い（　32　）を示す雨となる。森林を枯渇させたり、建物や銅像などを傷めたり、湖などでは魚がすめなくなったりと、さまざまな影響を与えている。

⑶ヒートアイランド

　大都会の中心部では郊外と比べて高温になる。この原因としては、都市の熱源集中、大気汚染による（　33　）効果、地表の（　34　）などによる放熱量の減少といったものが考えられる。

---

1 低く　2 高く　3 垂直　4 短波　5 長波　6 赤外　7 多く　8 少ない　9 エネルギー不足
10 エネルギー過剰　11 循環　12 潜熱　13 貿易風　14 ハドレー　15 偏西風
16 ロスビー　17 右　18 平行　19 斜め　20 高温　21 低温　22 海風　23 陸風　24 谷風
25 山風　26 下がり　27 露点　28 上がり　29 乾燥　30 下がる　31 増加　32 酸性
33 温室　34 舗装

おさえておきたい
Point ミニ演習

1 地球の熱収支に関する説明として誤っているものを、次の
ア〜オのうちから1つ選べ。

ア 単位面積あたりの地表面が受けとる太陽のエネルギーの量
は、高緯度地方では低緯度地方に比べてずっと少なくなる。

イ 地球から大気圏外へ放射されるエネルギーの量は、緯度に
よって大きな差がある。

ウ 大気や海水の運動により、低緯度のエネルギーは高緯度に
運ばれる。

エ 温室効果をもたらす気体は、地球表面からの赤外放射を再
吸収し、再放射することにより、地球表面を暖める。

オ 水は、海面や地表から蒸発するときには周囲から多量の熱
を奪い、大気中で凝結するときには潜熱を放出する。

> **イ**
> 高緯度地方では、単位面積あ
> たりの地表面が受けとる太陽
> の放射エネルギーの量は、低
> 緯度地方に比べてずっと少な
> くなる。これに対して、地球
> から大気圏外へ放射されるエ
> ネルギーの量は、緯度によっ
> てそれほど変化しない。

2 太陽放射と地球の熱収支に関する説明で間違っているもの
はどれか。

ア 緯度45°を境にエネルギー収支は高緯度では不足、低緯度
では過剰である。

イ 地球全体では熱収支は均衡を保っている。

ウ 太陽放射の最強波長は可視光線領域である。

エ 温室効果に関与する物質は主として二酸化炭素である。

> **ア**
> 収支バランスの境は緯度45°
> ではなく38°の付近である

3 北半球での風の吹き方として間違っているものは次のア〜
ウのうちのどれか。

ア 地上では等圧線に垂直に高圧部より低圧部に向かって吹く。

イ 上空で平行な等圧線のところでは高圧部を右に見て等圧線
に平行に吹く。

ウ 上空で低圧部を囲む円形等圧線のところでは反時計まわり
に吹く。

> **ア**

3 天気の変化

Level 1 ▷ **Q04,Q08**

おさえておきたい
Point キーワードチェック

1 大気中の水 ▶p116

⑴飽和水蒸気量

　ある温度で1㎥の空気が含むことのできる水蒸気量を（　1　）水蒸気量という。温度が
（　2　）と（1）水蒸気量も増える。

⑵断熱変化と断熱減率

空気塊が上昇や下降をすると空気塊は周囲の大気との熱のやりとりなく、膨張したり圧縮されたりする（（　3　））。膨張するときには空気塊の温度が（　4　）、圧縮されるときには温度が（　5　）（関連事項：フェーン現象）。

①乾燥断熱減率

空気塊の水蒸気量が飽和に達していないときの断熱減率。100m上昇するごとに約（　6　）気温が下がる。

②湿潤断熱減率

空気塊の水蒸気量が飽和に達したときの断熱減率。100m上昇するごとに約（　7　）気温が下がる。

⑶大気の安定・不安定

①不安定：空気塊の断熱減率が周囲の大気の気温減率よりも小さい場合、空気塊はいつまでも（　8　）を続ける。このような場合、大気は（　9　）であるという。

②安定：空気塊の断熱減率が周囲の大気の気温減率よりも大きい場合は、空気塊が上昇しても周囲の空気よりも温度が低く、密度が大きくなり空気塊は（　10　）して、元に戻ろうとする。このとき雲はできず、大気は（　11　）しているという。

⑷雲の発生と降雨

空気塊が上昇すると気温が下がるため、水蒸気量が（　12　）に達することがある。そこでは水蒸気が（　13　）して水滴ができる。これが雲である。さらに上昇すると水滴は氷の結晶（氷晶）をつくる。雲の中の水滴や氷晶が成長して大きくなるとその重みで地上に落下して（　14　）や雪となる。

2 高気圧・低気圧 ▶p106

⑴高気圧

周囲より気圧が高く、（　15　）気流で中心では天気がよい。東進する（　16　）性高気圧と、（　17　）性の高気圧がある。

⑵低気圧

周囲より気圧が低く、（　18　）気流により雲が生じ天気が悪い。移動性高気圧と交互に東進。春秋に多く発生する。（　19　）低気圧と、低緯度の海上で夏から秋にかけて多く発生する熱帯低気圧がある。（　20　）低気圧で風速が約17m/s以上のものを（　21　）という。

3 気団

気温や湿度などがほぼ同質の空気の塊を（　22　）という。(22)は高緯度地方や低緯度地方の停滞性の高気圧が大陸上や海洋上でとどまってできるので、その地方の大気の性質が反映される。

⑴気団の分類

①主に高緯度地方で発生し、気温が低い（　23　）気団と、低緯度地方で発生し気温が高い（　24　）気団に分けられる。

②地表面の状態により、湿度が低く乾燥している（　25　）性気団と、湿度が高く湿っている（　26　）性気団に分けられる。

③接する気団の温度差によって（　27　）と（　28　）という分類もある。

(2)日本付近の気団

　主に4つの気団が日本付近の天気に影響を与えている。冬は（　29　）気団、夏は（　30　）気団（小笠原気団）、春と秋は（　31　）気団、梅雨や秋雨時は（　32　）気団の勢力が強くなる。

	大陸性気団	海洋性気団
寒帯気団	シベリア気団	オホーツク海気団
熱帯気団	揚子江気団	太平洋気団

1 飽和　2 高い　3 断熱変化　4 下がり　5 上がる　6 1℃　7 0.5℃　8 上昇　9 不安定
10 下降　11 安定　12 飽和　13 凝結　14 雨　15 下降　16 移動　17 停滞　18 上昇
19 温帯　20 熱帯　21 台風　22 気団　23 寒帯　24 熱帯　25 大陸　26 海洋
27 寒気団　28 暖気団　29 シベリア　30 太平洋　31 揚子江　32 オホーツク海

おさえておきたい Point　ミニ演習

1　高気圧と低気圧について適切な言葉を下から選べ。
周辺よりも気圧が高い部分を高気圧といい、中心付近では（　ア　）気流となっているために、雲ができず天気が良い。高気圧では（　イ　）回りに弱い風が吹き出す。これに対して、低気圧は周辺よりも気圧が低い部分のことで、（　ウ　）気流となるために雲ができる。また、低気圧は（　エ　）回りに強い風が吹き込む。
〈選択肢〉
①上昇　②下降　③時計　④反時計

ア 下降
イ 時計
ウ 上昇
エ 反時計

2　高気圧は、周囲より気圧が高く、北半球では（　ア　）に風が吹き出し、（　イ　）気流で中心では天気がよい。移動性高気圧は（　ウ　）に発生することが多く、（　エ　）に進む。

ア 時計回り　イ 下降
ウ 春・秋　エ 東

3　断熱変化と断熱減率
空気塊が上昇や下降をすると、空気塊は周囲の大気と（　ア　）のやり取りをすることなく膨張したり圧縮されたりする（断熱変化）。膨張するときには空気塊の温度が（　イ　）、圧縮されるときには温度が（　ウ　）。
空気塊の断熱減率が周囲の大気の気温減率よりも（　エ　）場合、空気塊は（　オ　）を続ける。このような場合、大気は（　カ　）であるという。空気塊の断熱減率が周囲の大気の気

ア 熱　イ 下がり
ウ 上がる　エ 小さい
オ 上昇　カ 不安定
キ 大きい　ク 低く
ケ 大きく　コ 下降
サ 雲　シ 安定

温減率よりも（　キ　）場合は、空気塊が上昇しても周囲の空気よりも温度が（　ク　）、密度が（　ケ　）なり空気塊は（　コ　）して、元に戻ろうとする。このとき（　サ　）はできず、大気は（　シ　）であるという。

4　それぞれの質問に簡潔に答えよ。
ア　風が吹くメカニズムについて簡単に答えよ。また、風は気圧の差とどのような関係があるか。
イ　海岸地帯では昼間は海から陸に風が吹き（海風）、夜は陸から海に風が吹く（陸風）。そのメカニズムについて簡単に説明せよ。

> **ア**　風は高圧部から低圧部への空気の流れ。気圧の差が大きいと風力が増す。
>
> **イ**　昼間は暖まりやすい陸地が高圧部となり相対的に低圧部となる海へと風が吹く。夜は冷やされやすい陸地に対して相対的に高圧部となる海から風が流れてくる。

④ 前線 ▶p106

2つの気団が接する境界面を（　1　）といい、（1）と地表との交線を（　2　）という。（2）は暖気団と寒気団の勢力の違いにより4つに分類される。

①寒冷前線
　（　3　）の勢力が強く、暖気団の下に寒気団がもぐり込んでできる。前線の前後で突風を伴う雨が降る。前面の傾きは温暖前面に比べて急で、前線の通過後は気温が（　4　）なる。
②温暖前線
　（　5　）の勢力が強く、寒気団の上に暖気団がはい上がってできる。前線が近づくと持続的な雨が降る。前面の傾きは寒冷前面に比べて緩やかで、前線の通過後は天気が回復して気温が（　6　）なる。
③閉塞前線
　（　7　）前線が（　8　）前線に追いついてできる。温暖型と寒冷型がある。
④停滞前線
　寒気団と暖気団の勢力がつり合ってほとんど動かない。（　9　）前線や秋雨前線がこれにあたる。

〈断面の様式図〉

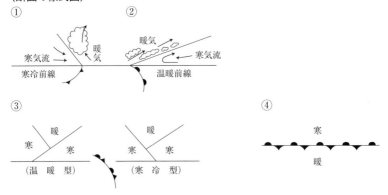

5 天気変化（日本付近）▶p114

①西高東低型

　冬、低気圧が発達しながら東方洋上に去った後、大陸のシベリア高気圧が張り出して、等圧線は南北に（ **10** ）して引かれる天気図となる。このため強い（ **11** ）の季節風が吹き日本海側は（ **12** ）、太平洋側は（ **13** ）で乾燥という天気になることが多い。

②移動性高気圧型

　春や秋に、中国大陸から東進してきた移動性高気圧に覆われると高気圧の中心や北側では天気がよいが、高気圧が去ると天気が崩れるという（ **14** ）な天気変化となる。

③梅雨・秋雨型

　6〜7月や9〜10月に、（ **15** ）にある高気圧からの北東の冷たい風と本州南方洋上にある高気圧からの南の暖かい風とがぶつかって（ **16** ）前線ができる。この前線に沿ってぐずついた天候が続く。

④盛夏型

　7月下旬〜8月に、小笠原高気圧が張り出して本州を覆うため、日本は高温・多湿の（ **17** ）寄りの風が吹き、蒸し暑い天候となる。一般に天気はよいが、夕立や雷雨が発生する。

⑤温帯低気圧の移動

　移動性高気圧の後にやってくることが多い。近づくと雲がしだいに低くなり持続的な雨となる。温暖前線通過後は一時的に天気は回復するが、寒冷前線通過後はにわか雨となり気温が（ **18** ）。通り過ぎるとまた天気は（ **19** ）する。

⑥台風

　年中発生するが特に7〜10月に多く発生する。進路はしだいに東にずれていき日本上陸は7〜9月が多い。台風の等圧線は、ほとんど同心円で（ **20** ）を持たず、風雨が強い。

---

1 前面（前線面） 2 前線 3 寒気団 4 低く 5 暖気団 6 高く 7 寒冷 8 温暖 9 梅雨 10 密集 11 北西 12 大雪 13 快晴 14 周期的 15 オホーツク海 16 停滞 17 南 18 下がる 19 回復 20 前線

おさえておきたい
Point ミニ演習

1　前線

寒冷前線は（ **ア** ）の下に（ **イ** ）がもぐり込んでできるもので、地上では（ **ウ** ）を伴う。温暖前線は（ **エ** ）の上に（ **オ** ）がはい上がるもので、（ **カ** ）な雨が降る。

ア 暖気団　イ 寒気団
ウ 突風　エ 寒気団
オ 暖気団　カ 持続的

2　次の文が説明する前線は何とよばれるか。

ア　冷たい空気の斜面を暖かな空気がゆるやかに吹き上がるところにできる前線。

ア 温暖前線
イ 寒冷前線
ウ 停滞前線

イ 暖かな空気の下に冷たい空気がもぐり混む、暖かな空気が急激に上昇する前線。

ウ 寒気の塊と暖気の塊の勢力がつりあってあまり動きがない状態にできる前線（前線の記号は三角と半円が反対方向に向けて互い違いに書かれる）。

エ 寒冷前線が温暖前線に追いついてつくる前線（前線の記号は三角と半円が同じ向きに互い違いに書かれる）。

エ	閉塞前線

3 それぞれの天気の移り変わりは温暖前線、寒冷前線のどちらが通過した時かを選べ。

ア 上空の雲が次第に厚くなり、弱い雨が降り始め、弱い雨から中程度の雨が長く降り続く。この沿線が通過すると雨は止み、気温が上昇し、南寄りの風が穏やかに吹く。

イ 日本では西の空に積乱雲が現れ、急に暗くなってくる。強い雨が短時間降り、雨が止むと直ぐに天気が回復し青空が見られるが、気温が低下し、北よりの風が吹く。

ア	温暖前線
イ	寒冷前線

4 低気圧に関する次の文に適切な言葉を下の選択肢から選べ。
温帯低気圧は温帯地方で発生する低気圧で普通は前線を伴う。低気圧の中心の（　**ア**　）に温暖前線を、（　**イ**　）に寒冷前線をともなって、日本付近では（　**ウ**　）に進むものが多い。温帯低気圧は上空にできた（　**エ**　）によりできる。つまり、（エ）の部分の南西方向から暖気、北西方向から寒気が吹き込んで温帯低気圧となるのである。

〈選択肢〉
東側、西側、南側、北側、西から東、東から西、南から北、北から南、気圧の尾根、気圧の谷

ア	東側
イ	西側
ウ	西から東
エ	気圧の谷

5 台風について述べた文の（　）に適切な言葉を選択肢から選べ。
台風は北太平洋西部で発生した熱帯低気圧のうちで、最大風速が（　**ア**　）以上になったものである。
同じようなものをカリブ海沿岸では（　**イ**　）、アラビア海やベンガル湾では（　**ウ**　）と呼ぶ。一般に台風は前線を伴わず、中心に向けて（　**エ**　）回りに風が吹き込む。台風は海水温度が（　**オ**　）と発達するが、上陸すると摩擦により衰える。

〈選択肢〉
17.2m/s　　18.2m/s　　20.2m/s　　サイクロン
ハリケーン　タイフーン　時計　反時計　高い　低い

ア	17.2m/s
イ	ハリケーン
ウ	サイクロン
エ	反時計
オ	高い

4 地球の構造と内部エネルギー

Level 1 ▷ **Q05**

生物 第1章
地学 第2章
物理 第3章
化学 第4章
数学 第5章

おさえておきたい
Point キーワードチェック

1 地球の構造

(1)地球の形

地球の表面をすべて平均海面で覆ったときの形を（ 1 ）といい、山の高さ（標高）や海の深さ（水深）の基準となる。また、ジオイドに最も近い回転楕円体を（ 2 ）といい、緯度・経度を表す基準面となる。

(2)地震波と地球の内部構造

地震波には性質の異なる2つの波がある。1つは（ 3 ）といい速度が速く、固体・液体・気体中も伝わる（ 4 ）である。もう1つは（ 5 ）といい速度が遅く、固体中しか伝わらない（ 6 ）である。震源までの距離を求めるには、この2つの波の速度の差を使う（（ 7 ））。地球の内部構造は地震波を用いた研究により地殻・（ 8 ）・核に分けられる。

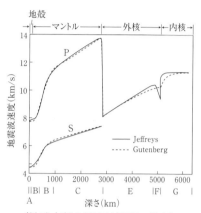

〈地球内部の地震波速度の分布〉

①地殻

地殻は地球の表面を構成する層で、（ 9 ）質で厚さ25〜50kmの（ 10 ）地殻と（ 11 ）質で厚さ5〜20kmの（ 12 ）地殻に分けられる。地殻はマントルの上に浮いていると考えられている。この考え方を（ 13 ）という。地殻とマントルの境界を（ 14 ）不連続面という。

②マントル

マントルは深さ2900kmまでの層で、深さ660kmを境に、（ 15 ）質の上部マントルと下部マントルに分けられる。

③核

核は主に鉄からなり（ 16 ）の外核と（ 17 ）の内核に分けられる。地磁気はこの外核が流動することによって生じると考えられている。これを（ 18 ）という。

〈地球の内部構造の模式図〉

② 地球の内部エネルギー ▶p108

(1)地震

地震は岩盤の急激な破壊により起こる。破壊が始まった場所を（ **19** ）といい、その震源の真上にあたる地表の地点を（ **20** ）という。

地震の大きさ（規模）は（ **21** ）(M)によって表される。マグニチュードは地震の総エネルギーと密接な関係がある。Mが1大きいと約（ **22** ）倍のエネルギーが放出されたことになる。Mが8以上の地震を巨大地震、Mが9以上を超巨大地震と呼ぶ。

地震の揺れの程度は（ **23** ）によって表される。日本では、その場所での揺れ方により震度0、1、2、3、4、5弱、5強、6弱、6強、7の10段階で表される。震度7を観測したのは、阪神淡路大震災（1995年）、新潟県中越地震（2004年）、東日本大震災（2011年）、熊本地震前震・本震（2016年）、北海道胆振東部地震（2018年）の6回である。

(2)火山

マントル上部で（ **24** ）が起こるか、マントル内部の（ **25** ）が低下すると、マントルの一部がとけてマグマとなる。マグマは上昇し、地表近くでマグマだまりをつくり、地表に噴出する。マグマだまりでマグマからガス成分が分離する。このときのガス成分の圧力が噴火の原動力となる。噴火によって火山ガス（水蒸気、硫化水素、二酸化硫黄、二酸化炭素など）と溶岩、火山砕屑物（火山岩塊、火山れき、火山砂、火山灰など）が噴出する。

マグマの成分	SiO_2が多い←		→SiO_2が少ない
溶岩	安山岩・流紋岩質 （流れにくい）	安山岩質	玄武岩質 （流れやすい）
火山の性質	激しい噴火		穏やかな噴火
火山の形	火山岩尖、溶岩円頂丘	成層火山	盾状火山、溶岩台地

---

1 ジオイド　2 地球楕円体　3 P波　4 縦波　5 S波　6 横波　7 大森公式　8 マントル
9 花コウ岩　10 大陸　11 玄武岩　12 海洋　13 アイソスタシー　14 モホロビチッチ（モホ）
15 かんらん岩　16 液体　17 固体　18 ダイナモ理論　19 震源　20 震央
21 マグニチュード　22 32　23 震度　24 温度上昇　25 圧力

おさえておきたい Point ミニ演習

1 A、Bに入る数値・語句として正しいものをそれぞれ選べ。
「地球の形状は回転楕円体で近似でき、赤道での半径は約（ **A** ）kmである。地球の内部は3つの層に大別され、地殻、（ **B** ）、および核と呼ばれている。」
A （4500、6400、8600、10600、12000 ）
B （岩石圏、マントル、プレート）

2 地震は時として大きな被害をもたらすが、地震波を観測することによって見ることのできない地球内部の様子を知る手

A 6400　**B** マントル
地球は赤道方向にややつぶれた楕円球。周囲の長さは約4万km。地球は表面から地殻（約3分の2は火成岩）、マントル（深度2900kmまで）、核（外核＝液体、内核＝固体）の3種に分類される。

ア
地殻とマントルの境界がモホ

84

重要事項
スピードチェック

生物 第1章

地学 第2章

物理 第3章

化学 第4章

数学 第5章

がかりを得るという利点もある。次のア～エのうち間違っているものはどれか。

ア モホロビチッチが地震波の観測から発見した境界面は地殻の上層と下層の境界面である。

イ 地震波の走時曲線の折れ曲がりの位置から地下の境界面の深さが求められる。

ウ 地球全体では地震波の伝わらないシャドー（影）ゾーンがある。

エ グーテンベルクはマントルと外核の境界面を地震波の解析から発見した。

ロビチッチ不連続面

3 地震とそれに関する説明として誤っているものを、次のア～オのうちから1つ選べ。

ア 地震の縦波であるP波は、横波であるS波よりも速く伝わる。

イ ある地点での地震の揺れの大きさを表すのに震度を用いるが、震度では地震そのものの規模はわからない。

ウ マグニチュードは、地震の規模を表す量である。

エ P波の到達時間と震央からの距離をまとめた走時曲線の解析は、地球の内部構造を調べるのに重要である。

オ マグニチュードが1だけ大きくなると、地震波のエネルギーは約10倍になる。

オ
マグニチュードが1だけ大きくなると、地震波のエネルギーは約32倍になる。

4 火山の噴出物
　火山ガスは、（ **ア** ）が90％以上であり、他に（ **イ** ）、二酸化硫黄、二酸化炭素を含んでいる。溶岩は、玄武岩質の場合（ **ウ** ）性に富み、安山岩質や流紋岩質の溶岩は（ **エ** ）性が大きい。

ア 水蒸気 **イ** 硫化水素
ウ 流動 **エ** 粘

5 火山の形状
　火山の形は噴出する溶岩の性質によって決まり、SiO₂の含有量の（ **ア** ）い溶岩は（ **イ** ）温で粘性が大きいので流れにくく盛り上がった（ **ウ** ）火山をつくる。SiO₂の量の（ **エ** ）い溶岩は（ **オ** ）温で流動性に富み流れやすいので、すそ野の広い（ **カ** ）火山をつくる。噴火は（ **キ** ）である。

ア 多 **イ** 低 **ウ** 鐘状
エ 少な **オ** 高 **カ** 楯状
キ おだやか

3 プレート・テクトニクス

　地球の表面をいくつかのプレートに分け、その相互の動きによって地震や火山などの地学現象を説明する考えを（ **1** ）という。

　プレートは地殻と上部マントルのかたい部分（（ **2** ））からなり、その下の一部溶融し

ているやわらかい部分（（　3　））にのっている。プレートとプレートの境目は（　4　）や海溝になっている。プレートを動かす原動力としては、（　5　）、プレートの自重によって（　6　）力、高温のマントル物質がプレートを割って（　7　）力などが考えられている。

海嶺　　陸側
海溝
沈み込み
マントル対流

①プレートの境界

　　海嶺はプレートがつくられて（　8　）いく境界、海溝はプレートが（　9　）いる境界、トランスフォーム断層はプレートが（　10　）いる境界である。

②地震の分布

　　震源の深さが浅い地震（浅発地震）は海嶺、トランスフォーム断層に沿って分布する。震源の深さが深い地震（深発地震）は（　11　）に沿って分布する。

③火山の分布

　　海嶺・海溝に沿って分布する（　12　）型火山と、地中に多量の熱が集まった地域に分布する（　13　）型火山がある。プレート境界型火山は（　14　）型火山と島弧型火山に分けられる。

④大陸移動説

　　ウェゲナーは南米大陸とアフリカ大陸の海岸線がジグソーパズルのように一致することに注目して岩質、化石や氷河地形などの証拠から、かつて大陸は1つの超大陸（　15　）があったと考えた。

⑤海洋底拡大説

　　海底は（　16　）でつくられ移動しながら（　17　）で大陸の下へ沈み込んで、地球内部に戻っていくという考え。海底の年代が海嶺から離れるにしたがって（　18　）なることや地磁気異常のしま模様が海嶺で対称になることなどが見つかったことから、この説は正しいと考えられている。

⑥日本列島とプレート・テクトニクス

　　日本列島はアジア大陸の東縁に弓形に連なった島（（　19　））である。日本付近には（　20　）プレート、（　21　）プレート、（　22　）プレート、（　23　）プレート（オホーツクプレート）の4つのプレートがぶつかり合っている。

　　日本海溝で太平洋プレートが、南海トラフでフィリピン海プレートが、それぞれ日本列島の下に沈み込んでいる。沈み込みにともなって地震が発生する。震源の深さは日本海溝から日本列島、日本海に向かって徐々に深くなっている。この震源の集まった面を（　24　）という。海

ユーラシアプレート
北米プレート
太平洋プレート
沈み込み
フィリピン海プレート

溝付近で起こる巨大地震を（　25　）地震、日本列島の浅い地震を（　26　）地震という。プレートが沈み込んで深さ100kmぐらいに達すると（　27　）を生じる。このため、深さ100kmに達しない太平洋側には火山がなく、深さ100kmより深い日本海側に火山が分布する。この火山の分布の境界線を（　28　）という。

4 造山帯

陸地は地殻変動をほとんど受けていない（　29　）と激しい地殻変動を受けている（　30　）がある。造山帯には広域変成作用や火成作用、しゅう曲などの地質構造が見られる。

---

1 プレート・テクトニクス　2 リソスフェア　3 アセノスフェア　4 海嶺　5 マントル対流
6 引っ張る　7 押し広げる　8 離れて　9 ぶつかりあって　10 すれ違って　11 海溝
12 プレート境界　13 ホットスポット　14 海嶺　15 パンゲア　16 海嶺　17 海溝
18 古く　19 弧状列島（島弧）　20 太平洋　21 フィリピン海
22 ユーラシア（20〜22は順不同）　23 北米　24 和達ーベニオフ面　25 プレート間
26 プレート内　27 マグマ　28 火山前線　29 安定帯　30 造山帯

おさえておきたい
Point　ミニ演習

1　マグマ

（　ア　）上部で温度の（　イ　）が起こるか、圧力の（　ウ　）が起こるとマントルの一部が溶けて（　エ　）となる。

> ア マントル　イ 上昇
> ウ 低下　エ マグマ

2　次の言葉を簡単に説明せよ。

ア　プレートテクトニクスについて簡単に説明せよ。

イ　日本の太平洋側で特に心配されているプレート型地震とはどのような地震か。

ウ　活断層とはどのような断層かを説明せよ。

> **ア** 地球の表面を覆っている十数枚のプレートが地球内部のエネルギーで動いている現象。
> **イ** プレートの下にもぐり込んだプレートが限界に達すると跳ね返ることで起きる地震。
> **ウ** 過去に活動した形跡が残り、今後も活動が予想される断層。

---

5 地球の歴史　　Level 1 ▷ **Q06,Q07**

おさえておきたい
Point　キーワードチェック

1 鉱物

(1)造岩鉱物

岩石を構成する主な鉱物で7種類あり、鉱物の色により透明、白の（　1　）と黒、濃緑の（　2　）に分けられる。

①無色鉱物は（　3　）・正長石（K長石）・斜長石（Na長石、Ca長石）

②有色鉱物（Fe、Mgを含む）は黒雲母・（　4　）・輝石・（　5　）

⑵固溶体

（　6　）のNa長石とCa長石のように構成原子の一部が他の原子に置き換わっている鉱物。

⑶多形（同質異像）

ダイヤモンドと石墨のように（　7　）は同じでも（　8　）の異なる鉱物の関係のことをいう。

⑷鉱物の種類

鉱物にはダイヤモンド（C）のように1種類の元素からできている（　9　）鉱物、黄鉄鉱（FeS_2）のように硫黄の化合物である（　10　）鉱物、方解石（$CaCO_3$）のように炭酸塩からなる（　11　）鉱物、石英（SiO_2）のようにケイ酸塩からなる（　12　）鉱物がある。主な造岩鉱物はケイ酸塩鉱物である。

2　火成岩

マグマが冷えて固まってできた（火成作用）岩石を（　13　）といい、地上で急速に冷え固まった（　14　）と地下でゆっくり冷却された（　15　）に分けられる。さらに火成岩に含まれるSiO_2の含有率で分類される。

⑴組織

顕微鏡で見たときの鉱物の様子で（　16　）を反映する。

①斑状組織はマグマが地上で（　17　）に冷え固まったときにできる火山岩の組織で、（　18　）が（　19　）の中に散在する。

②等粒状組織はマグマが地下で（　20　）冷却されたときできる深成岩の組織で、鉱物は一般によく成長した大きな粒子からできている。なかでも早く晶出した鉱物は自分の固有の形の（　21　）を示す。その後晶出したものは部分的に固有の形となる（　22　）に、最後に晶出したものは残りの隙間をうめて固まるので（　23　）を示す。

①斑状組織

②等粒状組織

⑵成分

火成岩は主成分のSiO_2の含有率によって52％以下の（　24　）、52〜66％の（　25　）、66％以上の（　26　）に分類される。成分の違いは色調の違いにもあらわれ、塩基性岩は黒っぽく、中性岩は灰色、酸性岩は白っぽい。

重要事項
スピードチェック

生物 第1章
地学 第2章
物理 第3章
化学 第4章
数学 第5章

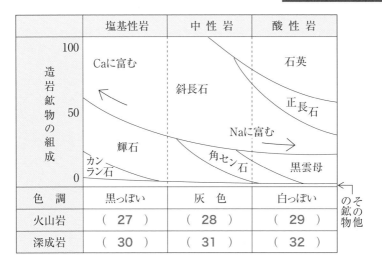

	塩基性岩	中性岩	酸性岩	
造岩鉱物の組成	Caに富む 斜長石 輝石 カンラン石	角セン石 Naに富む	石英 正長石 黒雲母	その他の鉱物
色調	黒っぽい	灰色	白っぽい	
火山岩	(27)	(28)	(29)	
深成岩	(30)	(31)	(32)	

3 変成岩

岩石が高温や高圧にさらされると再結晶する。これを変成作用という。変成岩はマグマの貫入による熱でつくられる（ 33 ）と、造山運動など広域で高温・高圧によってつくられる（ 34 ）とがある。

(1)接触変成岩

（ 35 ）組織を示す。接触変成岩には泥岩などが変成した（ 36 ）や石灰岩が変成した結晶質石灰岩（大理石）がある。

(2)広域変成岩

広域変成岩には鉱物の結晶が同じ方向に並ぶ片理（片状構造）をつくる。変成度の低い（ 37 ）や変成度が高い（ 38 ）、さらに変成度が高い（ 39 ）などがある。変成岩は広域に帯状に分布する。これを（ 40 ）という。

4 堆積岩

砂や泥などの粒子（砕屑物）や火山灰などの火山砕屑物、生物の遺がい、化学的な沈殿物などが固まってできた（続成作用）岩石を（ 41 ）という。堆積岩は堆積物の種類によって分類される。

①砕屑岩：砕屑岩は堆積物が砕屑物からなる岩石で、粒子の大きさにより泥岩、（ 42 ）、れき岩に分類される。

②火山砕屑岩：火山砕屑岩は主に火山灰からなる（ 43 ）、火山灰と火山岩片からなる凝灰角れき岩がある。

③生物岩：生物岩は石灰質の遺がいからなるサンゴ（ 44 ）や紡錘虫石灰岩、ケイ質の遺がいからなる放散虫（ 45 ）やケイ藻土などがある。

④化学岩：化学岩はケイ酸が沈殿してできるチャート、石灰質が沈殿してできる石灰岩、蒸発によってできる岩塩や（ 46 ）がある。

1 無色鉱物	2 有色鉱物　3 石英　4 角セン石　5 カンラン石（4、5は順不同）6 斜長石

1 無色鉱物　2 有色鉱物　3 石英　4 角セン石　5 カンラン石（4、5は順不同）6 斜長石
7 化学組成　8 結晶構造　9 元素　10 硫化　11 炭酸塩　12 ケイ酸塩　13 火成岩
14 火山岩　15 深成岩　16 冷え方　17 急速　18 斑晶　19 石基　20 ゆっくり　21 自形
22 半自形　23 他形　24 塩基性岩　25 中性岩　26 酸性岩　27 玄武岩　28 安山岩
29 流紋岩　30 斑レイ岩　31 閃緑岩　32 花こう岩　33 接触変成岩　34 広域変成岩
35 モザイク　36 ホルンフェルス　37 千枚岩　38 結晶片岩　39 片麻岩　40 変成帯
41 堆積岩　42 砂岩　43 凝灰岩　44 石灰岩　46 チャート　46 石膏

おさえておきたい
Point　ミニ演習

1　次のア〜ウの火成岩の特徴と一致するものを下の語群から
　選びなさい。
（　ア　）等粒状組織をもち、石英・正長石およびNaに富む
斜長石を主として少量の黒雲母・角セン石を含む岩石
（　イ　）角セン石・輝石の斑晶をもち、石基は微小な鉱物
からなる斑状組織を示す岩石で、斜長石はNaとCaが半々く
らいの岩石
（　ウ　）斑状組織を示す岩石で、カンラン石や輝石の斑晶
を含み、石基は微晶質かガラスよりなる暗灰色ないし黒っぽ
い岩石
〈語群〉安山岩、花こう岩、玄武岩

ア　花こう岩
イ　安山岩
ウ　玄武岩

2　それぞれの（　）に当てはまる言葉をいれよ。
ア　地球表面は上層から地殻、約2900kmまでの（ **a** ）、液体
　の（ **b** ）、固体の内核となっている。
イ　火山から噴出される溶岩の性質は（ **c** ）の含まれ方によっ
　て決まる。
ウ　火成岩をつくる鉱物は無色鉱物である石英と（ **d** ）、有色
　鉱物であるクロウンモ、角セン石、（ **e** ）、カンラン石である。
エ　深成岩は地下でゆっくりと固まったことで等粒状組織とな
　り、火山岩は地表で急激に冷やされて固まったので（ **f** ）組
　織となる。
オ　マグマの粘りけが高い場合に、火山砕屑（さいせつ）物流
　ともいわれる（ **g** ）が火口から下り、大きな被害を与えるこ
　ともある。1991年の雲仙普賢岳で発生し、多数の死者を出
　した。

ア　（a）マントル　（b）外核
イ　（c）SiO$_2$
ウ　（d）長石　（e）キ石
エ　（f）斑状
オ　（g）火砕流

5 地層 ▶p112

(1)整合・不整合

①整合：（ 1 ）堆積した上下の地層の関係

②不整合：2つの地層の間に長期間の堆積の（ 2 ）がある場合

平行不整合：水平に堆積した地層が隆起して侵食され沈降して、その侵食面の上に（ 3 ）に堆積したもの。

傾斜不整合：水平に堆積した地層が傾斜や（ 4 ）をした後にできた侵食面が沈降して、その上に新しい地層が堆積したもの。

基底レキ岩：不整合面の上にあり、（ 5 ）を証明する。

(2)しゅう曲

地層が押されることにより曲面をつくる。これを地層のしゅう曲という。上に凸の部分を（ 6 ）、下に凸の部分を（ 7 ）という。

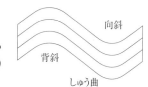

(3)断層

地層がある面（断層面）を境界にずれてできたものを断層という。断層面より上側の地層が相対的に下がる（ 8 ）と上側の地層が相対的に上がる（ 9 ）がある。また、断層面が垂直で相手の地盤が右にずれる右横ずれ断層と相手の地盤が左にずれる左横ずれ断層がある。

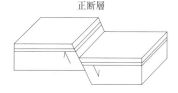

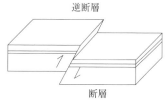

6 地層の新旧

地層は下から上へ堆積したものであるから、上のものほど新しい。これを（ 10 ）の法則という。

(1)地層の上下（新旧）関係の判定

(a)級化層理：（ 11 ）のものが下で上になるほど細粒となる。

(b)れん痕（リップルマーク）：さざ波の痕が残っているもので（ 12 ）ほうが上。

(c)斜交葉理（クロス・ラミナ）：切っているほうが（ 13 ）、切られているほうが（ 14 ）。

(d)生痕化石：生物の巣穴の穴の向きが（ 15 ）。

(a)　　　　　(b)　　　　　(c)　　　　　(d)

(2)地層と火成岩の新旧関係

マグマが地層に貫入すると周りの地層や岩体に接触変成作用などを及ぼすため、火成岩の

貫入や周りの変成作用の（　16　）によって新旧関係が分かる。

⑶地層の対比

離れた層序を比較すること。（　17　）や化石を用いる。(17)には広範囲に分布する（　18　）などが用いられる。

7 化石 ▶p110

⑴示準化石

地質年代を決めるのに役立つ化石で、種の生存期間が（　19　）こと、地理的分布が（　20　）こと、産出個体数が多いことがよい示準化石となる条件である。

⑵示相化石

生息していた当時の（　21　）を知ることができる化石で、特殊な環境にのみ生存可能なもの（造礁サンゴなど）、似たような種が現存すること（現生生物を研究することにより類似性から適応環境を類推できる）などがよい示相化石となる条件である。

8 地質時代の区分 ▶p110

⑴相対年代

（　22　）、特に動物の変遷を元にして決められた年代を相対年代という。

⑵絶対年代

岩石に含まれる（　23　）を用いて決められた年代を絶対年代という。

⑶地質年代区分

代	紀（世）		絶対年代	植物	動物
新生代	（　25　）	完新世（沖積世）	（×100万年前） 0.01	被子植物 時代	（　31　） 時代
		更新世（洪積世）	2.5		
	新第三紀	鮮新世	5.3		
		中新世	23		
	古第三紀	漸新世	33		
		始新世	56		
		暁新世	66		
中生代	（　26　）		145	（　30　） 時代	は虫類 時代
	ジュラ紀		201		
	トリアス紀（三畳紀）		252		
古生代	（　27　）		298	シダ植物 時代	両生類 時代
	石炭紀		358		
	（　28　）		419		（　32　） 時代
	シルル紀		443	藻類 菌類 時代	
	オルドビス紀		485		無脊椎動物 時代
	（　29　）		541		
（　24　）	原生代		2500	（真核生物時代）	
	始生代（太古代）		4000	（原核生物時代）	
	冥王代		4600	（無生物時代）	

重要事項
スピードチェック

生物 第1章
地学 第2章
物理 第3章
化学 第4章
数学 第5章

9 日本列島の地史 ▶p112 ▶p118

⑴日本列島

アジア大陸の東縁に千島列島、日本列島、琉球列島、伊豆諸島、小笠原諸島などがあり、いずれも太平洋側に膨らむように連なっている。このような島を弧状列島または（ **33** ）という。いずれも火山帯や地震帯に相当し平行に（ **34** ）が走っている。

⑵日本列島の地質構造

糸魚川—静岡構造線で（ **35** ）日本と（ **36** ）日本に分けられ、さらに西南日本は中央構造線で（ **37** ）と（ **38** ）に分けられる。

⑶日本列島の地史

日本列島は、海洋プレートの沈み込みによってアジア大陸に深海堆積物などの岩石が付け加わってできた（ **39** ）であるといえる。(39)はプレートの沈み込みにより（ **40** ）を受ける。

〈西南日本外帯の地質構造〉

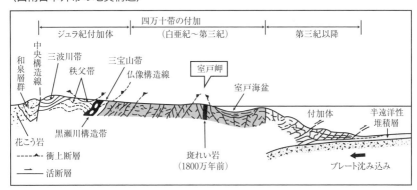

①飛騨変成帯と飛騨外縁帯

　飛騨変成帯には古生代に形成された飛騨片麻岩が含まれ、また飛騨外縁帯には（ **41** ）の変成岩が見つかり、少なくともこの頃から海洋プレートの沈み込みがあったといえる（先カンブリア時代〜古生代中期）。

②古生代の付加体

　石炭紀の石灰岩からなる秋吉海山を含む付加体が（ **42** ）に付加され、地下では三郡変成帯が形成された（古生代後期）。

③ジュラ紀付加体

　日本列島の骨格となる海山を含む秩父帯などの（ **43** ）付加体が形成された（中生代）。

④四万十帯の付加

　四万十帯が付加され、（ **44** ）が上昇し、西南日本内帯では花コウ岩の貫入が起こり（ **45** ）が形成された（中生代〜古第三紀）。

⑤オホーツク地塊の衝突：東北海道付加体をもつオホーツク地塊が衝突して、（ **46** ）が形成された（古第三紀）。

〈日本列島の地質構造〉

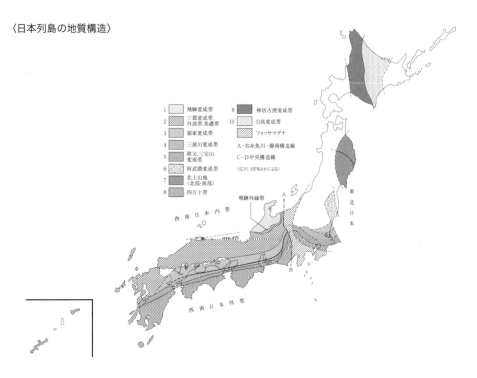

1　飛驒変成帯
2　三郡変成帯
　　丹波帯,美濃帯
3　領家変成帯
4　三波川変成帯
5　秩父,三宝山
　　変成帯
6　阿武隈変成帯
7　北上山地
　　(北部・南部)
8　四万十帯

9　神居古潭変成帯
10　日高変成帯
　　フォッサマグナ
A-B糸魚川-静岡構造線
C-D中央構造線
(広川, 1978ほかによる)

飛驒外縁帯

西南日本内帯

西南日本外帯

東北日本

⑥日本海の拡大

　アジア大陸から分離し日本海が形成された。このとき、大規模な海底火山活動（グリーンタフ変動）が起こり、（　47　）と呼ばれる鉱床や火山岩類が熱水によって緑色に変色した（　48　）が形成された。また、日本海側には（　49　）が形成された（新第三紀）。

⑦山脈の隆起と平野の形成

　東西方向の圧縮力により山脈が隆起した。また、氷期と間氷期の海面変動により（　50　）が形成された（第四紀）。

10　自然災害

⑴地震災害

　地震災害には建物の倒壊、火災、山崩れ、（　51　）、埋立地などで地盤が液体のように振る舞う（　52　）がある。

⑵火山災害

　火山災害には高温の火山灰など火山噴出物が斜面を流れ下る（　53　）、火山体が崩壊して起こる（　54　）、火山灰が水と共に流れ下る（　55　）、有毒な火山ガスなどの直接的な災害のほかに、噴火に伴う津波などがある。

⑶気象災害

　長雨や豪雨による土石流、崖崩れ、（　56　）などの水害や、突発的な強い下降気流による（　57　）などの風害がある。

重要事項
スピードチェック

生物 第1章
地学 第2章
物理 第3章
化学 第4章
数学 第5章

1 連続して　2 中断　3 平行　4 しゅう曲　5 不整合面　6 背斜　7 向斜　8 正断層
9 逆断層　10 地層累重　11 粗粒　12 尖った　13 上　14 下　15 上　16 有無
17 かぎ層　18 火山灰層　19 短い　20 広い　21 環境　22 古生物　23 放射性同位体
24 先カンブリア時代　25 第四紀　26 白亜紀　27 ペルム紀（二畳紀）　28 デボン紀
29 カンブリア紀　30 裸子植物　31 ほ乳類　32 魚類　33 島弧　34 海溝　35 東北
36 西南（35、36は順不同）　37 内帯　38 外帯（37、38は順不同）　39 付加体
40 変成作用　41 オルドビス紀　42 ペルム紀　43 ジュラ紀　44 三波川変成帯
45 領家変成帯　46 炭田　47 黒鉱　48 グリーンタフ　49 油田地帯　50 平野　51 津波
52 液状化現象　53 火砕流　54 岩なだれ　55 火山泥流　56 地滑り　57 ダウンバースト

おさえておきたい
Point　ミニ演習

1　地層

平行に連続して堆積した上下の地層の関係を（　ア　）という。その2つの地層の間に長期間の堆積の（　イ　）がある場合で、地層が隆起、侵食の後に沈降して、侵食面に平行に堆積したものを（　ウ　）とよぶ。また、地層が傾斜またはしゅう曲して侵食、沈降した後に、新たに堆積したものを（　エ　）という。

ア	整合
イ	中断
ウ	平行不整合
エ	傾斜不整合

2　火成岩Aと堆積岩Bが接触しているとき、堆積岩Bのほうが新しいことがはっきりわかるのは次の①〜④のうちどれか。

ア　AとBが上下に重なりBの中にAのレキが含まれている。
イ　AとBは断層面で接触していて、Bのほうが上盤である。
ウ　BはAとの接触面に近いところで熱変成が見られる。
エ　Bの層理面を切ってAが貫入している。

ア

3　示準化石

地質年代を決めるのに役立つ化石でよりよい条件は、種の生存期間が（　ア　）こと、地理的分布が（　イ　）こと、産出個体数が（　ウ　）こととされる。

ア	短い
イ	広い
ウ	多い

4　示相化石

生息していた当時の環境を知ることができる化石の条件は、（　ア　）にのみ生存可能なもの（造礁サンゴ）、（　イ　）が現存することである。

ア	特殊な環境
イ	似たような種

5　日本列島の構造

日本列島の構造は、（　ア　）で東北日本地質区と西南日本

ア　フォッサマグナ（糸魚川
　　―静岡構造線）

地質区に分けられ、さらに西南日本は（　イ　）で内帯と外帯に分けられる。

6　次のア〜オの地質時代を古い順に並べよ。
ア　先カンブリア時代——光合成植物の出現により、大気中に酸素が加わった。
イ　石炭紀——世界の石炭のもとの多くは、この時代の植物に由来する。
ウ　ジュラ紀——始祖鳥が出現した。
エ　新第三紀——ほ乳類が進化・大型化した時代である。
オ　カンブリア紀——海生の無脊ツイ動物のほとんどの種類がでそろった。

7　次の地質時代と古生物の説明で正しいものはどれか。
ア　フズリナはアンモナイトとともに中生代の代表的な示準化石である。
イ　カヘイ石は古第三紀に栄えた古生物である。
ウ　ロボクは中生代に栄えた植物である。
エ　ビカリアは巻貝の一種で第四紀初期の示準化石である。

8　地質時代に関する次の記述の正誤を判断せよ。
ア　約20億年前まで続いた先カンブリア時代に、カレドニア造山運動などの大きな変動が起こり、ほぼ現在の大陸が形成された。
イ　古生代石炭紀には、ロボク、リンボク、ウミユリなど、高さ20〜30mにも達する巨大なシダ植物が大森林を形成し、シダ植物を主な食料とする初期の恐竜が隆盛した。
ウ　中生代は、海ではアンモナイト、陸上では恐竜などの爬虫類が隆盛した。また、植物界では裸子植物が優勢であったが、白亜紀には被子植物も繁茂するようになった。
エ　中生代白亜紀末に恐竜類、アンモナイトなど多くの動物がほぼ同時に絶滅したのは、白亜紀末に氷河期が訪れたことによるものとされており、最後の氷河期が終わった後の時代を新生代と呼ぶ。

イ　中央構造線

ア →オ →イ →ウ →エ

イ

ア　×　先カンブリア時代は約5億4000万年前までの区分。カレドニア造山運動は古生代前期。現在の大陸ができるのは新生代になってから。
イ　×　ウミユリはヒトデやウニと同じ棘皮動物。恐竜は中生代・三畳紀に出現する。
ウ　○　中生代後期の白亜紀には被子植物が出現・繁栄する。
エ　×　白亜紀は温暖湿潤な気候で、大規模絶滅は隕石の衝突が原因とする説が有力。また新生代にも氷河期がある。

6 恒星と宇宙

Level 2 ▷ Q11

おさえておきたい
Point キーワードチェック

1 恒星の明るさと距離

①実視等級：見かけの等級のこと。肉眼で見える限界の明るさが（　1　）等級で、1等級減ると約2.5倍明るくなる。5等級の差でちょうど（　2　）倍の違いとなる。

②絶対等級：すべての恒星を（　3　）光年（年周視差0.1″、10パーセク）離れた距離に置いたときの明るさ。

③年周視差：地球公転の証拠ともなるもので、約300光年くらいまでの（　4　）の恒星までの距離の測定に用いられる。恒星までの距離をr、年周視差をp秒とすると、

$$r = \frac{3.26}{p} \, 〔光年〕 = \frac{1}{p} \, 〔パーセク〕$$

④分光視差：恒星の絶対等級Mの値と実視等級mの値から計算により求める。年周視差をp〔秒〕とすると次の式が成り立つ。

$$M = m + 5 + 5\log_{10}p$$

2 HR図

恒星の（　5　）を横軸にとり、（　6　）を縦軸にとったグラフに、恒星を記入してつくった図表。ヘルツシュプルング・ラッセル図と呼び、略して一般に（　7　）という。スペクトル型は恒星の表面温度を示すので、HR図は恒星の（　8　）と光度との関係を示す図表ということになる。

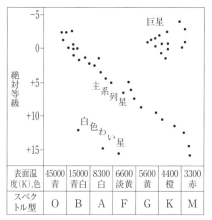

表面温度(K),色	45000 青	15000 青白	8300 白	6600 淡黄	5600 黄	4400 橙	3300 赤
スペクトル型	O	B	A	F	G	K	M

①主系列星：図の左上から右下にかけて斜めに帯状に分布するグループを（　9　）といい、左上のものほど表面温度が高く明るく輝く。また、直径・質量とも左上のものほど（　10　）。

②巨星：図の右上の0〜−2.5等級の辺りに分布する恒星を巨星という。赤色を示すので（　11　）ともいう。主系列星よりも直径が大きく、太陽の10〜100倍もあるが、質量は太陽の数倍程度であるので密度は小さく$10^{-3} \sim 10^{-5}$g/cm³である。巨星や明るい主系列星よりさらに上部に存在する恒星を超巨星という。

③白色わい星：図で（　12　）の辺りに分布する恒星は太陽直径の1/100（地球程度）程度のものが多く、小さい恒星であるが質量は太陽程度で密度は10^5g/cm³と大きい。

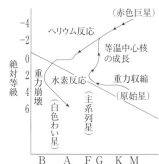

〈太陽質量程度の恒星の一生〉

生物 第1章
地学 第2章
物理 第3章
化学 第4章
数学 第5章

3 **恒星の進化** ▶p120

①恒星の一生：星間物質（微粒子・ガス）の収縮→（　13　）→星の胞子（グロビュール）→（　14　）→主系列星→（　15　）→この後は質量によって異なる終末となる。

②原始星から主系列星へ：星間物質が収縮して原始星となる。原始星は収縮により放出される重力エネルギーで光る。原始星が収縮するにつれて中心温度が上昇し1000万Kに達すると水素の（　16　）反応が起こり収縮は停止して安定化する。これが主系列星である。

③主系列星から巨星へ：主系列星はHR図上では質量が大きいほど左上にくる。質量が（　17　）ほど明るく、中心温度が高い。このため、質量が大きいほど核融合反応は激しく起こり、主系列星としての寿命は短くなる。主系列星では長期安定に水素の核融合反応を続けるが、反応の結果生じるヘリウムが中心部で核をつくり、水素の反応は周辺部に移り、星の外層部は膨張し表面温度は下がり、半径の大きい（　18　）へと進化していく。

④恒星の終末

　(a)小質量の恒星：質量が太陽の半分以下ではヘリウム反応が起こらないので、水素を使い果たすとヘリウムが収縮して（　19　）になり明るさを減じていく。

　(b)中程度の恒星：太陽程度の恒星では（　20　）反応が爆発的に始まるが、その後ゆっくりした反応でしだいに白色わい星となる。

　(c)やや大質量の恒星：ヘリウム反応の後、炭素や酸素反応の開始の際大爆発を起こす。これが超新星爆発で星全体が吹きとばされ中心には（　21　）が残る。

　(d)大質量の恒星：質量が太陽の8倍以上の恒星では中心温度が高くなり、鉄の核がつくられ、鉄の核の収縮によって高温高圧となり突然重力崩壊して、中心は高密度になり中性子核がつくられ外層部は（　22　）して中性子星になる。中性子星よりさらに質量が大きいと収縮が続き（　23　）がつくられる。

4 **星団**

①散開星団：直径数十光年程度の範囲に数十個から数百個の恒星が（　24　）に集合した星団で若い星（種族Ⅰ）の集団である。

②球状星団：銀河系のハローの部分に分布し直径数百光年程度の範囲に数十万から数百万個の恒星が（　25　）に密集している。銀河系ができたときに誕生したもので老いた星（種族Ⅱ）の集団である。

---

1 6　2 100　3 32.6　4 近距離　5 スペクトル型　6 絶対等級　7 HR図　8 表面温度
9 主系列星　10 大きい　11 赤色巨星　12 左下　13 星間雲　14 原始星　15 巨星
16 核融合　17 大きい　18 巨星　19 白色わい星　20 ヘリウム　21 中性子星
22 大爆発　23 ブラックホール　24 不規則　25 球状

おさえておきたい
Point　ミニ演習

1 恒星に関する説明として誤っているものを、次のア〜オの
うちから1つ選べ。

ア　恒星には、種族Iの星と種族IIの星とがある。

イ　恒星は、星間物質の収縮によって生まれると考えられてい
る。

ウ　主系列星は、やがて白色わい星を経て、巨星へと進化する。

エ　主系列星は、水素をヘリウムに変えてエネルギーを放出し
ている。

オ　主系列星は、質量が大きいほど寿命が短い。

2 恒星の明るさ

恒星の明るさを見かけで測るものを（　ア　）等級といい、
肉眼で見える限界の明るさが（　イ　）で、1等級減ると約
2.5倍明るくなる。また、すべての恒星を32.6光年離れた距
離に置いた時の明るさで測るものを（　ウ　）等級という。

3 HR図

恒星の（　ア　）型を横軸にとり、（　イ　）等級を縦軸に
取ったグラフに恒星を記入して作った図をHR図という。(ア)型
は恒星の（　ウ　）を示すので、HR図は恒星の(ウ)と（　エ　）
の関係を示す図表となる。この図の左上から右下にかけて斜
めの帯状に分布する恒星を（　オ　）、右上に分布する恒星を
（　カ　）、左下に分布する恒星を（　キ　）という。

4 太陽程度の質量の恒星の進化に関する次の記述のうちで正
しいものはどれか。

ア　新星として誕生して巨星になり一生を終える。

イ　主系列を左上から右下に進む。

ウ　原始星から主系列星となり巨星—白色わい星と進む。

エ　主系列星から最後には中性子星となる。

5 恒星の光度に関する次の記述のなかで間違っているものは
どれか。

ア　1等星は6等星より100倍明るい。

イ　絶対等級はすべての恒星を10パーセクの距離に置いたと
きの明るさで表す。

ウ　全天で最も明るい恒星の光度を1等星としている。

エ　恒星の距離が10倍になると実視等級は5等級増加する。

ウ
主系列星はその質量によって、
巨星→白色わい星と進化する
もの、巨星→超新星と進化す
るものなどに分かれる。

ア 実視
イ 6等級
ウ 絶対

ア スペクトル　**イ** 絶対
ウ 表面温度　**エ** 光度
オ 主系列星　**カ** 巨星
キ 白色わい星

ウ

ウ

Q01 太陽

問 太陽に関する次の記述のうち、正しいものはどれか。

1　黒点は、太陽の表面で周囲に比べて温度が低く、中心の暗部とそのまわりの半暗部がある。その数は11年ごとに変動する。黒点数は太陽活動が活発になると少なくなる。

2　太陽の両極から高速のプラズマが放出されている。このプラズマの流れを太陽風という。強い太陽風が地球に達すると磁気嵐が起こる。

3　太陽光線のスペクトルを詳しく調べるとスペクトルの中に暗い線が見える。これをフラウンホーファー線といい、太陽の大気中に含まれている元素を知る手がかりとなる。

4　太陽のエネルギー源はヘリウムの原子核が水素原子核に核分裂する反応である。この反応により発生する放射線を地球上で観測することができる。

5　太陽の活動が活発になり地球の磁力線にそってプラズマが入りこむと、大気と衝突してオーロラができる。また、地磁気によって捕獲された荷電粒子は球状に地球を取り巻く。

おさえておきたい Point 　キーワードチェック

◉太陽

自ら光を出して輝く恒星の1つ（中心部で水素の（　**1**　）反応でエネルギー放出）。太陽系の質量の99.9%を占め、9つの惑星を持つ。大きさは地球の直径の109倍。表面温度は約6000℃。表面には温度のやや低い（　**2**　）があり、地球から見て東から西に移動する。

①**太陽系の位置**：銀河系（直径約10万光年）の中心から約3万光年の位置にある。

②**黒点**：ほぼ11年に一度多くなる。温度は約4000〜4500℃。これが多い時には（　**3**　）やオーロラなどが発生しやすくなる。

③**プロミネンス**：紅炎。皆既日食のときには肉眼でも赤っぽくみえる。ガス体で太陽表面から数千から数万kmのところにある。

④**コロナ**：太陽大気の最も外層。日食の時に白っぽくみえる。大部分が自由電子によりなる。

⑤**太陽のスペクトル型**

恒星はそのスペクトルの吸収線の現れ方によりO・B・A・F・G・K・Mの7つのスペクトル型に分けられる。太陽はG型で黄色の恒星に分類される。

スペクトル型	O	B	A	F	G	K	M
表面温度〔K〕	45000	15000	8300	6600	5600	4400	3300
色	青	青白	白	淡黄	黄	橙	赤

◉太陽が地球に及ぼす影響

太陽から放射されるエネルギー（太陽放射）は、（　**4**　）として地球に伝わる。電磁波は波長の短いものからガンマ線、X線、（　**5**　）、可視光線、（　**6**　）、電波に分けられる。このうち太陽から最も多く放射されているのは（　**7**　）である。また、人体にとって有害

な紫外線などが地球に降り注いでいる。これらから地球を守っているのが大気圏の（ 8 ）や磁気圏である。

①**オゾン層**：高さ20～30kmの所を中心にオゾン（O_3）が多く含まれている層。オゾンは（ 9 ）を吸収している。フロンガスなどによって破壊される。南極や北極の上空ではオゾン層が円形に激減しているオゾンホールが見つかっている。オゾン層の減少は紫外線の増加につながるため、オゾン層破壊物質（フロンガス）の排出規制が行われている。

②**磁気圏**：地球が持つ磁場（地磁気）によってつくられる。

③**オーロラ**：太陽表面の大爆発で多量の電子やイオンが宇宙空間に放出されると、それらの一部が地球の磁気で引き寄せられてオーロラとなる。極地方や高緯度地方でみられる。日本でも北海道で観測されることがある。

④**デリンジャー現象**：フレアなどによって強い（ 10 ）が放出されると、地磁気が乱されて電離層が（ 11 ）障害を起こす現象のこと。

⑤**磁気嵐**：デリンジャー現象のあとに大量のプラズマが地球に降り注いで、地磁気に異常変化が起こること。

⑥**バン・アレン帯**：地磁気によって捕獲された荷電粒子がドーナツ状に地球をとりまく領域のこと。バンアレン帯は高さ約4000kmにある内帯と高さ約20000kmにある外帯の二重になっている。

⑦**日食**：太陽の大きさは月の約400倍であるが、地球から月までの距離は太陽までの距離の400分の1であるため、地球からみるとほぼ同じ大きさになる。太陽→月→地球の順に並んだときに、月が太陽を遮ると遮った月の影が地球に届き、日食となる。

⑧**月食**：太陽→地球→月の順に並んだときに、地球の影に月が入り、月食が見られる。

---

1 核融合　2 黒点　3 磁気嵐　4 電磁波　5 紫外線　6 赤外線　7 可視光線　8 オゾン層
9 紫外線　10 X線　11 通信

A01 正解−3

1−誤　黒点の数が極大になる時期を太陽活動極大期といい、太陽から放出される放射エネルギーが増加して太陽活動は活発になる。

2−誤　太陽風はコロナから放出される。太陽活動が活発になると太陽風も強くなり、磁気嵐やデリンジャー現象が起こる。

3−正　太陽の大気を構成する元素の75％は水素、25％はヘリウムで、残りの元素は0.1％未満である。

4−誤　太陽のエネルギー源は水素原子4個からヘリウム原子1個をつくる核融合反応である。このときガンマ線（放射線）が放出される。

5−誤　地磁気によって捕獲された荷電粒子はドーナツ状に地球を取り巻くバンアレン帯となる。

Q02 惑星

問　惑星に関する次の記述のうち、正しいものはどれか。　　　　　　　　（地方上級）

1　水星は公転周期は地球より短く、大気はH_2とCH_4を主成分とする。衛星を持つ。
2　金星は公転周期は地球より短く、大気はH_2とHeを主成分とする。表面は見えない。
3　火星は公転周期は地球より長く、大気はCO_2を主成分とする。極冠が見られる。
4　木星は公転周期は地球より長く、大気はO_2を主成分とする。クレーターがある。
5　土星は公転周期は地球より短く、大気が存在せず、しま模様の環が見られる。

おさえておきたい Point　キーワードチェック

◉惑星の運動

　天球上の惑星が複雑な動きをするのは、地球と惑星がともに（　1　）しているから。惑星は太陽と同様に普通は星座の間を西から東に動いている（順行）が、ときには東から西に動くこともある（逆行）。止まったように見えるのが「（　2　）」。

◉ケプラーの法則

　第1法則：惑星は太陽を1つの焦点とする（　3　）軌道を描く。
　第2法則：太陽と惑星を結ぶ直線は、等しい時間に等しい（　4　）を描く。
　第3法則：惑星と太陽の平均距離の3乗は、惑星の（　5　）の2乗に比例する。

◉太陽系の惑星

地球型惑星：直径が小さく、密度が高い。　水星、金星、地球、（　6　）
木星型惑星：直径が大きく、密度が低い。　木星、（　7　）、天王星、海王星

	半径（km）	質量（※）	密度（g/㎤）	公転半径（※）
水　星	2440	0.055	5.43	0.241
金　星	6052	0.815	5.24	0.723
地　球	6378	1	5.52	1
火　星	3397	0.107	3.93	1.524
木　星	71492	317.83	1.33	5.203
土　星	60268	95.16	0.69	9.555
天王星	25559	14.54	1.27	19.218
海王星	24764	17.15	1.64	30.11
冥王星	1137	0.0023	2.21	39.54

※地球を1とした場合

①水星

大気や水はなく、太陽に向いた表面温度は約 350℃。

②金星

大気の大半は（　8　）で、表面温度は 470℃ほど。濃硫酸の雲がある。

明けの明星：金星が夜明け前に東の空に見える。

宵の明星：夕方に西の空に見える。

満ち欠け：月と同様に満ち欠けし、大きさも変わって見える。

③火星

季節の変化がある。酸化鉄（鉄さび）を多く含むから赤く見える。大気の主成分は二酸化炭素でうすい。明け方、夕方、真夜中にも見える。大きさは変化するが満ち欠けはわずか。フォボスと（　9　）という衛星あり。

④木星

太陽系最大の惑星。質量の大半が（　10　）とヘリウム。強い磁場を持つ。イオ、エウロパ、ガニメデ、カリストという衛星を持つ。

⑤土星

質量の大半が水素とヘリウム。リングを持つが、これは氷の塊を中心に細かい岩などから成り立つ。水星よりやや大きい（　11　）などの衛星を持つ。

⑥天王星・海王星・冥王星

海王星や冥王星は肉眼では見えない。

---

1 公転　2 留　3 楕円　4 面積　5 公転周期　6 火星　7 土星　8 二酸化炭素　9 ダイモス
10 水素　11 タイタン

A02 正解－3

1－誤　水星の公転周期は 0.24 年。非常に扁平な公転軌道を持つ。大気は存在しないため、多数のクレーターに覆われる。衛星は持たない。

2－誤　金星の公転周期は 0.62 年。大気の主成分は CO_2。分厚い硫酸でできた雲に覆われて金星表面は見ることができない。

3－正　火星の公転周期は 1.88 年。極冠はドライアイスである。大気の主成分は CO_2。衛星はフォボスとダイモス。

4－誤　木星の公転周期は 11.9 年。大気は H_2 と He。大赤斑やしま模様は大気の動きによってつくられる。固体表面を持たないため、クレーターは存在しない。

5－誤　土星の公転周期は 29.5 年。大気は H_2 と He。輪は氷や、氷で覆われた岩石で非常に薄く真横になると地球からは見ることはできない。水よりも比重の小さい惑星である。

Q03 風

問 ジェット気流に関する記述として正しいものはどれか。　　　　　　　　(地方上級)

1　ヒマラヤ山脈で分断されたジェット気流が再びぶつかり合うことで梅雨前線が発達する。
2　冬は太陽直下の位置が南半球に移るために、ジェット気流は北上する。
3　南半球のほうが海が多いので、北半球よりもジェット気流の季節変動が多い。
4　ジェット気流は低温部を左に見て吹くため、南半球では東風である。
5　冬よりも夏のほうが日照量が増加するためジェット気流が強い。

おさえておきたい Point 〔キーワードチェック〕

◉風について

(1)風の基本

①風の吹く向き：(1) 気圧から (2) 気圧に流れる。
②風の吹く強さ：(3) の差が大きいほど強い風が吹く。
③風向の表し方：普通は16方位で表す。風が吹いてくる方向が基準。
④風速：空気が動く速さのことで単位はm/秒。
⑤風力：風の及ぼす影響を数値化したもので、13段階であらわす。

(2)地上近くの風を決める3力（等圧線が平行な場合）

①(4) 力（風上と風下の気圧の差）　　②(5) 力（地球の自転の影響による）
③(6) 力

◉地球上の風系

(1)赤道低圧帯

熱帯収束帯。赤道付近では大気が熱せられて軽くなり (7) 圧帯になる。軽くなって上昇した空気は、(8) 緯度地方に向かって吹く（上層部）。

(2)亜熱帯高圧帯

中緯度高圧帯。緯度20°から30°付近の赤道付近から上層部を流れてきた空気が下降し、空気が押されて (9) 圧帯となり、いつも天気が良く地表は砂漠が発達しやすい。

(3)貿易風

亜熱帯高圧帯から赤道付近に向けて吹き、地面に近いところを吹く。北半球では (10) 風、南半球では南東風となる。

(4)偏西風

亜熱帯高圧帯から高緯度地方に吹く風。地表付近、上層部とも西風。なかでも特に強い帯状の気流が (11)。偏西風もジェット気流も南北に蛇行しながら東に向かって吹く。

●異常気象

⑴**ブロッキング**

　中・高緯度での循環で蛇行している偏西風が極端に蛇行することによって、大きく北と南に分けられて寒冷な低気圧と温暖な高気圧が（　12　）することになる。その結果、豪雪・冷夏・長雨などの異常気象を引き起こす。

⑵**エルニーニョ**

　12月頃ペルー沖（赤道太平洋東部）の海面水温が（　13　）する現象。暖かい海面上に上昇気流が起こり平年と違った場所に降雨をもたらす。その結果、異常気象を世界中に引き起こす。日本では暖冬・長梅雨・（　14　）になったりする。

　また、エルニーニョとは反対に、海面水温が降下する現象を（　15　）といい、日本では（　16　）になったりする。

---

1 高　2 低　3 気圧　4 気圧傾度　5 コリオリ（または転向）　6 摩擦　7 低　8 高　9 高
10 北東　11 ジェット気流　12 停滞　13 上昇　14 冷夏　15 ラニーニャ　16 猛暑

出題Point：大気　**風が吹く仕組み**

　次の大気の運動に関する文中の空欄に適した語を答えよ。

　等圧線が円形をしている場合には、気圧傾度力と転向力に加え、遠心力がはたらく。この3つの力がつり合っている状態で吹く風を［　A　］という。また、赤道で上昇した大気は高緯度へ向かうが、転向力によって西風となり、緯度30°付近で下降し、［　B　］をつくり、地表近くで貿易風となって赤道へ向かう。このような大気の循環を［　C　］という。

（解答　A　傾度風　B　亜熱帯高圧帯　C　ハドレー循環　P75参照）

A**03**　正解ー1

1－正　ジェット気流が弱まることで梅雨明けになる。

2－誤　ジェット気流は北半球では冬は緯度30°、夏は緯度50°あたりを中心に蛇行している。

3－誤　南半球は海が多いので季節によるジェット気流の変動は少ない。

4－誤　ジェット気流は偏西風帯で特に強く吹く上空の風なので、南半球でも西風である。

5－誤　ジェット気流は南北の温度差が大きいと発達するので、冬のほうが強くなる。

Q04 台風

問 台風に関する記述として誤っているものはどれか。 （裁判所職員）

1 気圧の低い中心へ向かって反時計回りに回転しながら空気が流れこむ。中心では上昇気流となり、水蒸気の凝結により放出されるエネルギーが渦を維持する。

2 進行方向に向かって右側の方が左側より風が強い。台風の速度が速くなるほど非対称性になる。

3 目の内部では上昇気流により温度が下がり、積雲がある。最盛期をすぎると目は大きくなり，上陸すると目はなくなることが多い。

4 熱帯では南北の温度差があまり大きくないが、地表付近の空気は多量の水蒸気を含み、気温の鉛直分布が不安定になっているので台風ができやすい。

5 6月は日本の南海上を北東進し、梅雨前線を活発にすることもある。7月は日本に近づくものはあまり多くない。

おさえておきたい Point キーワードチェック

●気圧

⑴高気圧（弱い風が（ 1 ）回りに吹き出す）

①温暖高気圧：赤道付近で温められた空気が収束したもので、圏界面の高さまで続く。「（ 2 ）の高い高気圧」ともいう。夏の日本を覆う（ 3 ）高気圧など。

②寒冷高気圧：極に近い地域で地面近くの空気が冷却されて収縮し、その上に上空から周囲の空気が流入して地上で高気圧になったもの。高さは5km程度で「(2)の低い高気圧」ともいう。冬に日本付近にはり出す（ 4 ）高気圧など。

⑵低気圧（強い風が（ 5 ）回りに吹き出す）

①温帯低気圧：（ 6 ）と暖気団が接するところにできる低気圧。低気圧の中心の東側に温暖前線、西側に寒冷前線ができる。寒冷前線が温暖前線に追いついて暖気が低気圧の上に押し上げられ、低気圧の中心には四方から寒気が入り、衰弱する。

②熱帯低気圧：（ 7 ）の集合体からできる。海水温が26.5℃以上の海で発生。気団が接するわけではないので、前線はない。

※台風は北太平洋西部で発生した熱帯低気圧のうちで、最大風速が17.2m/秒以上のもの。

●前線

暖かい気団と冷たい気団がぶつかるところにできる。冷たい空気は下に、暖かい空気は上に移動しようとする。前線はこの気団の境目の面が地表と交わるところ。

①（ 8 ）前線：暖気が寒気の上にゆっくりはい上がる。

②（ 9 ）前線：寒気が暖気の下にもぐり込み、暖気を押し上げる。

③停滞前線：寒気と暖気の勢力が等しいときにできる。

④（　10　）前線：寒冷前線が温暖前線に追いついたときにできる。

●温暖前線の通過と天気

　乱層雲がしだいに低く、暑くなる。前線が通過するときには（　11　）い雨が長時間降り続く。通過後には雨がやみ、気温が上昇し、（　12　）寄りの風が吹く。

●寒冷前線の通過と天気

　日本では西の空に積乱雲が現れ、急速に暗くなり近づく。（　13　）い雨が、狭い範囲で短時間に降るが、雷が鳴ることもある。通過後には雨がやみ、天気は急速に回復。気温が低下し、（　14　）寄りの風が吹く。

---

1 時計　2 背　3 小笠原　4 シベリア　5 反時計　6 寒気団　7 積乱雲　8 温暖　9 寒冷
10 閉塞　11 弱　12 南　13 強　14 北

A04 正解—3

1—正　暖かい海上の空気は上昇気流となって水蒸気が凝結し巨大な積乱雲をつくり激しい雨となる。

2—正　台風中心の右側を危険半円、左側を可航半円ともいう。

3—誤　目の中では下降気流によって乾燥し温度が高くなる。また、最盛期をすぎると目は小さくなる。

4—正　不安定な温度分布で上昇した空気塊は凝結熱を放出して、さらに周囲の空気より暖かくなり、背の高い積乱雲を形成する。

5—正　8月は西日本に上陸または接近するもの、日本の東海上へそれるもの、中国大陸へ向かうものなど変動が大きい。9月は東日本に上陸または接近する傾向が強くなる。10月は日本の南東海上を北東進するものが多くなる。

Q05 地震

問 地震に関する記述として正しいものはどれか。 （地方上級）

1 地球の表層部はリソスフェアとアセノスフェアに大きく分けられ、アセノスフェアは海嶺でつくられ、リソスフェアに沈み込むとき地震を引き起こす。

2 地震は震源の深さにより浅発地震と深発地震に分けられる。浅発地震は日本列島などに多く、深発地震は中央海嶺に多い。

3 震度は地震のエネルギーを示すもので、地震のエネルギーが大きいほど震度も大きくなる。

4 マグニチュードは地震計の記録から求められるが、本来は人や建物が被害を受ける揺れの程度を表し、気象台の観測員が決めていた。

5 地震波には縦波、横波という地下を伝わる波のほかに、表面波という表面を伝わる波がある。

おさえておきたい Point キーワードチェック

◉地震について

⑴地震の原因

地殻や上部マントルの岩石内で起こる破壊面の発生。地震波が最初に発生したところが（ 1 ）、その真上の地表のポイントを（ 2 ）、地震波による土地のゆれが地震動である。

⑵地震波

①P波：（ 3 ）波（波の進行方向と振動方向が同じ波で、疎密が伝わる）。固体中や液体中を6〜8km/秒の速さで伝わる。初期微動を起こす。

②S波：（ 4 ）波（波の進行方向と垂直な方向に振動する波で、ねじれが伝わる）。固体中（液体中では伝わらない）を3〜5km/秒の速さで伝わる。（ 5 ）を起こす。

⑶震源までの距離 k×初期微動継続時間 （k= 6〜8km/秒、大森係数）

⑷震度とマグニチュード

①震度：地震のゆれの大きさを表す。

震度は0、1、2、3、4、5（弱）、5（強）、6（弱）、6（強）、7に分類。

②マグニチュード：地震の規模。震央から100kmのところに地震計を置いたとした場合の揺れ幅を基準に求める。Mで表す。マグニチュードが1大きいと、地震のエネルギーは約（ 6 ）倍大きくなる。

◉プレート型地震

地球表面のプレートの動きによる地震。プレートとプレートが接するところで、片方がもう片方の下に引きずりこまれ、「（ 7 ）」ができるが、その「(7)」がもとにもどろうとして動くときに地震が起こる。地震の規模は大きいことが多い。

問題でPoint を理解する
Level 1 **Q05**

生物第1章
地学第2章
物理第3章
化学第4章
数学第5章

●活断層型地震

活断層とは過去に活動し、将来も活動が見込まれる断層で、断層活動が起こる場合には地震が発生する。日本各地にこれがみられる。1995年の阪神・淡路大地震はこのタイプの地震。

●津波

海底地震の際の地殻変動によって生じる大きな周期の海水の波動。地盤が隆起するとまず押し波がやってくるが、地盤が陥没した側ではまず引き波が起こるといわれる。波高は海洋ではせいぜい2～3mだが、海岸や湾ではそれが高くなり沿岸部に被害をもたらす。

1 震源　2 震央　3 たて　4 横　5 主要動　6 32　7 ひずみ

出題 Point：地球の内部エネルギー　火山活動

①**マグマ**：マントルの一部が溶けて発生し、まわりの岩石より密度が小さく液体であるため移動しやすく上昇する。H_2OやCO_2などの揮発性成分（火山ガス）も含まれており、マグマ溜りの中でその圧力が高まると、岩石を打ち破って地表に噴出する。
②**火山の噴火**：噴火の仕方や形状はマグマの粘性や揮発成分の量と関係が深い。粘性はSiO_2成分が多くなるほど大きくなり、この溶岩が流出して溶岩円頂丘（溶岩ドーム）ができる（昭和新山）。一方、粘性の小さい溶岩が噴出して形成された火山を盾状火山という（キラウエア、マウナロア）。
③**火山の分布**：ハワイのような火山島（プレート内のホットスポット）を除き、多くはプレート境界に分布する。日本の火山は主に太平洋プレートとフィリピン海プレートの沈み込みに沿って位置する。活火山とは、現在活発な噴気活動があるか、過去1万年以内に噴火した火山で、2019年現在日本には111がある（世界の火山の約1割）。
④**火成岩**：マグマが固まってできた岩石。深成岩はマグマが深いところでゆっくり固まったもので等粒状組織を示すことが多い。一方、地表や地表近くでマグマが急速に冷えて固まってできたものが火山岩で斑晶と石基からなる斑状組織を示す。

A05 正解─5

1─誤　アセノスフェアはリソスフェアの下の層であり、表層部ではない。海洋プレートや大陸プレートはともにリソスフェアである。
2─誤　深発地震はプレートの沈み込みに沿って起こるので、プレートのつくられる中央海嶺では起こらない。
3─誤　震度はその地点での地震の揺れを示す。震源からの距離や地質により変わる。
4─誤　マグニチュードは震源から放出された地震のエネルギーを表すものである。
5─正　地震波には一番早く伝わるP波（縦波）と、S波（横波）という地球内部を伝わるものと、表面波という周期が長く大きく揺れる波などがある。

Q06 地質時代区分

問 地質時代区分に関する記述として正しいものはどれか。　　　　　　（地方上級）

1　縞状鉄鉱床はカンブリア紀に出現した生物が放出した酸素が海水中の鉄と反応した結果つくられた。
2　エディアカラ動物群はさまざまな形態を持った動物が突然出現した古生代最初の化石群である。
3　白亜紀末の大絶滅は陸上では恐竜、海中ではフズリナを絶滅させた。原因としては隕石衝突説が有力である。
4　シルル紀には最古の陸上脊椎動物イクチオステガが現れた。
5　古第三紀から新第三紀にかけて草原が発達し、偶蹄類や奇蹄類などが急速に大型化していき、それらを捕食する大型の食肉類が現れた。

おさえておきたい Point　キーワードチェック

●示相化石と示準化石
①示相化石：地層のできた時代の（　1　）を知るのに役立つ化石。運ばれてくるような化石（植物の葉や動物の骨や貝殻など）よりも、固定した化石である。珊瑚礁や直立樹幹化石などが適している。
②示準化石：地層のできた（　2　）を決めたり、離れた地域の地層の新旧関係を比べる（地層の対比）のに使われる化石。示準化石には進化の速度が速くて、（　3　）い期間しか生存しなかった生物が適している。移動力の大きい哺乳類や浮遊性有孔虫などが利用される。
　※代表的な示準化石は覚えておこう。古生代（三葉虫、フズリナ、フデイシ）、中生代（アンモナイト・恐竜などのは虫類）、新生代（ゾウなどのほ乳類、有孔虫、貝）。

●地層の歴史
⑴先カンブリア時代
　地球の誕生（46億年前）から5億7000万年前まで。約27億年前頃には酸素を作りだすストロマトライト（シアノバクテリアのコロニー）が出現し、地球上から（　4　）が減り、酸素が増えていった。この時代のものとしては（　5　）がある。
⑵古生代
　5億7000万年前から2億4000万年前まで。無脊椎動物のほとんどが出現。石炭紀には巨大な（　6　）植物が出現。二畳紀末にはソテツなどの（　7　）植物出現。示準化石としては三葉虫やフデイシが古生代前半、フズリナ（有孔虫の一種）が古生代後半の代表。なお、古生代には暑いときもあったが、氷河期もあったようだ。

問題でPoint を理解する
Level 1 Q06

生物 第1章
地学 第2章
物理 第3章
化学 第4章
数学 第5章

⑶中生代

2億4000万年前から6500万年前まで。古生代に繁栄した（ 8 ）に変わって爬虫類が繁栄。中生代を代表する示準化石は（ 9 ）、始祖鳥。恐竜が繁栄した時代でもある。植物は裸子植物が繁栄。大陸移動が活発化した時代。

⑷新生代

6500万年前から現在まで。ほ乳類が繁栄。示準化石としては古第三紀のカヘイ石（高等有孔虫）、新第三紀のビカリア（巻き貝の一種）など。マンモスの繁栄も。この時代には4回の（ 10 ）期も経験。人類の出現は約 500万年前のアフリカ地溝帯の東側と推定されている。

1 環境　2 地質時代　3 短　4 二酸化炭素　5 縞状鉄鉱床（層）　6 シダ　7 裸子　8 両生類
9 アンモナイト　10 氷河

出題 Point：地球の歴史　**地質時代の特徴**

①**古生代（デボン紀）**：脊椎動物が初めて陸上に進出。
②**古生代（石炭紀）**：シダ植物が繁栄し酸素濃度が上昇、この遺体が石炭となる。
③**古生代（ベルム紀）**：史上最大規模の大量絶滅でフズリナや三葉虫など絶滅。
④**中世代（白亜紀）**：陸上で恐竜類、海中でアンモナイトなどがほぼ同時期に絶滅。
⑤**新世代（第四紀）**：北半球に巨大なローレンタイド氷床、周期的な氷期と間氷期。

A06 正解ー5

1－誤　縞状鉄鉱床は、27億年前の先カンブリア時代にシアノバクテリアが光合成をした結果、酸素と海中の鉄イオンが反応し堆積された。
2－誤　エディアカラ動物群はさまざまな形態を持ったバージェス頁岩の化石動物群（カンブリア紀）より古い先カンブリア時代（6億年前）の腔腸動物、環形動物、節足動物の化石動物群である。
3－誤　白亜紀末の大絶滅では恐竜とアンモナイトが絶滅している。また、フズリナは古生代で絶滅している。原因としては隕石衝突説、火山活動説など確定的なものはまだない。
4－誤　原始両生類のイクチオステガはグリーンランドのデボン紀から発見されている。シルル紀末には最古の陸上植物が現れたと考えられている。
5－正　古第三紀は温和な気候であったが、始新世の末期以降は南極に氷床ができるなど寒冷化したことや、造山運動で山脈ができたことなどが、草原が広がったことと関係する。

Q07 日本の地史

問 日本の地史に関する記述として正しいものはどれか。 （地方上級）

1　日本最古の化石は北上山地で見つかったシルル紀のサンゴ類の化石である。
2　日本では恐竜の化石は見つからず、白亜紀の首長竜の化石が福島県から見つかった。
3　日本の石炭は古生代石炭紀につくられた木生シダ植物である。
4　第四紀洪積世の台地には火山灰が堆積してローム層がつくられた。
5　日本の石油や黒鉱などの形成は古第三紀日本海の形成とほぼ同時である。

おさえておきたい Point キーワードチェック

●日本列島の地史

(1)弧状列島

西太平洋には、アリューシャン、（　1　）、日本、（　2　）、伊豆、マリアナなどの列島があり、太平洋側にふくらんでいる。いずれも火山帯や地震帯に相当し平行に海溝が走っている。

(2)日本列島の地質構造

（　3　）構造線（フォッサマグナ）で東北日本地質区と西南日本地質区に分けられ、さらに西南日本は（　4　）構造線で内帯と外帯に分けられる。

(3)日本列島の地史

①飛騨片麻岩と花こう岩　（古生代中・後期）
②秩父古生層、三郡変成岩（石灰紀〜二畳紀）
③領家変成帯、三波川変成帯（ジュラ紀〜白亜紀）
④四万十帯　（中生代〜古第三紀）
⑤石炭の形成　（古第三紀）
⑥グリーンタフ変動・黒鉱・石油（新第三紀）
⑦日本列島形成・氷河時代・関東ローム層（第四紀）

●地層

(1)地層の堆積

風化や侵食、火山の噴火などでできた砕せつ物が、風や流水（特に河川）によって運ばれ、地表の低いところに堆積して地層となる。

(2)地層の性質

地層は一般に水平に近く、下から上に向かってたまるために、下の層が古い。しかし、（　5　）や（　6　）などにより、それが逆転する場合もある。

(3)整合と不整合

①整合：上下の地層があまり時間をあけずに次々と堆積したときにできる重なり面。
②不整合：下の地層が風化作用や侵食作用を受けた後に上の層が重なった時の重なり面。

問題でPointを理解する
Level 1 Q07

生物 第1章
地学 第2章
物理 第3章
化学 第4章
数学 第5章

(4)断層

地層が圧力や引っ張り力（張力）を受けて曲げられた構造。

①正断層：上盤がずり（　7　）ものをいう。
②逆断層：上盤がずり（　8　）ものをいう。…新潟県中越地震（2004）に多かった断層。
③横ずれ断層：地層が水平方向にずれたもの。…（　9　）断層（アメリカ西部）
④活断層：比較的新しい時代に何度も活動を繰り返した断層で、これからも地震を起こしそうな地域に存在する断層。

(5)主な堆積岩

①岩石の破片の堆積：礫岩（粒が2mm以下）、砂岩、泥岩（粒が16分の1mm以下）
②（　10　）岩：炭酸カルシウムの堆積や珊瑚や貝殻などの堆積による。
③（　11　）：二酸化ケイ素の堆積や放散虫の堆積による。
④凝灰岩：（　12　）の噴出物の堆積による。

---

1 千島　2 琉球　3 糸魚川－静岡　4 中央　5 褶曲　6 断層（5、6は順不同）　7 下がった
8 上がった　9 サンアンドレアス　10 石灰　11 チャート　12 火山

出題 Point：日本の地史　日本の火山

日本の火山に関する次の文中の空欄に入る適当な語句を答えよ。

日本列島にある多くの火山は、島弧の中軸から内側に弧状に分布している。しかも、北海道から中部日本までの火山は、日本海溝とほぼ平行で、それから300〜400km島弧側に分布する。つまり、（　A　）プレートが沈み込んで、プレート境界面の深さ100〜150kmの位置に火山が分布するといってよい。これは、沈み込む海洋プレートとともに地下深部へ持ち込まれた物質や海水がマグマに転じる物理化学条件が、深度100〜150kmだからである。その日本列島の火山分布において、もっとも海溝側の分布限界を結んだ線を（　B　）という。一方、西南日本の火山は南海トラフにほぼ平行で、（　C　）プレートの運動に関連していると考えられる。

日本の火山の多くは、爆発的な噴火をするものが多い。それは、日本の火山を形成するマグマが安山岩〜デイサイト質で粘性が（　D　）、揮発性成分を（　E　）ことによる。また、成層火山やカルデラが多いことも、日本の火山の特徴である。

（解答　A 太平洋　B 火山フロント　C フィリピン海　D 高く　E 多く含む）

A07　正解－4

1－誤　飛騨で見つかったオルドビス紀の放散虫や貝形類の化石が日本最古である。
2－誤　富山、石川、福井、岐阜県にまたがるジュラ紀の手取層からは多くの恐竜化石が見つかっている。
3－誤　日本の石炭は古第三紀に形成されたもので、裸子植物や被子植物を含んでいる。
4－正　関東ローム層は、富士山や浅間山などの火山灰からできている。
5－誤　日本の石油や黒鉱は新第三紀に日本海を形成した火山活動に関係する。

113

Q08 日本の気象

問 気象に関する記述として正しいものは、次のうちどれか。 （地方上級）

1 梅雨前線はオホーツク海高気圧と太平洋高気圧との間に形成される停滞前線であり、中国南部から北西太平洋まで伸びている。

2 台風は最大風速が一定以上の温帯低気圧であり、同様に亜熱帯低気圧はハリケーン、熱帯低気圧はサイクロンとそれぞれ総称される。

3 フェーン現象は、空気の塊が山を越える直前に急激に冷え、山を越えてからはもとの温度には戻らないことから生じるもので、日本では太平洋側によくみられる現象である。

4 雷雲は、断熱冷却によって凝固した水蒸気がジェット気流によって帯電することで生じ、正の電気を落雷によって大地に流す働きをしている。

5 閉塞前線は、低気圧の発生に伴って生じるが、暖気と寒気の移動速度の違いから温暖前線と寒冷前線に分離し、それぞれ前線を伴う別々の低気圧となる。

おさえておきたい Point　キーワードチェック

◉前線

・寒冷前線：勢いの強い冷たい空気が、暖かい空気を押し上げながら、下に潜り込んで進む。狭い範囲で積乱雲・雷雨・ひょうが発生する。

・温暖前線：勢いの強い暖かい空気が、冷たい空気を押し上げながら、その上をゆっくり乗り上げて進む。持続的な雨が降り、前線の通過後は気温が上昇する。

・閉塞前線：寒冷前線が温暖前線に追いついてできた前線。

・停滞前線：寒気団と暖気団の勢力が均衡している状態。梅雨や秋雨の原因になる。

◉日本の春の気候

　冬至で最小となる単位面積当たり日射量が次第に増え、大陸と海洋の（　1　）の差が小さくなり、日本海側に温帯低気圧が入り込むと「（　2　）」とよばれる南風が吹き、気温が上がる。

　さらに春が進むと（　3　）低気圧と（　4　）高気圧（温帯低気圧と次にくる温帯低気圧の間の高圧部のこと）が次々にやってくるために、天気は4日ぐらいの周期で変化する。

　この原因は、日本の上空にジェット気流が位置することによる（秋も同様）。

◉日本の梅雨期の気候

　北の（　5　）高気圧と（　6　）高気圧という2つの高気圧の間に前線ができ停滞するのが梅雨前線である。

　夏が進むと次第に北上していくと梅雨前線も上昇し、日本列島が南側から太平洋の高気圧の圏内に入り、夏が来る。梅雨の末期になると南西方向から多湿の気流（湿舌）が入り込む

と、前線付近で大雨が降ることがある。

● **日本の夏の気候**

　日本列島から見ると南方が高圧帯、北方が低圧帯となり、南方の高温多湿の（　7　）気団から太平洋側に熱くて湿った空気が流れ込む。

　西日本、特に瀬戸内海沿岸では降水量が少なくなる。

　内陸部でも暖められた空気により積乱雲が発達し、雷雨が発生する。また、夏にもオホーツク海高気圧が発達すると親潮（千島海流）により冷やされ、「（　8　）」を吹かせる。

　オホーツク海の高気圧が強いと東北地方はいつまでも梅雨明けせず（梅雨前線が北上せず）、冷夏となる。

● **日本の秋の気候**

　北太平洋の高気圧が弱まってくると、北からは次第に冷たい空気を持つ気団が南下し、日本列島付近には北から（　9　）が停滞する。

　北太平洋の高気圧が弱いために、普通は梅雨前線ほど活発な活動はみられない。

　夏の終わりごろから秋にかけては台風が右カーブでやってくることが多く、特に西日本では大きな被害をもたらすことがある（普通は1年に3つほど上陸する）。

　春と同様に移動性の低気圧と高気圧が交互にやってくるため、天気の変化が周期的に起こるが、移動性高気圧が帯状に連なると、秋晴れが続く。

---

1 気圧　2 春一番　3 温帯　4 移動性　5 オホーツク海　6 太平洋　7 小笠原　8 やませ
9 秋雨前線

A08 　正解―1

1－正　日本付近では、寒冷多湿のオホーツク海気団（オホーツク海高気圧）と高温多湿の小笠原気団（太平洋高気圧）という、二つの海洋性気団の温度差によって停滞前線が形成される。

2－誤　台風は熱帯低気圧が、強く発達したもの。熱帯低気圧の最大風速が17 m／秒を越えたとき、台風と呼ぶ。ハリケーンはメキシコ湾や北大西洋で発生する台風の呼び方。サイクロンはインド洋やアラビア海などで発生する台風の呼び方。

3－誤　フェーン現象は、山を吹き越えた風が、風下側の山ろくで異常に高温になる現象である。日本では、春先に、太平洋側の高温多湿な空気が、日本列島の山脈を越えて日本海側に吹き降りるときに発生する。

4－誤　雷雲（積乱雲）は、積雲（綿状の雲。日中暖められた空気が上昇してできる）が発達したもので、夕立ちや雷の原因である。ジェット気流とは関係がない。ジェット気流は、対流圏上層に位置する強い西風の流れである。

5－誤　閉塞前線は、低気圧の発生に伴って生じるわけではない。

Q09 大気の構造

問 大気圏は地表から上空へと順に対流圏、成層圏、中間圏、熱圏と区分されているが、これらに関する記述として正しいものはどれか。 (国家一般)

1 大気圏の区分は大気の密度で区分されており、対流圏、成層圏までは上空に行くほど減少するが、さらに上空ではほぼ一定になる。

2 対流圏では上空に行くほど気温が低くなるが、これは大気が太陽放射を直接吸収するよりは地表が太陽放射を吸収してから大気に熱が運ばれるからである。

3 成層圏では上空へ行くほど気温が高くなるため、大気が電離して電離層を形成し、地表からの電波を反射して送り返す作用がある。

4 中間圏では大気の密度はかなり薄くなるが、宇宙塵などが突入してくると大気との摩擦により発光する。これが流星である。

5 熱圏では太陽風などの影響を受け、デリンジャー現象やオーロラの発光などが見られる。また、高エネルギーの帯電粒子が強い放射能を持つバンアレン帯を形成している。

PointCheck

◉大気

(1)一般的な雲のでき方
①暖められた空気は軽くなり、上昇する。

②上空に行くに従い気圧が下がり、空気の塊は断熱膨張し、温度が下がる。

③露点に達した水蒸気が凝結し、水滴や氷の結晶となる。

④これが雲となり、雲をつくる水滴が発達して雨を降らせる。

※露点：空気中の水蒸気の一部が凝結しはじめる温度。

　　　　気温が上昇すると、空気中に溶けられる水蒸気の量は増える。

(2)断熱膨張
空気の塊が周囲との熱のやりとりなしに断熱的に膨張すること。

(3)空気の上昇
空気が上昇しないと雲はできないが、地面が強く熱せられることのほかに、低気圧の中心付近、空気が山を越えるとき、前線付近などでもみられ、雲ができる。

(4)湿度
①湿度(%)＝空気中の水蒸気量÷飽和水蒸気量×100

②湿度とは空気の湿り具合であるが、気温が高くなると湿度は低くなり、気温が下がると湿度は高くなる。

問題でPointを理解する
Level 2 Q09

生物 第1章
地学 第2章
物理 第3章
化学 第4章
数学 第5章

●大気の構造

大気圏は、下から対流圏・成層圏・中間圏・熱圏に細分され、その外側に外気圏が広がっている。

①対流圏：地表から11kmまで。気温逓減率（100mで約0.6 ℃）で気温が下がる。対流圏と成層圏との境は圏界面という。高緯度地方では8km、低緯度地方で16km程度。

②成層圏：圏界面から上の50km程度まで。温度は上昇に転じ、50km程度で最大となる。成層圏中の20〜30kmにかけてはオゾン層がある。オゾン層は太陽からの紫外線を吸収する。

③中間圏：成層圏より上から80〜90kmまでの上空。温度は低下し、80〜90kmの地点で極小となる。

④熱　圏：中間圏より上で、90〜500kmまでの上空。温度は高度とともに上昇。
　　　　　※中間層上部から熱圏には電離層（大気中の原子や分子の一部がイオン化している）あり。
　　　　　電離層は地上からの電波を反射し、通信に重要な役割を果たしている。

⑤外気圏：500km以上。バン・アレン帯が存在する。

Level up Point! GPSや衛星放送など、意外と身近な存在になりつつある大気圏から宇宙までの構造は出題可能性が高い。細かい数値は覚える必要はないが、図などから大気圏のイメージはつかんでおきたい。

A09 正解ー2

1－誤　大気圏の区分は気温の変化で分類され、対流圏では1km上昇につき6.5℃気温が下がる。成層圏では高さとともに気温が上がる。中間圏では高さとともに気温が下がり、熱圏では高さとともに急激に気温が上がる。

2－正　このほかに空気が上昇すると気温が下がり、空気が下降すると気温が上がるという性質も関係している。

3－誤　成層圏には電離層は存在しない。酸素分子が太陽からの紫外線によりオゾンを発生させてオゾン層が存在する。

4－誤　中間圏には電離層のD層があり、長波の電波を反射する。D層は昼間だけあり、夜間にはなくなり、夜光雲という特殊な薄い雲ができる。高層大気中にごく微量含まれる水蒸気やメタンが関連しているらしい。流星は中間圏までくると消滅する。

5－誤　熱圏には中波を反射するE層、短波を反射するF層がある。デリンジャー現象はこれらの電離層が乱されて電波通信が妨害される現象である。オーロラや流星もこのあたりでできる。ただし、バン・アレン帯は外気圏に存在する。

Q10 海流

問 海流に関する記述として正しいものはどれか。 （裁判所職員）

1 　海流の大循環だけでなく、深層循環も貿易風や偏西風などの風系が大きく影響している。
2 　海流は流速や流向が規則的に変化するという点で、潮流とは違う。
3 　海流はコリオリの力と圧力傾度力と海底の摩擦により海面の高まりから斜めの方向に流れる。
4 　黒潮は大きく蛇行をすることがあり、蛇行の内側は反時計回りの暖水渦を形成している。
5 　緯度によるコリオリの力の差が、亜熱帯環流で西岸沿いの海流を強めて西岸強化が起きる。

PointCheck

◉海水の運動

(1)海流

　海流をつくる原動力は貿易風や偏西風である。この原動力にコリオリの力がはたらき、実際の海流がつくられる。北半球の海流は右回りに流れ、南半球の海流は左回りに流れる。黒潮は北太平洋を流れる海流の西側を北上する循環の一部である。

(2)潮汐（ちょうせき）

　だいたい半日周期で海面が上下する現象。これを起こす力は太陽や月の引力であり、満月や新月のときは干満の差が最大になる（大潮）。また、上弦や下弦のときは干満の差が最小になる（小潮）。

(3)津波

　地震によって海底が上下して起こされる波。

(4)高潮

　台風や強い低気圧の通過によって海面が吸い上げられて海面が上昇する現象。

(5)風浪とうねり

　風によって起こされた海面の波を風浪という。風浪が遠くに伝わると周期の長い波形を示す。これをうねりという。

◉日本近海の海流

　①日本海流（黒潮）

　　フィリピン付近から流れてくる暖流。

　　比較的流れが速くプランクトンが少なく深い紺色に見えるので「黒潮」と呼ばれる。暖かい南方の海からの魚が北上してくる。

②対馬海流

日本海流が沖縄付近で分かれて日本海側へ流れ込む暖流。

対馬海峡から日本海沿岸、北海道をめぐり、オホーツク海に達する流れであるため、東南アジアや朝鮮と日本全国の貿易に利用されてきた。

③千島海流（親潮）

オホーツク海から千島列島、北海道、三陸沖に流れ込む寒流。

プランクトンが多く魚類がよく発育するため「親潮」と呼ばれる。日本海流と千島海流がぶつかる「潮目」ではプランクトンが集まり魚も集まるので有数の漁場となる(三陸沖)。

④リマン海流

カラフト、間宮海峡から朝鮮半島沿岸の日本海に流れ込む寒流。

暖流である対馬海流が冷やされ、アムール川付近から日本海を南下していく。

 Level up Point! 特定の海流だけに絞り込む問題が出題されることは少ないが、地球構造や大気・風とからめて総合問題の出題は考えられる。まとめて準備しておきたい範囲である。

A10 正解―5

1-誤　海水の鉛直方向の流れを考えるときには、海水の温度と塩分濃度が大きな影響を与える。

2-誤　流速と流向が規則的に変化しているのは潮流である。

3-誤　海流はコリオリの力と圧力傾度力がつり合っており、海底の摩擦は影響しない。このような海流を地衡流という。

4-誤　黒潮は直進型と蛇行型がある。蛇行の内側では反時計回りの冷水渦ができ、漁業に影響を与える。

5-正　北半球では緯度によるコリオリの力の差で大陸岸沿いでは北向きの流れが加わる。このため、東岸沿いで南下する海流は弱まり、西岸沿いで北上する海流は強まる。これを西岸強化という。

Q11 近年の天文学

1 ほとんどの元素はビッグバンの際に形成されたが、Feより重い元素は超新星爆発の際に形成される。
2 太陽より重い恒星では核融合反応により、タマネギ状に外から水素殻、ヘリウム殻、炭素殻、酸素・ネオン・マグネシウム殻といった構造となり、最終的に超新星爆発を起こす。
3 銀河の中央部（バルジ）には種族Ⅰが多く赤みをおびるのに対し、円盤部には種族Ⅱが多いため青みがかる。
4 超新星は質量の大きな恒星が原始星から主系列星になるときに初めて可視光線を発生するとき起こる現象である。
5 宇宙の膨張速度が十分大きければ宇宙の膨張は止まらず、開いた宇宙となる。

PointCheck

◉宇宙の構造と進化
⑴赤方偏移
　光のドップラー効果により遠ざかる天体のスペクトルの波長は長い（赤い）方に偏る。遠ざかる速度が速いほど赤方偏移は大きい。
⑵ハッブルの法則
　1929年ハッブルは遠い銀河ほど早く遠ざかっていくことを発見した。このことは宇宙が一様に膨張していると考えることで説明できる。

◉ビックバン宇宙
　宇宙は約137億年前の大爆発（超高温・超高密度）の状態からの膨張から始まったという考え。一般相対性理論に基づき予言され、1948年にガモフが提唱した。
　爆発による超高温・高密度の状態から急激に膨張を始め、急激な温度降下を経て素粒子が生成され、現在の宇宙が形成されたと考える。宇宙膨張理論や元素の存在比率が根拠とされたが、1965年にペンジャスとウィルソンが3K宇宙背景放射を発見したことにより裏付けられた。

◉銀河
　銀河系はおよそ2000億個の星が中心部が膨らんだ渦巻き状の円盤に集まっている。直径は約10万光年、太陽系は中心部より約3万光年離れている。銀河系の中心はいて座の方向にある。
　①泡構造：宇宙の銀河の分布を調べると銀河の集まっている領域と銀河がない領域があり、

泡と泡が接するように見える。

②活動銀河：クェーサー（準星）のように強いエネルギーが放出されている活動が激しい銀河。セイファート銀河、電波銀河などがある。

◉観測機器の進歩

①すばる望遠鏡：1999年にハワイ島マウナケア山頂に完成した直径8.2mの光学赤外線望遠鏡。

②ハッブル宇宙望遠鏡：1990年に打ち上げられた口径2.4mの宇宙望遠鏡。大気の影響がない宇宙で鮮明な撮影が可能。

③スーパーカミオカンデ：1996年につくられた巨大ニュートリノ検出装置。超新星爆発に伴うニュートリノを検出した。

④重力波検出器：質量を持った物体から生じる時空のゆがみ（重力波）を観測。LISA（欧州宇宙機関）やKAGRA（日本）などの重力波望遠鏡が開発中である。

出題 Point：恒星と宇宙　銀河系の構造

銀河系の構造に関する記述の空所A～Cに該当する語を答えよ。

銀河系の中央部には、[　A　]と呼ばれるふくらみがあり、それを取り巻く直径約10万光年の[　B　]がある。さらに[　A　]と[　B　]を立体的に大きく包み込む形で、球状星団が分布し、この直径約15万光年の領域は[　C　]と呼ばれている。

（解答　A バルジ　B ディスク（円盤部）　C ハロー）

> **Level up Point!**
> 直近の天文学トピックは注意をしたい。ビックバン理論がハッブルの法則や一般相対性理論により導かれることのように、現在の学問的発展も多くの発見・研究から生み出されていることを確認しておきたい。

A11　正解ー2

1－誤　Heより重い元素は恒星の内部で形成されたと考えられる。

2－正　太陽程度の恒星ではHe 3個からCをつくる核反応が始まると、大爆発を起こして赤色超巨星になるが、最終的には白色わい星に冷却していく。

3－誤　銀河の中央部（バルジ）には種族Ⅱの年老いた恒星が多く赤みをおび、円盤部には種族Ⅰの若い恒星が多いため青みがかる。

4－誤　超新星は質量の大きな恒星がその進化の最終段階で起こる大爆発である。秒速1万kmというものすごい速さで物質を宇宙空間へ吹き飛ばす現象である。

5－誤　宇宙の平均密度が小さいと宇宙が膨張を続ける開いた宇宙になるが、宇宙の平均密度が大きいと膨張が止まり、収縮に転じる閉じた宇宙になる。

1 等加速度運動

Level 1 ▷ Q01,Q03

おさえておきたい
Point　キーワードチェック

1 位置・速度・加速度の関係

一般に、次の関係がある。

2 等速度運動

x＝vt　　(x：位置[m]、v：速度[m/s]、t：時刻[s])

3 等加速度運動

時刻tにおける速度v、位置xは、

$$\begin{cases} v = v_0 + at \\ x = v_0 t + \dfrac{1}{2}at^2 \end{cases}$$

両式からtを消去すると、　　　$v^2 - v_0^2 = 2ax$

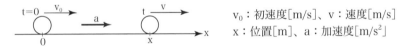

v_0：初速度[m/s]、v：速度[m/s]
x：位置[m]、a：加速度[m/s²]

4 落下運動

落下運動は（　1　）運動で、加速度は物体に依存しない。
鉛直下向きを正の向きにとり、加速度をg=9.8[m/s²]((　2　))として3の各式を用いればよい。

5 放物運動

はたらく力は鉛直方向の重力のみなので、運動は水平方向が（　3　）運動、鉛直方向が（　4　）運動になる。したがって、水平方向の右向きを正としてx軸を、鉛直方向の上向きを正としてy軸をとり、投射角度をx軸に対してθとすると、
時刻tにおける速度（v_x, v_y）、位置（x, y）は、

$$\begin{cases} v_x = v_0 \cos\theta \\ v_y = v_0 \sin\theta - gt \\ x = v_0 \cos\theta \cdot t \\ y = v_0 \sin\theta \cdot t - \dfrac{1}{2}gt^2 \end{cases}$$

で与えられる。

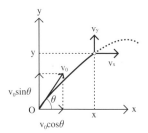

1 等加速度　2 重力加速度　3 等速度　4 等加速度

おさえておきたい
Point　ミニ演習

1 次のア、イに当てはまる数値を求めよ。ただし、重力加速度の大きさは9.8m/s²とする。

水面から19.6mの高さから鉄球をそっと手放した。手を放してから1.0秒後の鉄球の速さは（　**ア**　）m/sとなる。また、この鉄球は（　**イ**　）秒後に水面に落下する。

> ア　9.8
> イ　2.0
> 手を放してから1.0秒後の鉄球の速さは、
> 　9.8×1.0＝9.8 [m/s]
> 鉄球が水面に落下するのはt秒後だとすると、
> 　$19.6 = \dfrac{1}{2} \times 9.8 \times t^2$
> より、t＝2.0 [s]

2 次のア〜ウに当てはまる数式を求めよ。
点Oから水平面と角度θの方向に初速度v_0で小球を投げるとき、Oを原点、水平面をx軸、鉛直上向きをy軸とすると、任意の時刻tにおける位置は、

$$\begin{cases} x = (\quad \mathbf{ア} \quad) \\ y = (\quad \mathbf{イ} \quad) - \dfrac{1}{2}gt^2 \end{cases}$$

この2式から水平到達距離x_mを求めると、
　$x_m = (\quad \mathbf{ウ} \quad)$となる。

> ア　$v_0 \cos\theta \cdot t$
> イ　$v_0 \sin\theta \cdot t$
> ウ　$\dfrac{v_0^2 \sin 2\theta}{g}$
> 水平到達点ではy＝0だから、
> $0 = v_0 \sin\theta \cdot t - \dfrac{1}{2}gt^2$より、
> $t = \dfrac{2v_0 \sin\theta}{g}$
> これをxの式に代入して
> $x_m = v_0 \cos\theta \cdot t$
> 　$= \dfrac{2v_0^2 \sin\theta \cos\theta}{g} = \dfrac{v_0^2 \sin 2\theta}{g}$

2 力と運動方程式

Level 1 ▷ **Q01,Q02**

おさえておきたい Point キーワードチェック

1 力のつりあい

物体が静止している場合、物体にはたらく力を$\vec{F_1}$、$\vec{F_2}$、…、$\vec{F_n}$とすると、

$$\vec{F_1}+\vec{F_2}+\cdots\cdots+\vec{F_n}=0$$

2 運動の法則 ▶p147

(1)運動の第1法則（慣性の法則）

合力が0であれば、物体は（　1　）運動を続ける。

(2)運動の第2法則（運動の法則）

物体の加速度は、（　2　）に比例し、質量に反比例する。

(3)運動の第3法則（作用・反作用の法則）

第1の物体が第2の物体にある力を加えた場合、第2の物体は同じ大きさで逆方向の力を第1の物体に加える。

(4)運動方程式

運動の第2法則を式で表現したものが運動方程式。質量をm[kg]、合力を$\vec{F}$[N]、加速度を$\vec{a}$[m/s²]とすると

$$m\vec{a}=\vec{F}$$

※**1**の「物体が静止している場合」は、運動の第1法則で述べている「等速度運動」の特別な場合である。

3 力の種類 ▶p146 ▶p149

力のつりあいや運動方程式に関する問題を正しく解くためには、着目している物体にはたらく力を知らねばならない。日常的に見られる物体の運動では、次の力がよく現れる。

まず着目している物体に接触している物体からは、張力、垂直抗力、摩擦力、弾性力、浮力、抵抗力などがはたらく。

着目している物体に接していない物体からは重力、電気力などがはたらく。力の単位には、[N]、[kgw]などが用いられる。

(1)重力

地球が物体を引く力。質量m[kg]の物体にはmg[N]の重力がはたらく（gは重力加速度）。

(2)張力

ひもが物体を引く力、物体がひもを引く力などは張力と呼ばれる。

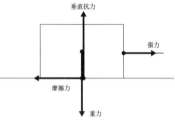

(3)抗力

物体に接している面が物体を押す力を、抗力と呼ぶ。重力を面に垂直な成分（垂直抗力）と面に平行な成分に分解して考えることが多い。垂直抗力N[N]と動摩擦力F[N]の間には、

F＝μN（μ：動摩擦係数）　の関係がある。

重要事項
スピードチェック

第1章 生物
第2章 地学
第3章 物理
第4章 化学
第5章 数学

(4)弾性力

のびたばね、縮んだばねが自然長に復元しようとしてほかの物体におよぼす力（詳細は**Q02**）。

(5)浮力

流体中に置かれた物体が、流体から受ける鉛直上向きの力（詳細は**Q02**）。

(6)抵抗力

物体が流体中を運動する場合に、周囲の流体から受ける力。vを物体の流体に対する相対速度とすると、vが小さい場合には、抵抗力はkvと表す（k：比例定数[Ns/m]）。

例：空気抵抗、霧雨の雨滴

物体が流体中にあって静止しているときは浮力のみを受け、物体が流体に対して運動しているときは浮力と抵抗力を受ける。

---

1 等速度　2 合力

おさえておきたい
Point ミニ演習

1　次のア、イに当てはまるものを、下の①〜③のうちからそれぞれ1つずつ選べ。ただし、重力加速度の大きさはgとする。

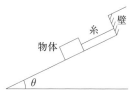

上図のように、水平に対する傾きがθの滑らかな斜面がある。いま、質量mの物体に軽い糸を付け、糸の他端を斜面に固定した壁に取り付けた。物体が図のように斜面上で静止した状態にあるとき、物体にはたらく斜面からの垂直抗力の大きさは（　**ア**　）であり、糸の張力の大きさは（　**イ**　）である。

①　mg　　②　mgcos θ　　③　mgsin θ

2　右の図のように、質量0.5kgのおもりに糸をつけ、上向きに1.0m/s²の加速度で引き上げる。このとき、糸の張力は（　**ア**　）[N] になる。

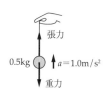

ア②　イ③
垂直抗力をN、糸の張力をTとすると、物体にはたらく力は下図のようになる。

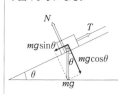

ア 5.4
上向きを正の向きとし、張力の大きさをTとすると、物体の運動方程式は、
0.5×1.0＝T－0.5×9.8
T＝0.5×(1.0＋9.8)
∴ T＝5.4 [N]

4 弾性力とフックの法則

弾性力はばねののびに比例する（フックの法則）。

$F = kx$ （k：ばね定数[N/m]）

①n本のばねの直列接続と並列接続：

直列接続では、各ばねにかかる力はどれもFなので、

$$全体ののび = \frac{nF}{k}$$

並列接続では、各ばねにかかる力はF/nなので、

$$全体ののび = \frac{F}{nk}$$

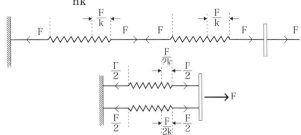

②ばねにつながれた質量m[kg]のおもりの運動：

運動方程式は、$m\frac{d^2x}{dt^2} = -kx$ で、周期$T = 2\pi\sqrt{\frac{m}{k}}$ の単振動。

5 圧力

物体が、それに接している流体から受ける接触面に垂直な力を圧力と呼ぶ。圧力の大きさは、（ 1 ）あたりの力の大きさで表す。

$$圧力 \quad P = \frac{F}{S} \quad （F：力 [N]、S：接触面の面積[m^2]）$$

※単位は、1 [N/m²]=1 [Pa(パスカル)]、1 [hPa(ヘクトパスカル)]=10^2[N/m²]。
　1気圧=1013 hPa=1.013×10^5 N/m²

6 浮力とアルキメデスの原理 ▶p148

(1)浮力

静止物体では、流体中の物体が周囲の流体から受ける圧力の総和が浮力になる。

(2)アルキメデスの原理

浮力の大きさは、物体が排除した流体の（ 2 ）に等しい。

$F = \rho Vg$ [N]

ρ：周囲の流体（液体・気体）の密度 [kg/m³]

V：物体の流体内部分の体積 [m³]

---

1 単位面積　2 重力の大きさ（重さ）

126

おさえておきたい Point　ミニ演習

1　4kgのおもりをつけると8cmに伸びたバネに16kgのおもりをつけたら14cmになった。おもりをつけないときのバネの長さは何cmか。

F[力]＝k[バネ定数]・x[伸び]
まず、バネ定数kの値を求める。
　4＝k・(8−x)　…①
　16＝k・(14−x)　…②
　①②より　　k＝2
よって　　　　x＝6[cm]

2　下図でAのほうに4kgのおもりをのせたとき、ABの液面の高さが等しくなるにはBに何kgのおもりをのせればよいか。

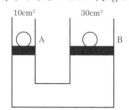
10cm²　　30cm²

液面の高さが等しいのは、AとBの圧力が等しくつりあっているということである。

圧力＝力／面積

$\frac{4[kg]}{10[cm^2]} = \frac{x[kg]}{30[cm^2]}$

よって　x＝12[kg]

3 運動量・衝突・力学的エネルギー　　Level 1 ▷ Q03

おさえておきたい Point　キーワードチェック

1 運動量 ▶p150

(1)運動量

運動の激しさを表す量。質量をm[kg]、速度を$\vec{v}$[m/s]とすると、

　運動量＝$m\vec{v}$[kg・m/s]

※運動量はベクトルであることに注意。

(2)運動量原理

運動量の変化は（　1　）に等しい。

　$m\vec{v}' - m\vec{v} = Ft$

例：同じ運動量の変化を生じるのに、tが小さくFが大きい場合と、tが大きくFが小さい場合がある。

tが小さくFが大きい場合
（時間）　（力）

衝突時間が短いと、力が大きい

干し草

tが大きくFが小さい場合

衝突時間が長いと、力が小さい

(3)運動量保存の法則

物体どうしが衝突した場合、外力がはたらかなければ（　2　）は保存される。

$$m_1\vec{v}_1 + m_2\vec{v}_2 + \cdots = m_1\vec{v'}_1 + m_2\vec{v'}_2 + \cdots$$

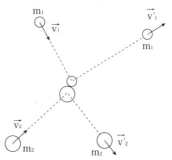

2　はねかえり係数（反発係数）　▶p150

$$e = -\frac{v'_1 - v'_2}{v_1 - v_2}$$ （衝突後の相対速度の大きさと衝突前の相対速度の大きさの比）

①e＝1（弾性衝突）：力学的エネルギーは（　3　）される。

②0＜e＜1（非弾性衝突）：力学的エネルギーは保存されない。減少分は熱エネルギーなどに変換される。

③e＝0（完全非弾性衝突）：力学的エネルギーの損失は最大。衝突後、一体となって運動。

　一直線上の2物体どうしの衝突で、衝突後の速度v'_1, v'_2を求めるには、運動量保存の法則とはねかえり係数の式を用いればよい。

1　力積　2　運動量の和　3　保存

おさえておきたい
Point　ミニ演習

次のア、イに当てはまる数値を求めよ。

滑らかな水平面上を右向きに速さ2.0m/sで進んできた質量4.0kgの物体Aが、左向きに速さ3.0m/sで進んできた質量5.0kgの物体Bと衝突した。衝突後、Bは右向きに1.0m/sの速さで進んだ。このとき、衝突前のAの運動量の大きさは（　ア　）kg・m/sであり、衝突後、Aは速さ（　イ　）m/sで左向きに進んだ。

> ア　8.0　イ　3.0
> 衝突前の物体Aの運動量の大きさは、
> 　4.0×2.0=8.0 [kg・m/s]
> 衝突後の物体Aの速度を右向きにv [m/s] として、衝突前後での運動量保存の法則を適用すると、
> 　4.0×2.0+5.0×（−3.0）
> 　=4.0v+5.0×1.0
> 　v=−3.0 [m/s]
> これは、衝突後、物体Aが左向きに3.0 [m/s] の速さで進んだことを表す。

❸ 仕事と力学的エネルギー ▶p150

⑴仕事

物体に力を加えて移動させたとき、その力は「仕事をした」という。

仕事　$W[J] = Fs\cos\phi$

(F：力[N]、s：変位の大きさ[m]、ϕ：力ベクトルと変位ベクトルのなす角度)

⑵仕事率

単位時間あたりの仕事の量を（　1　）という。 単位は[J/s]=[W(ワット)]。

仕事率$P = \dfrac{W}{t}[W]$(W：仕事[J]、t：時間[s])

⑶力学的エネルギー

仕事をする潜在的な能力をエネルギーという。単位は[J]。

①運動エネルギー：$U_k = \dfrac{1}{2}mv^2$ [J]

（m：物体の質量[kg]、v：物体の運動する速さ[m/s]）

②重力による位置エネルギー：$U_p = mgh$[J]

（h：基準面からの高さ[m]、基準面の取りかたは任意）

③弾性力による位置エネルギー：$U_s = \dfrac{1}{2}kx^2$ [J]

（k：弾性定数[J/m²]、x：自然長からののび[m]）

④エネルギー原理：運動エネルギーの変化は（　2　）に等しい。

$$\frac{1}{2}mv'^2 - \frac{1}{2}mv^2 = Fs\cos\phi$$

⑤力学的エネルギー保存の法則：

重力以外の力が仕事をしない場合　　$\dfrac{1}{2}mv_1^2 + mgh_1 = \dfrac{1}{2}mv_2^2 + mgh_2$

落下運動、斜面を滑る運動、振り子、ジェットコースターなどで、摩擦力や抵抗力のする仕事を無視すれば、この法則が適用できる。

例：高さhの位置で静止していた質量mの物体が移動するとき、高さ0の位置での物体の速さvは、

$$mgh = \frac{1}{2}mv^2 \quad より \quad v = \sqrt{2gh}$$

(a)自由落下　　　(b)滑らかな斜面上の落下　　　(c)振り子　　　(d)ジェットコースター

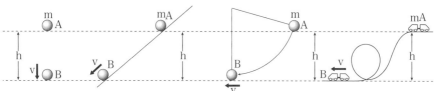

弾性力以外の力が仕事をしない場合

$$\frac{1}{2}mv_1^2 + \frac{1}{2}kx_1^2 = \frac{1}{2}mv_2^2 + \frac{1}{2}kx_2^2$$

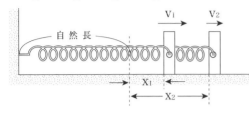

自然長

※ばねにつながれたおもりの運動などで、摩擦が無視できる場合に適用できる。

1 仕事率　2 仕事

Point　ミニ演習

1　7[kg重]のものを静かに4[m]持ち上げたときの仕事量はいくらか。(1kg重=9.8Nとする)。

| 仕事=力×距離 |
| 仕事=（7×9.8[N]）×4[m]
　　=274.4[J] |

2　質量50[kg]の人が10[m/s]の速さで走っているとき、この人のもつ運動エネルギーは何[J]か。

運動エネルギー＝
(1／2)×(質量)×(速さ)^2
=(1／2)×(50)×(10)^2
= 2500[J]

3　50[kg]の物体が基準面より高さ10[m]のところにおいたとき、この物体がもつ重力の位置エネルギーはいくらか。

位置エネルギー
=質量×重力加速度×高さ
=50×9.8×10=4900[J]

4 熱現象・気体

Level 1 ▷ **Q04**

Point　キーワードチェック

1 熱量と比熱 ▶p152

①熱量の単位：1 [J]。

②比熱：物質1[g]の温度を1[K]上昇させるのに必要な（　1　）。

比熱c[J/g・K]の物質m[g]の温度をΔT[K]上昇させるのに必要な熱量Qは、

$Q=mc\Delta T$ [J]

③熱容量：物体の温度を1[K]上昇させるのに必要な熱量。単位は[J/K]。

比熱c[J/g・K]の物質m[g]の熱容量Cは、

$C=mc$ [J/K]

④熱の仕事当量

従来熱量の単位として使われていた[cal](1[cal]は水1[g]の温度を1[℃]上昇させるの

重要事項
スピードチェック

生物 第1章
地学 第2章
物理 第3章
化学 第4章
数学 第5章

に必要な熱量）を[J]に直すと、1[cal]≒4.2[J]となる。このときの4.2[J]を熱の仕事当量という。

⑤熱量保存の法則

高温の物体と低温の物体を接触させるとき、外部との熱の出入りがなければ、高温の物体の失う熱量と低温の物体の得る熱量は等しい。

2 熱の伝わり方

伝導、対流、放射の3種類がある。

①伝導

物体の高温部から低温部へと熱が移動する現象。

②対流

高温であるほど流体の密度が（ **2** ）なるため、暖められた流体は運動を起こすようになり、熱も流体とともに運ばれるようになる。これが対流である。

③放射

物体は温度に応じて、波長の異なる（ **3** ）を放出する。この電磁波によって熱が運ばれる現象を放射という。

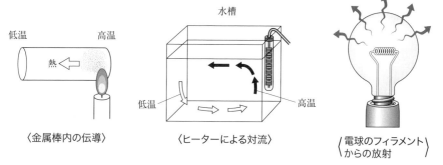

〈金属棒内の伝導〉　　〈ヒーターによる対流〉　　〈電球のフィラメントからの放射〉

3 熱力学の第1法則

ある物体に、外部から熱量Q[J]と仕事W[J]が加えられたときの、内部エネルギー U[J]の変化量ΔU[J]は、

$$\Delta U = Q + W$$

これは、熱力学における（ **4** ）保存の法則を示している。

4 熱力学の第2法則 ▶p153

熱と仕事はともにエネルギーの一形態であるが、その質的な違いを表す法則である。

①高熱源から取った熱の全てを（ **5** ）に変えることはできず、一部は低熱源に捨てられる（ **6** ）となる。

②仕事をせずに、熱を低温部から高温部に移動させることはできない。

5 理想気体の状態方程式

一定量の気体の圧力P[N/m²]、体積V[m³]、絶対温度T[K]の間に、

ボイル・シャルルの法則 $\dfrac{PV}{T}=$（一定）が成り立つような気体を（ 7 ）気体という。

n[mol]の理想気体について、その一定値がnRに等しい（R＝8.31［J/mol・K］:気体定数）ので、
　　　PV＝nRT　の関係が成り立つ。
この式を理想気体の状態方程式という。

6 理想気体の内部エネルギーと状態変化

　ある量の気体全体がもつ力学的エネルギーを（ 8 ）エネルギーという。理想気体の内部エネルギー Uは温度と物質量で決まり、絶対温度T［K］、n［mol］の単原子分子気体の場合、

$$U=\frac{3}{2}nRT\ [J]\qquad である。$$

理想気体の状態変化には次のものがある。

　　定積変化：体積が変化しない状態変化。圧力と温度の変化は比例。外部からの仕事は0。
　　定圧変化：圧力が変化しない状態変化。温度と体積の変化は比例。
　　等温変化：温度が変化しない状態変化。圧力と体積は反比例。内部エネルギーが一定。
　　（ 9 ）変化：熱の出入りがない状態変化。外部からの熱は0。
　　　　　断熱圧縮…気体を急激に圧縮。物体の温度が上昇する。
　　　　　断熱膨張…気体を急激に膨張。物体の温度が低下する。

---

1 熱量　2 小さく　3 電磁波　4 エネルギー　5 仕事　6 熱　7 理想　8 内部　9 断熱

おさえておきたい
Point　ミニ演習

1 比熱0.21［cal/g・K］、質量200［g］のアルミニウムがある。20［℃］から70［℃］まで温度を上げるのに必要な熱量はいくらか。

2 あらい面上を速さ5.0［m/s］ですべり出した質量6.0［kg］の物体が摩擦力によって静止するまでに[J]の熱を発生する。

3 1 mol の理想気体を、圧力P_1、体積V_1 の状態から、圧力P_2、体積V_2 の状態に断熱変化させた。このとき、気体のなした仕事は次のア〜オのうちどれか。

> 熱量＝質量×比熱×温度
> ＝200×0.21（70−20）
> ＝2100［cal］
> ＝2100×4.2＝8820［J］

> 物体の運動エネルギー
> →摩擦のする仕事→熱量
> であるから、
> $\frac{1}{2}mv^2=W=Q$　より、
> $Q=\frac{1}{2}×6.0×(5.0)^2=75[J]$

> ア
> 圧力P_1、体積V_1の状態のときの温度をT_1、
> 圧力P_2、体積V_2の状態のときの温度をT_2とする。

重要事項
スピードチェック

生物 第1章

地学 第2章

物理 第3章

化学 第4章

数学 第5章

ア　$\dfrac{3}{2}(P_1V_1-P_2V_2)$

イ　$\dfrac{3}{2}(P_2V_2-P_1V_1)$

ウ　$\dfrac{3}{2}(P_1V_1+P_2V_2)$

エ　$(P_1V_1+P_2V_2)$

オ　0

状態方程式より、n＝1なので、
$P_1V_1=RT_1$　…①
$P_2V_2=RT_2$　…②
断熱変化なので、熱力学の第1法則で、$Q=0$
よって、
$$W=\Delta U=\frac{3}{2}R\Delta T=\frac{3}{2}R(T_2-T_1)$$
　…③
①と②を用いて、③を変形すると、
$$W=\frac{3}{2}R\left(\frac{P_2V_2}{R}-\frac{P_1V_1}{R}\right)$$
$$=\frac{3}{2}(P_2V_2-P_1V_1)$$
ここで、Wは、気体が外部からされた仕事なので、気体のなした仕事は、$-W$である。

5 波動・音・光

Level 1 ▷ **Q05**

おさえておきたい
Point 　キーワードチェック

1 波動とは
物質中を（　1　）が伝わる現象。波を伝える物質を（　2　）と呼ぶ。

2 波の種類
①横波：波の進行方向と媒質の振動方向が（　3　）である波。地震波のS波、光波。
②縦波：波の進行方向と媒質の振動方向が（　4　）である波。地震波のP波、音波。

3 波動の基本量
振幅：最大変位の大きさ　A[m]
波長：1つの山（谷）から次の山（谷）までの距離　λ[m]
振動数：1秒間に媒質が振動する回数　f[Hz]
周期：媒質が1回振動するのに要する時間　T[s]
速さ：波が1秒間に移動する距離　v[m/s]
$$v=f\lambda=\frac{\lambda}{T}$$

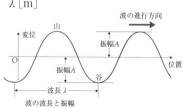

波の長さと振幅

4 波の性質 ▶ p154
①重ね合わせの原理：2つの波が重なり合うときの変位はそれぞれの波の変位の和に等しい。
②反射：異なる媒質の境界で波がはね返る現象。
　反射の法則：入射角＝反射角

③屈折：異なる媒質に波が伝わるとき、波の速さや進行
　方向が変化する現象。

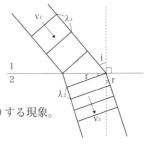

　　屈折の法則：$\dfrac{v_1}{v_2}=\dfrac{\lambda_1}{\lambda_2}=\dfrac{\sin i}{\sin r}=n_{12}$

　　　　　　（n_{12}：媒質1に対する媒質2の屈折率）

④回折：波が障壁の背後に回り込む現象。

⑤干渉：波が重なり合う結果、強め合ったり、弱め合ったりする現象。

5　音波

①音波とは、気体、液体、固体中を伝わる（　5　）波で、真空中では伝わらない。

②音波の速さ　$V=331.5+0.6t$ [m/s]
　　　　　　　　（t：気温[℃]）

③気柱共鳴：管内の空気中にできる定常波
　（左右どちらの方向にも進行しない波）。
閉管にできる定常波の波長λは

$$\lambda=\dfrac{4L}{2m-1}\ [m]$$

　　（L：気柱の長さ[m]，m=1，2，…）

④ドップラー効果：
　発音体や観測者の媒質（空気）に対する相対運動
　によって（　6　）が異なって観測される現象。

$$f=f_0\dfrac{V-u}{V-v}$$

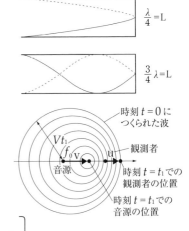

$\dfrac{\lambda}{4}=L$

$\dfrac{3}{4}\lambda=L$

時刻 $t=0$ に
つくられた波

Vt_1

f_0 v

音源

観測者

u

時刻 $t=t_1$ での
観測者の位置

時刻 $t=t_1$ での
音源の位置

$\left[\begin{array}{l}\text{V：音波の速度[m/s]，}\quad\text{u：観測者の速度[m/s]，}\\ \text{v：発音体の速度[m/s]，}\quad\text{f：観測者の聞く振動数[Hz]，}\\ f_0\text{：発音体の振動数[Hz]}\end{array}\right.$

---

1 振動　2 媒質　3 垂直　4 平行　5 縦（疎密）　6 振動数

おさえておきたい
Point　ミニ演習

　下の図はある波動をグラフ化したもので、A点がB点に進む
のに0.2〔s〕かかった。この波の振幅A、波長λ、速さv、振
動数fは、それぞれ、（　ア　）（　イ　）（　ウ　）（　エ　）
である。

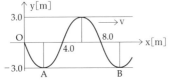

$\boxed{\begin{array}{l}\text{ア A}=3.0\ [m]\\[4pt]\text{イ }\lambda=8.0\ [m]\\[4pt]\text{ウ v}=\dfrac{\Delta x}{\Delta t}=\dfrac{8.0}{0.2}=40\ [m/s]\\[8pt]\text{エ f}=\dfrac{v}{\lambda}=\dfrac{40}{8.0}=5.0\ [Hz]\end{array}}$

6 光 ▶p154

①光

（ 1 ）の一種で横波である。媒質がなくても伝わる。

光は、波の性質のみでなく、粒子の性質も併せもつ。

②光の速度

真空中では光の速度は波長に依存せず、$c = 3.0 \times 10^8 [\text{m/s}]$。

③光の波長

可視光の波長は、$3.8 \times 10^{-7} \sim 7.7 \times 10^{-7} [\text{m}]$である。紫色の光は波長が短く、赤い光は波長が長い。

光は、反射、屈折、回折、干渉などの波動一般の性質を示すほかに、次のような性質を示す。

④分散

波長によって（ 2 ）が異なるために、光がプリズムなどを通過した後、異なる色の帯（スペクトル）に分かれる現象。これは、ガラスや水などの物質中では、波長によって光の速度が異なるために起こる。

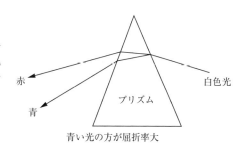

赤　青　白色光　プリズム

青い光の方が屈折率大

⑤散乱

微粒子によって、光が八方に放射される現象。波長の（ 3 ）光（青い色の光）ほど散乱されやすい。空の色が青いのは、太陽から出た光が、大気中のチリや微粒子によって散乱されて、いろいろな方角から地表に届くからである。

⑥偏光

自然光は横波であるため、進行方向と垂直な面内でさまざまな方向に振動する光を含む。自然光を偏光板を通過させると、特定な方向に振動する光のみになる。このように、特定な方向に変位の方向がそろっている光を偏光という。

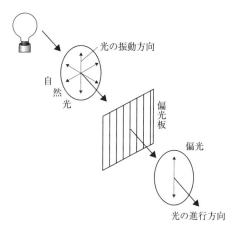

光の振動方向　自然光　偏光板　偏光　光の進行方向

---

1 電磁波　2 屈折率　3 短い

1 　空気中からガラス中へ光が進む場合を考える。空気の屈折率を1、ガラスの屈折率を$\sqrt{2}$としたとき、入射角が45°であれば、屈折角はいくらになるか。

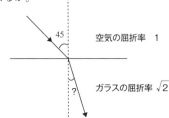

空気の屈折率　1

ガラスの屈折率　$\sqrt{2}$

屈折率1×sin 入射角
=屈折率2×sin 屈折角
$\therefore 1 \times \sin 45°$
$= \sqrt{2} \times \sin x$
$\dfrac{1}{\sqrt{2}} = \sqrt{2} \times \sin x$
$\sin x = \dfrac{1}{2} \quad \therefore x = 30°$

2 　光波の性質
①分散とは、（　**ア**　）によって（　**イ**　）が異なる現象。
②散乱とは、（　**ウ**　）によって光が八方に散乱される現象。波長の（　**エ**　）光（青い光）は散乱されやすい。
③偏光とは、特定の方向にのみ（　**オ**　）する光のこと。

ア	波長
イ	屈折率
ウ	微粒子
エ	短い
オ	振動

6 静電気・コンデンサー

Level 1 ▷ **Q06**

1 クーロンの法則

r[m]離れた2つの電荷q_1[C]、q_2[C]の間にはたらく静電気力の大きさfは、次の（　**1**　）の法則で与えられる。

$$f = k \dfrac{q_1 q_2}{r^2} [N] \quad (q_1、q_2 が同符号の場合は斥力、異符号の場合は引力)$$

ただし、$k = 9.0 \times 10^9 [Nm^2/C^2]$である。

2 電界と電位 ▶p156

①電界
（　**2**　）力の作用する空間

電界　$\vec{E} = \dfrac{\vec{F}}{q}$ [N/C]

（q[C]：電荷、$\vec{F}$[N]：電荷の受ける力）

②電気力線
電界のようすを表すための曲線。電気力線の接線の向きが電界の向きを、密度が電界の大きさを表す。右図は原点に置かれた正電荷のつくる電気力線。

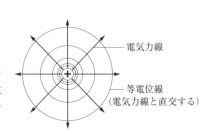

電気力線

等電位線
（電気力線と直交する）

③電位と電位差

電位：電気力による1[C]あたりの位置エネルギー（単位は[J/C]＝[V]）。

電位差または（　3　）：2点間の電位の差。

3 **導体と静電誘導** ▶p156

①導体

電気をよく伝える物質を導体といい、（　4　）が導体中を自由に移動する。

②静電界

導体内部には電界は存在しない。電荷は導体の表面のみに分布し、導体の内部は等電位となる。導体の外部の電気力線は導体表面に垂直である。

③静電誘導

帯電体付近に導体を置くときの導体内部の自由電子が移動する現象。帯電体（図の＋）の近くには異種の電荷（図の－）が分布し、遠くには同種の電荷（図の＋）が分布する。

4 **コンデンサー**

電気回路に用いられる素子で、電荷を蓄えるはたらきがある。

①電気容量

極板間に与える電位差V[V]と、極板に蓄えられる電荷Q[C]の間には、$Q=CV$ の関係がある。

C[C/V]＝C[F]を（　5　）と呼ぶ。

②コンデンサーの静電エネルギー

極板に$Q=CV$[C]の電荷を帯電させたときにコンデンサーに蓄えられるエネルギーは、

$$W=\frac{1}{2}CV^2=\frac{Q^2}{2C}\,[J]$$

③コンデンサーの接続

合成容量（単一のコンデンサーとみなしたときの容量）Cは、次の式で与えられる。

並列接続：$C=C_1+C_2+\cdots+C_n$

直列接続：$\dfrac{1}{C}=\dfrac{1}{C_1}+\dfrac{1}{C_2}+\cdots+\dfrac{1}{C_n}$

---

1 クーロン　2 静電気　3 電圧　4 電荷　5 電気容量

おさえておきたい

1　図のように、容量C_1、C_2の2つのコンデンサーを図のように直列に接続し、極板に加わる電圧をV_1、V_2とする。次のア〜オに当てはまる記号や式を書け。ただし、どちら

ア	＋Q	イ	−Q
ウ	$\dfrac{1}{C_1}$	エ	$\dfrac{1}{C_2}$

のコンデンサーも電圧を加える前は電荷をもっていないものとする。

(1) 極板a、bにたまる電気量をそれぞれ＋Q、－Qとすると、極板c、dにはそれぞれ（　**ア**　）、（　**イ**　）の電気量がたまる。

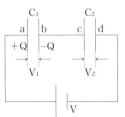

(2) 全体を電圧V＝V_1＋V_2で、電気量Qを蓄えた1つのコンデンサーとみなし、その合成容量をCとすると、

$$\frac{1}{C}=\frac{V}{Q}=\frac{V_1+V_2}{Q}$$ であり、

$$\frac{V_1}{Q}＝（　**ウ**　）、\frac{V_2}{Q}＝（　**エ**　）$$ であるので、

$$\frac{1}{C}＝（　**オ**　）$$ の関係が得られる。

2　下の図のように、電界中に導体を置いたときに起こる現象（静電誘導）に関する説明として誤っているものを、次のア〜オのうちから1つ選べ。

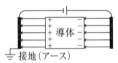

＝接地（アース）

ア　導体中の自由電子は、電界と逆向きに移動する。

イ　導体中の自由電子は、導体内の電界の強さが0になるまで移動を続ける。

ウ　静電誘導で現れる電荷は、導体の表面だけに分布する。

エ　電気力線は、導体内部に侵入せず表面で止まる。

オ　電気力線は、導体表面に対して常に平行である。

オ　$$\frac{1}{C_1}+\frac{1}{C_2}$$

互いに接続されているbとcの電荷の和は電荷保存則から0のままであるので、cには＋Qの電気量が現れる。

オ
電界中に導体を置いたとき、電気力線は導体表面に対して常に垂直である。

---

7 直流回路　　　　　　　　　Level 1 ▷ **Q07**　Level 2 ▷ **Q09**

おさえておきたい
Point　**キーワードチェック**

1 電気抵抗とオームの法則　▶p158

①オームの法則
　　　V＝RI　　（V：電圧[V]、R：抵抗[Ω]、I：電流[A]）

重要事項
スピードチェック

生物 第1章
地学 第2章
物理 第3章
化学 第4章
数学 第5章

②電気抵抗

$$R = \rho \frac{L}{S} \quad (\rho：抵抗率[\Omega m]、L：長さ[m]、S：断面積[m^2])$$

（ 1 ）は物質に固有な量で、導体では非常に小さく、絶縁体では非常に大きい。金属では、（ 2 ）が上昇すると熱運動が大きくなるため、抵抗率が（ 3 ）なる。

物質		抵抗率[Ωm]
金属	銀	1.62×10^{-8}
	銅	1.72×10^{-8}
	ニクロム	約1.1×10^{-6}
絶縁体	ポリエチレン	$> 10^4$
	雲母	10^{13}

2 合成抵抗の大きさ ▶p158 ▶p162

①直列接続の場合

各抵抗に流れる電流が等しいことから、（ 4 ）抵抗Rは、

$$R = R_1 + R_2 + \cdots + R_n$$

②並列接続の場合

各抵抗に加わる電圧が等しいことから、（ 4 ）抵抗をRとすると、

$$\frac{1}{R} = \frac{1}{R_1} + \frac{1}{R_2} + \cdots + \frac{1}{R_n}$$

（a）直列接続

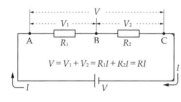

$$V = V_1 + V_2 = R_1 I + R_2 I = RI$$

（b）並列接続

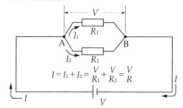

$$I = I_1 + I_2 = \frac{V}{R_1} + \frac{V}{R_2} = \frac{V}{R}$$

3 抵抗での消費電力 ▶p159

$$P = V I = R I^2 = \frac{V^2}{R}[W]$$

（P：電力[W]、V：電圧[V]、R：抵抗[Ω]、I：電流[A]）

※抵抗の接続と、抵抗での消費電力の組み合わせの問題。各抵抗に加わる電圧または各抵抗を流れる電流を求め、上のいずれかの式を適用して考えるとよい。

4 キルヒホッフの法則

複雑な回路の問題を解く際に用いられる法則。

①キルヒホッフの第1法則

回路中の任意の交点について、 流れ込む電流の和 ＝ 流れ出す電流の和

②キルヒホッフの第2法則

回路中の任意の閉回路について、 起電力の和 ＝ 抵抗による電圧降下の和

---

1 抵抗率　2 温度　3 大きく　4 合成

おさえておきたい Point ミニ演習

1 次のア～ウに当てはまる数値を求めよ。

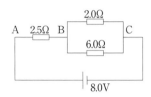

上図のように、2.5Ω、2.0Ω、6.0Ωの３つの抵抗と、8.0V
の電池からなる回路において、AC間の抵抗は（　**ア**　）Ωで
ある。したがって、2.5Ωの抵抗を流れる電流は（　**イ**　）A
であり、BC間の電圧は（　**ウ**　）Vである。

2 次の回路に関する記述中の空欄に妥当な数値を入れよ。た
だし、電池の内部抵抗は無視できるものとする。

3.0Ωと6.0Ωの抵抗を並列に接続し、その両端を起電力
が12.0Vの電池につないだ。このとき電池から流れる電流は、
［　**A**　］である。よって、この回路の合成抵抗は［　**B**　］
である。

次に、3.0Ωと6.0Ωの抵抗を並列に接続したものを2つ作
り、これを直列に接続し、その両端を起電力が12.0Vの電池
につないだときに、全ての抵抗によって消費される電力の和
は、3.0Ωと6.0Ωの抵抗を並列に接続したものが1つのときの
［　**C**　］倍である。

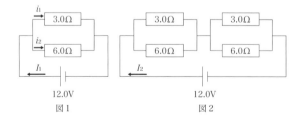

図1　　　　　　　　　　　　図2

ア 4.0　**イ** 2.0
ウ 3.0
BC間の抵抗をRΩとすると、
$$\frac{1}{R}=\frac{1}{2.0}+\frac{1}{6.0}$$
より、R＝1.5 ［Ω］
これより、AC間の抵抗の大き
さは、　2.5＋1.5＝4.0 ［Ω］
あとは、オームの法則を利用
して、2.5Ωの抵抗を流れる
電流、および、BC間の電圧
を求めればよい。

A 6.0A　**B** 2.0Ω
C 0.50
図1の電流 i_1、i_2は、オーム
の法則より
　i_1＝12.0÷3.0＝4.0
　i_2＝12.0÷6.0＝2.0
図1の電池から流れる I_1は、
　I_1＝4.0＋2.0＝6.0（A）
図1の合成抵抗R_1は、
　R_1＝12.0÷6.0＝2.0（Ω）
よって図2の合成抵抗R2は、
　R_2＝R_1＋R_1＝4.0
図2の電流は、
　I_2＝12.0÷4.0＝3.0（A）
以上から消費電力（＝VI）より
（3.0×12.0）÷（6.0×12.0）
＝0.50（倍）となる。

8 電流と磁界・電磁誘導

おさえておきたい
Point キーワードチェック

1 電流のつくる磁界 ▶p160

磁気力のはたらく空間を（ 1 ）という。

①磁力線

磁界のようすを表す曲線。磁力線の接線の向きが磁界の向きを、磁力線の密度が磁界の強さを表す。

②直線電流のつくる磁界

直線電流のまわりには、図のような同心円状の磁界ができる。磁界の向きは（ 2 ）の法則に従う（電流の向きに右ねじを進めるときにねじの回る向き）。磁界の強さHは、

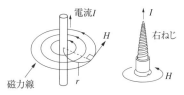

$$H=\frac{I}{2\pi r}\,[A/m]$$

（I：電流[A]、 r：電流からの距離[m]）

③ソレノイド（円筒形コイル）のつくる磁界

十分に長いコイルでは、内部で一様な磁界ができ、外部では磁界はほぼ0になる。

2 電磁力 ▶p161

電流が磁界から受ける力を電磁力という。

①直線電流が磁界から受ける力

磁界に直交するように置かれた導線に電流が流れると、導線は（磁界）から力を受ける。力の向きは（ 3 ）の法則に従い、力の大きさFは、

$$F=ILB[N]\begin{bmatrix}I：電流[A]、 L：導線の長さ[m]\\B：磁束密度[N/Am]、[Wb/m^2]、[T]\end{bmatrix}$$

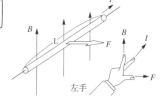

応用例：モーター

②運動する荷電粒子が磁界から受ける力（ローレンツ力）

力の向きは正電荷の速度の向きを電流の向きと考えて、フレミングの左手の法則に従う。

力の大きさは、

$$F=qvB[N]\begin{bmatrix}q：電荷[C]、 v：速度[m/s]\\B：磁束密度[N/Am]、[Wb/m^2]、[T]\end{bmatrix}$$

応用例：ブラウン管中の電子、粒子加速器

3 電磁誘導

閉回路を貫く磁束が変化するとき、回路に（ 　4　 ）が発生する現象。
応用例：発電機

レンツの法則：誘導起電力は、磁束の変化を妨げる向きにはたらく。
ファラデーの電磁誘導の法則：誘導起電力の大きさは、磁束の時間的変化率に等しい。

$$V = -\frac{d\Phi}{dt}[V] \qquad (\Phi：磁束[Wb]、\quad t：時間[s])$$

---

1 磁界　2 右ねじ　3 フレミングの左手　4 誘導起電力

おさえておきたい Point　ミニ演習

次のア〜オにあてはまるものを①〜⑧から選べ。

図のように、z方向に平行
な非常に長い導線A、Bがある。
Aは原点Oを通り、Bはx＝a、
y＝0を通る。導線Aにはz軸の
正の向きに、Bにはz軸の負の
向きに、それぞれ電流を流す。

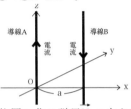

このとき、Aを流れる電流がBの位置に作る磁界H_Aの向きは
[ア] の向きで、Bの電流は、この磁界から [イ] の向きの
力を受ける。
また、Bを流れる電流がAの位置に作る磁界$\vec{H_B}$の向きは [ウ]
の向きで、Λの電流は、この磁界から [エ] の向きの力を受
ける。こうして2つの電流間には [オ] がはたらくことがわ
かる。

① x軸の正　　② x軸の負　　③ y軸の正
④ y軸の負　　⑤ z軸の正　　⑥ z軸の負
⑦ 引力　　　⑧ 斥力

ア：③
イ：①
ウ：③
エ：②
オ：⑧
磁界の向きは右ねじの法則を、
電流が磁界から受ける力の向
きはフレミングの左手の法則
を用いて考える。

9 原子物理・放射線

Level 2 ▷ **Q10,Q11**

おさえておきたい
Point キーワードチェック

1 電子の発見 ▶p164

①陰極線の性質

クルックス管の電極間に高電圧を加えると陰極から陽極へ粒子が流れ（陰極線）、ガラスにぶつかり蛍光を発する。

②電子の発見

1897年、イギリスの物理学者J.J.トムソンは陰極線を研究し、流れる粒子に負電荷があり、陰極線が（ 1 ）の流れであることを発見する。この（ 1 ）との質量比から原子がより分割可能であることが証明された。

③電子の質量

$m = 9.1 \times 10^{-31}$[kg]

2 光の粒子性 ▶p164

①光電効果

金属に光をあてると電子が放出される現象。光の粒子性で説明できる。

②コンプトン効果

X線を原子に当てると波長が長くなるものがあるという現象。これにより（ 2 ）の運動が確認された。

③光子

光電効果、コンプトン効果により実証されるように、光は波動（電磁波）の性質と、粒子の二重性をもつ。

振動数 ν の光はエネルギー $E = h\nu$（$h = 6.63 \times 10^{-34}$[Js]：プランク定数）をもつ。

また、光子の運動量は $p = \dfrac{h\nu}{c} = \dfrac{h}{\lambda}$ となる。

3 電子の波動性 ▶p165

①電子の波動性

質量m、速度vの電子は、波長 $\lambda = \dfrac{h}{mv}$ の波動を伴う。

この波長を（ 3 ）波長という。

②電子線の干渉

物質の表面に電子線を当てたときの散乱電子線の強度はある特定の方向で強くなる。これは、1つの原子とその隣の原子によって散乱される電子の波が干渉すると考えて説明できる。

4 原子核の構成 ▶p166

①原子核の大きさ

原子核の直径は$10^{-15} \sim 10^{-14}$m程度。

②原子核の構成

$+e$の電荷をもち質量$m_p = 1.6726 \times 10^{-27}$kgの陽子と、電荷をもたず質量$m_n = 1.6749 \times 10^{-27}$kgの中性子からなる。両者を総称して核子という。

③同位体

陽子数は同じであるが、質量数の異なる原子核。

5 放射線 ▶p166

(1)放射線の種類と原子核の崩壊

放射線は特定の原子核から放出される。自然放射線は次の3種類。放射線を放出した原子核は別の原子核に変わるので（ **4** ）と呼ばれる。

α線：本体はヘリウムの原子核（$^4_2$He）。α崩壊では、原子番号が（ **5** ）、質量数が（ **6** ）減少する。

例：$^{226}_{88}$Ra→$^{222}_{86}$Rn+$^4_2$He

β線：原子核中の中性子が陽子に変換される際に放出される電子の流れ。β崩壊では、質量数は変化せず、原子番号が1つ（ **7** ）する。

例：$^{206}_{81}$Tl→$^{206}_{82}$Pb+e$^-$

γ線：原子核から出る高エネルギーの電磁波。質量数、原子番号は変化しない。

(2)放射線の性質、単位：

①透過性

放射線は物質を透過する能力をもつ。γ線、β線、α線の順に大きい。α線は紙1枚で、β線は薄い金属の板で、γ線は厚い鉛の板で止まる。

②電離作用

放射線が物質中を通過するとき、原子から電子をたたき出してイオン化するはたらき。電離作用は、α線、β線、γ線の順に大きい。

③放射線の単位

1 ベクレル[Bq]：毎秒1個の核が崩壊する放射能の強さ

1 シーベルト[Sv]：生体に与える影響を考慮した吸収放射線量の単位。われわれが1年間に受ける自然放射線の量が 1 ミリシーベルト[mSv]である。

(3)半減期

放射性原子核の数Nは時間とともに、次のように減少する。

$$N = N_0 \left(\frac{1}{2}\right)^{\frac{t}{T}}$$

（N_0：最初の放射性原子核数、t：時間、T：（ **8** ）、tとTは同じ単位）

例えば、$^{238}_{92}$Uの半減期は4.5×10^9年、$^{14}_6$Cの半減期は5.7×10^3年（化石や遺跡の年代測定に利用）。

6 核反応・核分裂・核融合 ▶p167

①核反応

反応の前後で、質量数と電荷の和は保存される。

例：$^{14}_{7}N + ^{4}_{2}He \rightarrow ^{17}_{8}O + ^{1}_{1}H$ （最初になされた原子核の人工転換）

②核分裂

重い原子核が中性子などを吸収して、より軽い原子核に分裂する現象。

例：$^{235}_{92}U + ^{1}_{0}n \rightarrow ^{141}_{56}Ba + ^{92}_{36}Kr + 3^{1}_{0}n$

原子炉はこの連鎖反応で出る（ 9 ）を利用。連鎖反応が継続するためには、一定量以上のUが必要で、これを臨界質量という。

③核融合

質量数の小さな原子核を結合させる反応。

例：$^{2}_{1}H + ^{2}_{1}H \rightarrow ^{3}_{2}He + ^{1}_{0}n + \gamma$

核融合は、太陽など恒星のエネルギー源である。

---

1 電子　2 光子　3 ド・ブロイ　4 崩壊　5 2つ　6 4つ　7 増加　8 半減期　9 エネルギー

おさえておきたい Point ミニ演習

次のア〜オのうちから正しいものを1つ選べ。

ア　金属に光をあてると、電子がとび出すが、これは電子の波動性を示すものである。

イ　放射性物質の崩壊に伴い、その物質中に存在していた核外電子が放出される。これがβ線である。

ウ　真空度を高めたガラス管内の電極に高電圧を加えると、管内の気体からγ線が放出される。

エ　光電効果とコンプトン効果は光の粒子性を示す有力な証拠である。

オ　ウラン235に電子をあてると、2つの原子核に分裂し、エネルギーを放射する。これが核分裂である。

エ　正しい
ア　光の粒子性を示す。
イ　β線は核内からの電子。
ウ　真空放電では主として可視光線が放出される。
オ　中性子をあてる。

Q01 力の種類

問 物体の運動は、初期条件およびはたらく力によって定まる。次のⅠ～Ⅲの場合、おもりは地球上では往復運動を行う。これと同じことを無重量状態の宇宙船の中で行う場合について述べた下文の下線部分のうち、誤っているものはどれか。 (地方上級改題)

Ⅰ.　　　　　　　Ⅱ.　　　　　　　Ⅲ.

おもりをはじく

滑らかな面

　無重量状態では、Ⅰでは、手を離した後、₁おもりにはたらく力は存在せず、おもりは₂静止したままである。Ⅱでは、おもりにはたらく力は張力のみになり、おもりは₃円運動をする。Ⅲの場合は、₄おもりにはたらく力ははねによる弾性力のみになり、₅おもりはばねの自然長の状態までゆっくり進んで停止する。

おさえておきたい
Point キーワードチェック

●力の種類

(I)直接はたらく力

①面にはたらく：垂直抗力(面が押す向きにはたらく)
　　　　　　(1)(動こうとする向きと反対向きにはたらく)

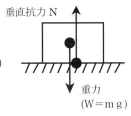

垂直抗力 N

重力
(W＝mg)

静止摩擦力：F＝f

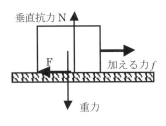

垂直抗力 N

F

加える力f

重力

動摩擦力：F＝μN
(動摩擦力＝動摩擦係数×垂直抗力)

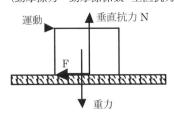

運動　　垂直抗力 N

F

重力

②バネにはたらく：弾性力（もとの長さに戻ろうとする向きにはたらく）

　F＝kx（弾性力＝バネ定数×自然長からの伸びまたは縮み）　※（　2　）の法則

③糸にはたらく：張力（糸が引く向きにはたらく）

④液体中ではたらく：（　3　）（液体中の物体に鉛直方向にはたらく、**Q02**参照）

⑵空間を離れてはたらく力

①（　4　）：常に下向きにはたらく

　W＝mg　（重力＝質量×（　5　））　※（　5　）は約9.8〔m/s²〕

②電気力、磁気力など

◉運動の3法則

⑴第1法則（（　6　）の法則）

　物体が外から力を受けないとき、静止している物体は静止を続け、運動している物体は等速直線運動を続ける。

⑵第2法則（運動の法則）

　物体に力がはたらくとき、その加速度は力に比例し、質量に反比例する。

⑶第3法則（（　7　）の法則）

　ある力の作用があれば、必ずその力と大きさが等しく向きが反対な力が存在する(反作用)。

1 摩擦力　2 フック　3 浮力　4 重力　5 重力加速度　6 慣性　7 作用・反作用

出題 Point：力と運動方程式　　運動の法則

　質量10kgの台車が滑らかな水平面上に静止している。この台車に、水平方向に20Nの力を4.0秒間加えたときの速さはいくらか（空気抵抗は無視できるものとする）。

（解答　運動の第2法則（ma＝F）に代入して、10a＝20、a＝2（m/s²）したがって、4秒後の速度は、加速度×時間より、2×4＝8（m/s））

A01　正解－5

　地球上ではIは単振り子となるが、無重量状態では、糸による張力がはたらかず合力は0で、運動の第1法則に従っておもりは静止を続ける。

　IIでは円周の接線方向に初速度を与え、この後の運動エネルギーは保存される。そしておもりには糸による張力がはたらき、この力が向心力となって等速円運動を行う。

　IIIではばねの弾性力は重力の影響を受けないので、おもりは地球上の場合と同様に単振動を行うことになる。よって5が誤りとなる。

Q02 浮力

問 重さXのおもりと、水の入った水槽がある（水槽と水の重さはあわせてWとする）。図のように、おもりをばねばかりでつるし、おもりを水の入った水槽に入れる。この全体を台ばかりにのせて重さを測定する。このとき、ばねばかりの読みと台ばかりの読みはそれぞれどのようになるか。

(地方上級)

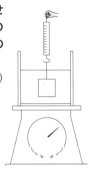

1 ばねばかりの読みはXより小さく、台ばかりの読みはWより大きい。
2 ばねばかりの読みはXより小さく、台ばかりの読みはWより小さい。
3 ばねばかりの読みはXに等しく、台ばかりの読みはWより小さい。
4 ばねばかりの読みはXに等しく、台ばかりの読みはWに等しい。
5 ばねばかりの読みはXより小さく、台ばかりの読みはWに等しい。

おさえておきたい Point キーワードチェック

●力の種類

重力mg、張力T、垂直抗力N、摩擦力μN、弾性力kx、抵抗力kv
（力の単位：[N]、[kgw]）（g＝9.8 [m/s^2]：重力加速度）

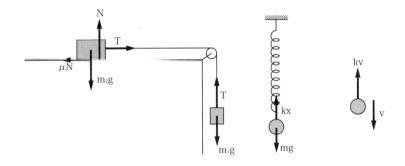

●浮力とアルキメデスの原理

静止物体では、流体中の物体が周囲の流体から受ける（ 1 ）の総和が浮力になる（右図）。

これらの圧力の合力が浮力

〈アルキメデスの原理〉

浮力の大きさは、物体が排除した流体にはたらく（ **2** ）の大きさに等しい。

浮力　$F = \rho_0 Vg$ ［N］

（ρ_0 ［kg/m³］：流体の密度、V：排除した体積 ［m³］、g：重力加速度 ［m/s²］）

例：流体中に置かれた密度ρ、体積Vの物体は、　重力$W = \rho Vg$

浮力$F = \rho_0 Vg$　を受けるので、

$\rho > \rho_0$ならば（ **3** ）　$\rho < \rho 0$ならば（ **4** ）

---

1 圧力　**2** 重力　**3** 下降　**4** 上昇

出題 Point：力の種類　　ばねの伸びとてんびん

図Ⅰのように、長さ30cmの軽い棒の両端P、Qに質量1.0kgのおもりを糸でつり下げ、棒の中心に軽いばねをつないだところ、ばねが自然長から10cm伸び、棒が水平を保ってつり合った。次に、図Ⅱのように、端Pにつり下げたおもりを質量の異なるものと交換し、ばねを端Pから10cmの位置につないでつり下げたとき、棒が水平を保ってつり合った。このときのばねの自然長からの伸びはおよそいくらか。

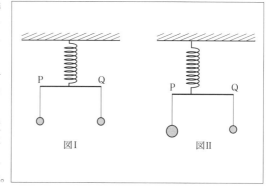

図Ⅰ　　　　　図Ⅱ

（解答　図ⅡでP〜支点：Q〜支点＝1：2だから、Pの重量：Qの重量＝2kg：1kgとなる。
図Ⅰでばねは2kgで10cm伸びたから、2kg：10cm＝3kg：xより、x＝15cm）

A02 正解－1

おもりの体積をV、水の密度をρ、ばねばかりの張力をf、台ばかりの抗力をN、重力加速度をgとする。

おもりには、重力、ばねばかりの張力、浮力の3つがはたらき、そのつり合いは、

$f + \rho Vg - X = 0$（上向きを正とする）である。

よって、$f = X - \rho Vg < X$となる。

また、水と水槽には、重力、台ばかりの抗力、浮力の反作用の3つがはたらき、そのつり合いは、

$N - W - \rho Vg = 0$（上向きを正とする）である。

よって、$N = W + \rho Vg > W$となる。

Q03 仕事と力学的エネルギー

問 図のような摩擦のない斜面および水平面上を質量mの物体Aが、高さLの位置から滑ってきて、一端を固定したばねのついた質量mの物体Bに、速さV_0で完全弾性衝突したところ、ばねの長さがxだけ縮んだ。次に物体Aの滑り始める位置の高さを3Lとしたとき、物体Aの衝突直前の速さおよびばねの縮む長さに関する記述として正しいものはどれか。ただしばねの変形は弾性の範囲内とする。

(国家一般)

1 物体Aの衝突直前の速さは変化しないが、ばねの縮む長さは3xになる。

2 物体Aの衝突直前の速さは$\sqrt{3}V_0$になり、ばねの縮む長さは$\sqrt{3}$xになる。

3 物体Aの衝突直前の速さは$\sqrt{3}V_0$になり、ばねの縮む長さは3xになる。

4 物体Aの衝突直前の速さは$3V_0$になり、ばねの縮む長さは$\sqrt{3}$xになる。

5 物体Aの衝突直前の速さは$3V_0$になり、ばねの縮む長さは3xになる。

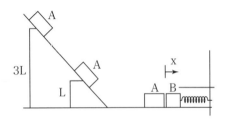

おさえておきたい Point キーワードチェック

◉運動量

(1) [kg・m/s]：運動のはげしさを表す量

(m [kg]：質量、v [m/s]：速度)

〈運動量保存の法則〉

$$m_1v_1 + m_2v_2 + \cdots = m_1v_1' + m_2v_2' + \cdots$$

衝突前　　　　　衝突後

◉はねかえり係数（反発係数）

$$e = -\frac{v_1' - v_2'}{v_1 - v_2}$$

e＝1：弾性衝突（速度変化なし）

0＜e＜1：非弾性衝突（速度変化あり）

e＝0：(2)衝突（跳ね返らない）

◉仕事とエネルギー

①力学的エネルギー

運動エネルギー　$U_k = \frac{1}{2}mv^2$ [J]

問題でPointを理解する
Level 1 Q03

生物 第1章

地学 第2章

物理 第3章

化学 第4章

数学 第5章

位置エネルギー $\left\{\begin{array}{l}\text{重力の位置エネルギー}\quad U_p = mgh\ [J] \\ \text{弾性力の位置エネルギー}\ U_p = \dfrac{1}{2}kx^2\ [J]\end{array}\right.$

②力学的（　3　）の法則
$U_k + U_p = $ 一定

---

1 mv　2 完全非弾性　3 エネルギー保存

A03 正解ー2

重力加速度を g とする。高さ L の位置から滑ってきた場合、

力学的エネルギー保存の法則により、$mgL = \dfrac{1}{2}mV_0^2$　が成り立つ。

ゆえに、$V_0 = \sqrt{2gL}$　である。

また、A と B の衝突は完全弾性衝突であり、ばねが x だけ縮んだとき A は静止しているから、

ばね定数を k として、$\dfrac{1}{2}mV_0^2 = \dfrac{1}{2}kx^2$　が成り立つ。

ゆえに、$x = \sqrt{\dfrac{m}{k}}\ V_0 = \sqrt{\dfrac{2mgL}{k}}$　である。

同様に、高さ $3L$ の場合のばねに衝突する直前の A の速さを V、ばねが縮む長さを y とすれば、

$mg \times 3L = \dfrac{1}{2}mV^2 = \dfrac{1}{2}ky^2$　より、

$V = \sqrt{6gL}$　　$y = \sqrt{\dfrac{m}{k}}\ V = \sqrt{\dfrac{6mgL}{k}}$　となる。

したがって、ばねに衝突する直前の A の速さは $\dfrac{V}{V_0} = \sqrt{3}$ 倍になり、

ばねが縮む長さは $\dfrac{y}{x} = \sqrt{3}$ 倍になる。

Q04 熱量

問 われわれは、例えばエンジンなどに見られるように、熱を機械的な仕事に変えたり、逆に仕事をすることにより熱を発生させたりしている。熱と仕事の関係について次の記述の正誤を正しく組み合わせているものはどれか。 (国家一般)

ア 低温の系から熱を取り出し、その一部を外部に対する仕事に変え、残った熱を高温の系に移すことができる。

イ 外部から仕事をすることにより、低温の系から高温の系に熱を移すことができる。

ウ 同じ温度の２つの系の一方から他方へ自然に熱が移り、一方が高温に他方が低温になり、同時に外部にも仕事をすることがある。

エ ある系から取り出した熱をすべて仕事に変えることは、その系の温度が臨界温度以上であるならば可能である。

	ア	イ	ウ	エ
1	誤	正	誤	誤
2	誤	誤	正	誤
3	誤	誤	正	正
4	正	正	誤	誤
5	正	誤	誤	正

おさえておきたい Point キーワードチェック

●熱量と比熱

①熱量とは

冷たい物体は熱い物体からエネルギーをもらう。このエネルギーを熱量［J］という。

※熱運動の激しさを表すものが「温度」。

(1) T［K（ケルビン）］＝273＋t （℃：摂氏温度）。

②比熱とは

物質1［g］の温度を1［K］上昇させるのに必要な熱量。

※水の比熱＝(2)（J/g・K）

質量m、比熱cの物体をT温度変化させる熱量Q＝mc⊿T

③熱容量

物体の温度を1［K］上昇させるのに必要な熱量［J/K］。

比熱cの物質m［g］の熱容量C＝mc （熱容量＝質量×比熱）

④熱の仕事当量

従来熱量の単位だった［cal］を［J］に直すと、1［cal］≒4.2［J］となり、この4.2［J］を熱の仕事当量という。

⑤熱量保存の法則

　冷たい物体と熱い物体が接触したとき、冷たい物体が得る熱量と熱い物体が失う熱量は等しい（ただし、外部からの熱の出入りはないものとする）。

◉熱力学の第2法則

　熱と仕事はともにエネルギーの一形態であるが、その質的な違いを表す法則である。次の2つの表現がある。

①高熱源から取った熱の全てを（　3　）に変えることはできず、一部は低熱源に捨てられる（　4　）となる。

②仕事をせずに、熱を低温部から高温部に移動させることはできない。

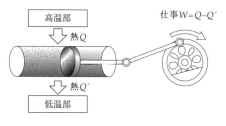

発生した熱の一部を仕事に変える（熱機関）

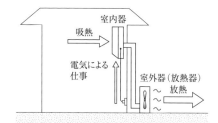

電力を使って熱を低温部から高温部へ逆に伝える（クーラー）

※この法則に基づけば、「路面から取り出した熱を仕事に変えるエンジン」など第2種の永久機関が不可能であることがわかる。

1 絶対温度　2 4.2　3 仕事　4 熱

A04 正解—1

「仕事をされることなしに熱を低温系から高温系に移すことはできない」（Clausius の表現）、「熱をすべて仕事に変えることはできない」（Thomson の表現）という熱力学の第2法則から考える。

ア—誤　低温系から高温系に熱を移す際に、仕事はしているが、仕事をされているわけではないので、上記の法則に反する。

イ—正　仕事をされていれば、低温系から高温系に熱が移っていても、上記の法則に反しない。

ウ—誤　この過程を全体として見れば、低温系から熱を取り出し高温系に熱を移すと同時に、仕事をしていることになるので、アと同じく、熱力学の第2法則に反する。

エ—誤　熱力学の第2法則（Thomson の表現）は特定の温度に関する制限などはないので、これに反している。

Q05 波動・光

問 下図のように、光が空気からガラスに矢印の向きに入射し、屈折するとき、空気中とガラス中での光の波長の比の値、振動数の比の値、速さの比の値についての次の記述のうち正しいものはどれか。 (地方上級)

1 波長の比の値は$\sqrt{3}$、振動数の比の値は1。

2 波長の比の値は$\sqrt{3}$、振動数の比の値は$\sqrt{3}$。

3 波長の比の値は$\dfrac{1}{\sqrt{3}}$、振動数の比の値は$\sqrt{3}$。

4 波長の比の値は$\dfrac{1}{\sqrt{3}}$、速さの比の値は$\sqrt{3}$。

5 波長の比の値は$\sqrt{3}$、速さの比の値は1。

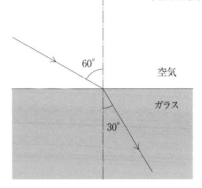

おさえておきたい
Point キーワードチェック

◉波の現象

①反射

波が異なる媒質ではね返る現象（入射角＝（ 1 ））。

②屈折

波の速さの違い（異なる媒質）によって境界面で曲がる現象。

屈折率＝sin入射角／sin屈折角

＝媒質1での波長／媒質2での波長

＝媒質1での速度／媒質2での速度

$n = \sin i / \sin r = \lambda_1 / \lambda_2 = v_1 / v_2$

③回折

障害物の後ろに伝わる波の現象。

④干渉

2つの波の振動数の違いによって起こる現象。

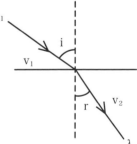

◉光

①光とは

（ 2 ）波の一種（横波）で、波長が380〜770〔nm〕（ナノメートル＝10^{-9}〔m〕）。

②光の波長

　光の（　3　）を「色」と認識。波長を短い方から順に紫・藍・青・緑・黄・橙・赤。

③反射と屈折

　反射：入射角＝反射角

　屈折：n＝sin i ／ sin r ＝ λ$_1$／λ$_2$＝v$_1$／v$_2$

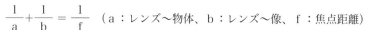

④レンズの式

$$\frac{1}{a}+\frac{1}{b}=\frac{1}{f}$$　（a：レンズ〜物体、b：レンズ〜像、f：焦点距離）

　　　　　※a：常に正、b：レンズ後方は正・レンズ前方は負

　　　　　　f：凸レンズは正・凹レンズは負

　像の倍率：m＝$\left|\dfrac{b}{a}\right|$

　　　　　※$\dfrac{b}{a}>0$：倒立実像、$\dfrac{b}{a}<0$：正立虚像

⑤光速

　1秒間で（　4　）［km］進む。

⑥光特有の現象

　a.（　5　）：光が波長の違いによって屈折率が異なり、色に分かれる現象（例：虹）。

　b.（　6　）：光が微粒子に当たり四方に飛び散る現象（例：夕焼け、雲）。

　c.（　7　）：特定方向のみに振動する光。

---

1 反射角　2 電磁　3 波長の違い　4 30万　5 分散　6 散乱　7 偏光

A05　正解ー1

　異なる媒質間で波動が屈折する際、振動数は変化しない。

　入射角 i、屈折角 r、空気中の光の波長と速さを λ$_1$、v$_1$、ガラス中での光の波長と速さを λ$_2$、v$_2$ とすると、屈折の法則は、

$$\frac{\sin i}{\sin r}=\frac{\lambda_1}{\lambda_2}=\frac{v_1}{v_2}$$　であるので、$\dfrac{\lambda_1}{\lambda_2}=\dfrac{v_1}{v_2}=\dfrac{\dfrac{\sqrt{3}}{2}}{\dfrac{1}{2}}=\sqrt{3}$ となる。

Q06 静電誘導

問 図のような一様な電界内に導体を挿入すると、導体には静電誘導が起こる。このとき、電気力線の状態として正しいものは次のどれか。 (国家一般)

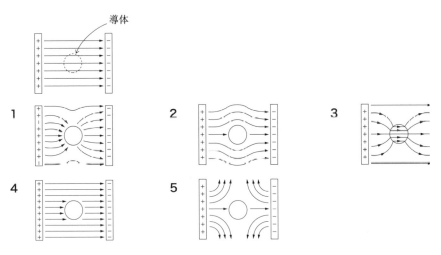

おさえておきたい
Point キーワードチェック

◉電界と電位
(1)電界
　静電気力の作用する空間を電界という。P点に置かれたq [C] の電荷が$\vec{F}$ [N] の電気力を受けるとき、P点の電界$\vec{E}$は、

$$\vec{E}=\frac{\vec{F}}{q} \text{ [N/C] と定義される。}$$

(2)電位
　電界中の1 [C] の正電荷が、点Pから基準点まで移動するときに電気力がこの電荷にした仕事が点Pの電位。すなわち、電気力による1 [C] あたりの位置エネルギー（単位は [J/C] = [V]）。2点間の電位の差を電位差または（　1　）という。

◉導体と静電誘導
　金属のように、電気をよく伝える物質を導体という。導体中には自由に移動できる（　2　）がある。

生物 第1章
地学 第2章
物理 第3章
化学 第4章
数学 第5章

(1)導体と静電界

電荷が静止している状態では、電荷は導体の（ 3 ）にのみ現れ、導体の内部には電荷が分布せず、電界も存在しない。すなわち、導体の内部は等電位である。また、導体の外部の電気力線は導体表面で導体に（ 4 ）である。

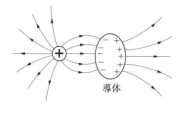

導体

(2)静電誘導

帯電体付近に導体を置くと、導体内部の自由電子が移動し、帯電体の（ 5 ）に異種の電荷が、（ 6 ）に同種の電荷が分布する現象。

1 電圧　2 電荷　3 表面　4 垂直　5 近く　6 遠く

A06 正解ー1

導体外部の電極がつくる一様な電界中に導体球を置いたとき、導体内の電界は、導体外部の電極がつくる一様な電界（Xとする）、導体内に形成された電荷分布がつくる電界（Yとする）、の2つを重ね合わせたものであり、この合成電界が0でない限り、電荷は合成電界から力を受けて移動し続ける。

電荷の移動が終了すると、Xの電界とYの電界は導体内ではまったく逆になる。このとき、電界を導体内に形成するような電荷分布は図Aのようになり、このような電荷分布が導体外につくる電界は図Bのようになる。これとXの電界を重ね合わせると全体の電界が決まり、図Cのようになる。

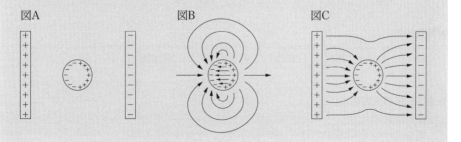

図A　　図B　　図C

157

Q07 直流回路

問 図のように、電球A（100V, 50W）と電球B（100V, 200W）を直列に接続し、両端に100Vの電圧を加えた。このとき、回路を流れる電流と電球の明るさは次のうちどれか。

（地方上級）

1　0.30アンペアでAのほうがBより明るい。
2　0.30アンペアでBのほうがAより明るい。
3　0.30アンペアでAとBの明るさは同じである。
4　0.40アンペアでAのほうがBより明るい。
5　0.40アンペアでBのほうがAより明るい。

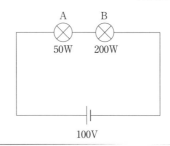

おさえておきたい Point　キーワードチェック

◉回路での3つの量

①電流：＋の電気が、＋から（反発されて）－に（引きつけられて）向かって流れる。

②電池：電気をためるものではなく、（　1　）差をつける。＋は電気的に高く、－は電気的に低い。－の低い位置にきた＋の電気を＋の高い位置まで引き上げるのが電池である。

③抵抗：電流を流れにくくするもので、エネルギーのロスが生じる。このとき発する熱を（　2　）熱という。

◉オームの法則

抵抗の両端の電位（電圧の高低差）は、同じではない。

この電圧の差を（　3　）という。

$$V = IR$$

（電圧降下＝抵抗を流れる電流×抵抗）

※単位　電圧降下＝電位差（高低差）… ［V］（ボルト）

電流… ［A］（アンペア）　　抵抗… ［Ω］（オーム）

◉電気抵抗

$$R = \rho \frac{l}{S}$$　（ρ：抵抗率 ［Ωm］、l：長さ ［m］、S：断面積 ［m²］）

◉合成抵抗の大きさ

①直列接続

電流について：回路に分かれ道がないので、電流はどこも同じ

電圧について：電池の電圧＝各抵抗の電圧降下の（　**4**　）
抵抗について：各抵抗の和
②並列接続
電流について：回路に分かれ道があるので、
　　　　　　　分かれる前の電流＝各分かれた電流の和
電圧について：電池の電圧＝各抵抗の電圧降下
抵抗について：全抵抗の（　**5**　）＝各抵抗の逆数＋各抵抗の逆数＋…

◉電力
1秒間に電流がする仕事（発生するジュール熱）
$P = VI \ (= RI^2) \ [W]$
（電力＝電圧×電流＝抵抗×電流^2）
ジュール熱（抵抗で発生する熱量）＝電力×（　**6**　）

---

1 高低　2 ジュール　3 電圧降下　4 和　5 逆数　6 時間

A07 正解－4

　Aの両端に100Vの電圧を加えたときに流れる電流は、$P = VI$より$50 \div 100 = 0.5$ [A] であるので、Aの抵抗は、オームの法則$V = RI$より$100 \div 0.5 = 200$ [Ω] と求まる。

　同様に、Bの両端に100Vの電圧を加えたときに流れる電流は、$200 \div 100 = 2.0$ [A] であるので、Bの抵抗は、$100 \div 2.0 = 50$ [Ω] となる。

　図の回路で、AとBの合成抵抗は、$200 + 50 = 250$ [Ω] なので、この回路に流れる電流は、$100 \div 250 = 0.40$ [A] となる。

　このとき、Aで消費される電力は、$P = RI^2$より$200 \times 0.40^2 = 32$ [W]、Bで消費される電力は、$50 \times 0.40^2 = 8.0$ [W] となり、Aのほうが明るい（実際に電球A、Bに加わる電圧が100Vなのではないことに注意）。

Q08 電流と磁界

問 図のように、z軸に平行な電界と磁界を発生する装置とx軸に垂直に置かれたスクリーンがある。今、x軸上を負の方向から、負の電荷をもった粒子がある速度で入射したとき、粒子がスクリーン上に衝突する位置として妥当なものは次のどれか。ただし、z軸とZ軸、y軸とY軸とは平行である。

(国家一般)

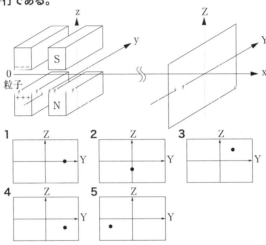

おさえておきたい
Point キーワードチェック

◉電流と磁界

(1)磁界

点Pでの磁界は、P点におかれた単位磁極の受ける力。

(2)直線電流の作る磁界

同心円状の磁界。向きは（ **1** ）の法則による。

①磁界の向き：（ **2** ）極から（ **3** ）極に向かう向き

②右ねじの法則：電流が流れるとその周りに磁界ができる。

・ねじを回す向き＝磁界の向き

・ねじの進む向き＝電流の向き

(3)円筒形コイル（ソレノイド）内の磁界

右手でグーを作り、親指だけ立てる。そのときコイルに流れる磁界の向きを他の4本の指と合わせる。親指の向いている方向が磁界の向き。

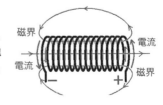

●**電磁力**

直線電流が磁界から受ける力。力の向きは（　4　）の法則にしたがう。

$F=ILB$ [N] $\begin{cases} I：電流 [A]、\ L：導線の長さ [m] \\ B：磁束密度 [N/Am]、[Wb/m^2]、[T] \end{cases}$

〈フレミングの左手の法則〉

左手の親指と人差し指と中指をそれぞれ直角に向けたとき、

・親指の向く方向＝働く力（F）の向き

・人差し指の向く方向＝磁界（B）の向き

・中指の向く方向＝電流（I）の向き

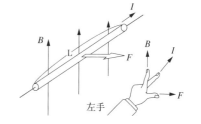

左手

（　5　）力：運動する荷電粒子が磁界から受ける力

力の向きは正電荷の速度の向きを電流の向きと考えて、フレミングの左手の法則に従う。

力の大きさは、

$F=qvB$ [N] $\begin{cases} q：電荷[C]、\ v：速度[m/s] \\ B：磁束密度[N/Am]、[Wb/m^2]、[T] \end{cases}$

1 右ねじ　2 N　3 S　4 フレミングの左手　5 ローレンツ

A08 正解一4

①負電荷をもった運動粒子は、まず電界から力を受ける。

　この力の向きは、電界の向きと逆向きで、－z方向である。従って、電極の極板間を通過した後で、粒子は－z方向の速度成分をもつようになる。

②この粒子が磁極間に入射した後、磁界から力を受ける。

　－z方向の速度成分が小さいと考えると、負電荷の運動の向きはx方向となる。負電荷の運動の向きと逆向きの電流が流れていると考えてフレミングの左手の法則を適用すると、負電荷が磁界から受ける力の向きは＋y方向であり、粒子は＋y方向の速度成分を得ることになる。

　以上から、－z方向と＋y方向への力でスクリーンに衝突するので肢4が妥当である。

Q09 直流回路

問 図のA～Eのように、起電力1.5Vの電池、スイッチ、同一の抵抗線をつなぎ、それぞれの抵抗線部分を同じ温度・同じ量の水が入っているビーカーに入れた。次に、スイッチを入れ、それぞれに示す時間が経過したとき、最も水温が高くなっているのはどれか。ただし、抵抗線によって発生した熱はすべて水に伝わるものとする。

(地方上級)

1 A **2** B **3** C **4** D **5** E

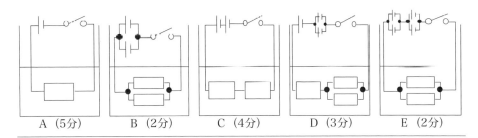

A（5分）　B（2分）　C（4分）　D（3分）　E（2分）

PointCheck

●分流の法則

並列回路内では抵抗の大きさに反比例して電流が分流する。

$$I_1 = \frac{R_2}{R_1 + R_2} I \quad I_2 = \frac{R_1}{R_1 + R_2} I$$

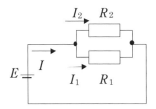

ここで、合成抵抗（R_t）は　$R_t = \frac{R_1 R_2}{R_1 + R_2}$　だから、$I_1 = \frac{R_t}{R_1} I$、$I_2 = \frac{R_t}{R_2} I$

※直列回路内では抵抗の大きさに無関係で、流れる電流は一定（$I = I_1 = I_2$）。

●分圧の法則

直列回路内では抵抗の大きさに比例して電圧が分圧される。

$$V_1 = \frac{R_1}{R_1 + R_2} \times E \quad V_2 = \frac{R_2}{R_1 + R_2} \times E$$

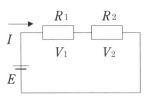

$$E = V_1 + V_2$$

※抵抗が並列に並んだ回路では抵抗の大きさに無関係で、抵抗にかかる電圧は同じ（$V_1 = V_2$）。

第
1
章
生
物

第
2
章
地
学

第
3
章
物
理

第
4
章
化
学

第
5
章
数
学

Level up Point! 　複雑な回路は単純化すれば基本的な原理だけで解答できる。計算力は必要だが、教養分野では、分流・分配の法則まで使いこなせれば正解が出せる問題が多い。

A09 正解ー5

・ビーカーAの電圧を $V\,(=1.5\,V)$、抵抗を R と置いて計算する。

ビーカー	抵抗	電圧	ジュール熱
A	R	V	$\dfrac{V^2}{R} \times 5 \times 60$
B	並列なので、 $\dfrac{1}{R}+\dfrac{1}{R}=\dfrac{1}{抵抗}$ より、 抵抗$=\dfrac{1}{2}R$	並列なので、 電圧$=V$	$\dfrac{V^2}{\frac{1}{2}R} \times 2 \times 60 = \dfrac{V^2}{R} \times 4 \times 60$
C	直列なので 電圧$=R+R=2R$	直列なので、 電圧$=2V$	$\dfrac{(2V)^2}{2R} \times 4 \times 60 = \dfrac{V^2}{R} \times 8 \times 60$
D	並列部分は、Bと同じで $\dfrac{1}{2}R$ 全体は直列なので 抵抗$=R+\dfrac{1}{2}R=\dfrac{3}{2}R$	並列部分は、 　電圧$=V$ 全体は直列なので 電圧$=V+V=2V$	$\dfrac{(2V)^2}{\frac{3}{2}R} \times 3 \times 60 = \dfrac{V^2}{R} \times 8 \times 60$
E	Bと同じで$\dfrac{1}{2}R$	並列部分はそれぞれ、 V 全体は直列なので 電圧$=V+V=2V$	$\dfrac{(2V)^2}{\frac{1}{2}R} \times 2 \times 60 = \dfrac{V^2}{R} \times 16 \times 60$

Q10 電子

問 **電子に関する次の記述のうち、妥当なものはどれか。** (地方上級)

1 金属に光を照射するとき、金属から電子が放射される現象は光電効果と呼ばれ、光の波動性を示す現象の一例として重要である。

2 放射性物質の崩壊に伴い、その物質中に存在していた自由電子が放射されるのがβ線である。β線の透過力はγ線よりは小さくα線よりは大きい。

3 ウラン235に高速の電子を衝突させると、中程度の大きさの原子核に分裂する現象を核分裂と呼ぶ。核分裂では反応後の物質の質量の和は、反応前の物質の質量の和より小さくなる。

4 電子波のドブロイ波長は、電子の速度に比例している。すなわち、高速の電子ほどドブロイ波長が長い。

5 真空度を高めたガラス管内の電極間に高電圧を加えると、ガラス管内の希薄気体の原子から電子がたたき出される。この電子の流れは陰極線と呼ばれる。

PointCheck

◉電子の発見

①陰極線

真空度の高いガラス管（クルックス管）内の電極間に高電圧を加えると生じる陰極から陽極へ向かう粒子の流れ。正体は、ガラス管内の希薄気体の原子からたたき出された電子の流れである。

②電子の比電荷

$\dfrac{e}{m} = 1.76 \times 10^{11}$［C/kg］（e：電子の電荷［C］、m：電子の質量［kg］）

③電気素量（電子の電気量）

$e = 1.6 \times 10^{-19}$［C］

これと比電荷の値から、電子の質量$m = 9.1 \times 10^{-31}$［kg］

◉光の粒子性

①光電効果

金属に光を当てると電子が放出される現象。放出される電子の数は光の強度に比例する、放出される個々の電子のエネルギーは光の強度に依らず振動数のみに依存するなどの性質があり、光の波動説では説明ができない。

問題でPoint を理解する
Level 2 Q10

生物 第1章
地学 第2章
物理 第3章
化学 第4章
数学 第5章

②光子説

　アインシュタインは光電効果の実験結果を、「振動数 ν の光はエネルギー E=hν（h= 6.63×10^{-34} ［Js］：プランク定数）をもつ光子の集団である」と考えて説明した。

③X線

　数万ボルトの電圧で加速した電子を金属板に衝突させると、X線が放射される。X線は紫外線よりさらに波長の短い電磁波であり、強い透過性と感光作用をもつ。

④コンプトン効果

　原子によって散乱されたX線は、入射X線より波長が長くなる現象。

　振動数 ν のX線は、

$$\begin{cases} \text{エネルギー} \quad E=h\nu \\ \text{運動量} \quad P=\dfrac{h\nu}{c}=\dfrac{h}{\lambda} \end{cases}$$

をもつ光子の集団であると考えて説明できる（$c=3.0\times10^8$ ［m/s］：光の速さ）。

●電子の波動性

　電子はその発見以来粒子と考えられてきたが、1923年、ド・ブロイは、波動である光が粒子でもあるなら、電子などの粒子にも波動性があるという説を提示する。

　質量m、速度vの電子は、波長 $\lambda=\dfrac{h}{mv}$ の波動を伴う。

　この波長をド・ブロイ波長という。

Level up Point!
　知っているかどうかで正否が決まるといっていい分野。したがって、一度でも目を通しておくだけで、得点力が上がる。基本・理解重視で。

A10 正解ー5

1 －誤　光電効果は、光の粒子性を示す現象である。

2 －誤　β 崩壊は、原子核中の中性子が陽子と電子、反ニュートリノに変換され、その電子が放出される現象であり、電子の速度は光速の99％に達する。

3 －誤　核分裂はウラン235に中性子を衝突させたときに起こる現象である。

　　　　例：$^{235}_{92}U + {}^{1}_{0}n \rightarrow {}^{141}_{56}Ba + {}^{92}_{36}Kr + 3{}^{1}_{0}n$

4 －誤　ドブロイ波長は、$\lambda=\dfrac{h}{mv}$（h：プランク定数、m：質量、v：速度）と表される。

　　　　すなわち、電子の速度に反比例する。

5 －正　この陰極線の研究から電子の存在が明らかにされた。

Q11 放射線

問 原子核は、いくつかの陽子と中性子で構成されている。陽子は正(+)の電荷をもつため、核内では互いに反発しあっているが、この反発力を弱め核を安定な状態に保つために、中性子が重要な役割を果たしている。しかし、原子番号が増えるにしたがって陽子の反発力が強くなり、安定な核は存在しなくなる。いま、ラジウム（$^{226}_{88}$Ra）の原子核が、ある粒子を放出してラドン（$^{222}_{86}$Rn）の原子核に変化した。このとき放出された粒子の性質として妥当なのはどれか。

(地方上級)

1 電界内を通過するとき、正(+)の電極方向に曲がる。
2 電界内を通過するとき、負(−)の電極方向に曲がる。
3 電界内を通過するとき、電界の影響を受けずに直進する。
4 電界内を通過するとき、エネルギーを吸収して電磁波を放出する。
5 電界内を通過するとき、エネルギーを放出して電気的に中性となる。

PointCheck

◉原子と原子核

(1)原子

物質を構成する基本粒子。直径はおよそ10^{-10}［m］（100億分の1メートル）。

(2)原子の構造

原子の中心に「原子核」があり、その周りを「電子」が回っている。

原子核は、正電荷を持つ「陽子」と電荷を持たない「中性子」からなる。

(3)原子番号

原子核中に含まれる陽子の数を「原子番号」（元素の左下に書く）という。

(4)原子の質量

質量＝陽子数(原子番号)＋中性子数　（電子の質量は陽子の約1/1800なので無視）

原子核中の陽子の数と中性子の数の和を「質量数」（元素の左上に書く）という。また、原子は電気的に中性なので、陽子の数と電子の数は同じ。

原子記号Xが、質量aで陽子数bならば、$^{a}_{b}$X（$^{質量}_{陽子数}$原子記号）、と表記できる。

◉原子核崩壊

放射線を出して、不安定な原子核の状態から安定した原子核へ変化すること。

①α崩壊

原子核からα線が出るとその原子は別の原子に変化する。

α線本体：ヘリウムの原子核。1個飛び出すと陽子2個、中性子2個失う。

問題でPointを理解する
Level 2 Q11

生物 第1章

地学 第2章

物理 第3章

化学 第4章

数学 第5章

②β崩壊

原子核からβ線が出るとその原子は別の原子に変化する。

β線本体：高速の電子。1個飛び出すと陽子が1個増える。

③γ崩壊

核内から放射される光子（電磁波）の流れ。γ線に電荷はない。

④放射線の特徴

(a) 透過性(物質を透過する能力)：$\gamma > \beta > \alpha$の順。

(b) 電離作用(物質中の原子から電子をたたき出してイオンを作る働き)：$\alpha > \beta > \gamma$の順。

(c) 電界や磁界での方向：α線とβ線は電荷があるので曲がるが、γ線は曲がらない。また、β線はα線に比べて、質量が小さいので、α線よりも曲げられやすい。

●原子核反応

(1)核分裂反応

ウランやプルトニウムの原子核に中性子が当たると、原子核が不安定になり2つの原子核に分かれる現象。

(2)核融合反応

質量数の小さい原子核同士を高速で衝突させると、2つの原子核が、1つの原子核になる現象。

Level up Point!　大学入試などでは出題可能性の低い原子物理ではあるが、一般教養レベルでは決しておろそかにできない。基本から標準的なポイントをしっかりまとめておきたい。

A11 正解ー2

$^{226}_{88}\text{Ra} \rightarrow {}^{222}_{86}\text{Rn}$ では、質量が4、原子番号が2減少しているので、α崩壊である。

つまり、$^{226}_{88}\text{Ra} \rightarrow {}^{222}_{86}\text{Rn} + {}^{4}_{2}\text{He}$ と考えられる。

α線の特徴は、正の電荷を持つため、電界の影響を受け、負の電極方向に曲がる。

1－誤　正（＋）の電極方向には曲がらない。

2－正　妥当である。

3－誤　電界の影響を受ける。

4－誤　電磁波を放出しない。

5－誤　電気的に中性にならない。

1 原子の構造と化学結合

Level 1 ▷ **Q01**

おさえておきたい
Point　キーワードチェック

1 原子の構造

原子核	陽子と（ 1 ）の集団からなる。
陽子	原子核の中に存在する（ 2 ）電荷をもつ粒子。
中性子	原子核の中に存在する電荷をもたない粒子。（ 3 ）とほぼ同じ質量をもつ。
電子	（ 4 ）電荷をもつ。電荷の大きさは陽子に等しい。質量は陽子の約1840分の1。
原子番号	原子核に含まれる（ 5 ）の数。原子番号により、原子の種類が決まる。
質量数	陽子の数と（ 6 ）の数の和。
同位体	原子番号は等しいが中性子の数が異なるために、（ 7 ）が異なる原子。

※原子の表し方　質量数（＝陽子の数＋中性子の数）──→ 12 C

原子番号（＝陽子の数＝電子の数）──→ 6 C

<元素記号>

2 原子の電子配置

電子殻	原子核のまわりの電子が存在する層。内側から（ 8 ）、（ 9 ）、M殻、N殻という。
電子配置	電子殻中での電子の配列のしかた。
希ガス元素	$_2He$、$_{10}Ne$、$_{18}Ar$、$_{36}Kr$、$_{54}Xe$、$_{86}Rn$ 希ガス元素はほかの原子と結合しにくく、1個の原子で分子のふるまいをするので単原子分子と呼ばれる。
希ガス元素の原子の電子配置	希ガス元素の最外殻の電子は、$_2He$で2個、$_{10}Ne$、$_{18}Ar$、$_{36}Kr$、$_{54}Xe$、$_{86}Rn$では（ 10 ）個になっている。 $_2He$のK殻や$_{10}Ne$のL殻のように、電子が最大限に収容された電子殻を閉殻という。閉殻の電子配置や最外殻電子が8個の電子配置は安定で、ほかの原子と結合しにくくなる。

生物第1章
地学第2章
物理第3章
化学第4章
数学第5章

価電子	原子がイオンになったり結合したりするときに重要な役割をする最外殻電子。希ガスの価電子の数は（ 11 ）とする。

3 イオン

陽イオン	正電荷をもったイオン。原子が電子を（ 12 ）生成する。
陰イオン	負電荷をもったイオン。原子が電子を（ 13 ）生成する。
イオンの価数	イオンの生成の際に失った電子の数、または得た電子の数をイオンの価数という。
イオン式	イオンを表す化学式。元素記号の右上にイオンの価数と電荷の符号をつけて表す。
単原子イオン	原子1個からなるイオン。
多原子イオン	原子団が電荷をもったイオン。 例：アンモニウムイオン NH_4^+、水酸化物イオン OH^-、 硫酸イオン SO_4^{2-}、炭酸イオン CO_3^{2-}、リン酸イオン PO_4^{3-}

〈周期表の族とイオンの価数〉（周期表については後述）

族	1	2	13	16	17	18
価電子数	1	2	3	6	7	0
イオンの価数	1価の陽イオン	2価の陽イオン	3価の陽イオン	2価の陰イオン	1価の陰イオン	
電子	1個失う	2個失う	3個失う	2個得る	1個得る	
例	Na^+	Ca^{2+}	Al^{3+}	O^{2-}	Cl^-	

1 中性子　2 正　3 陽子　4 負　5 陽子　6 中性子　7 質量数　8 K殻　9 L殻　10 8
11 0　12 失って　13 得て

おさえておきたい
Point ミニ演習

次の文章の（ ）に当てはまる語句や数値を答えよ。

マグネシウム原子 $_{12}$Mg は原子殻に（ ア ）個の陽子をもっており、中性子の数は（ イ ）個である。また価電子は（ ウ ）個なので、（ エ ）価の（ オ ）イオンになりやすい。

ア 12　イ 14　ウ 2
エ 2　オ 陽
原子番号と陽子の数は等しい。
中性子の数＝質量数－陽子の数。
マグネシウムは2族であり、2価の陽イオンになる。

4 イオン結合 ▶p194

①イオン結合

　陽イオンと陰イオンの間の（　1　）力（クーロン力）による結合。

②イオン結晶の性質

・融点が（　2　）ものが多い（常温で固体のものが多い）。

・かたいが、力を加えると割れやすい。

・固体は電気を（　3　）が、融解したり、水溶液にしたりすると電気をよく導く。

5 共有結合と分子 ▶p195

共有結合	となり合う原子が価電子のいくつかを共有することによって形成される結合。
共有電子対	原子間で共有されている電子対。
不対電子	対になっていない電子。
非共有電子対	価電子のうち共有結合をしていない電子の対。
分子の形成	非金属元素の原子どうしが、共有結合によって結合し分子を形成する。
共有結合の結晶	多数の原子が共有結合でつながっている結晶。共有結合の結晶はきわめてかたく、融点が（　4　）。

6 分子結晶と分子間力 ▶p195

電気陰性度	原子が共有電子対を引きつける強さの尺度。F＞O＞N、Cl の順。
極性	共有結合における電荷の偏り。共有電子対は電気陰性度の大きな原子の側に引き寄せられるため、電荷の偏りが起こる。
分子間力	分子間にはたらく弱い引力。（　5　）ともいう。
分子結晶	分子間力によって分子どうしが結びついた結晶。分子間力は弱いので分子結晶はやわらかく融点が（　6　）。電気を導かない。
水素結合	水素原子がF、O、Nのような（　7　）の大きい原子間にはさまれて、電気的に引き合ってできる弱い結合。沸点や融点が高くなる原因になる。

7 金属結合 ▶p195

自由電子	金属中では金属原子の価電子が多数のとなり合っている原子の間を自由に動き回っている。このような電子を自由電子という。
金属結合	自由電子による金属原子間の結合。あらゆる方向に結合することができる。
金属結晶	金属結合によってできている結晶。

金属の性質　・金属光沢をもつ。
　　　　　　・（　8　）や熱をよく導く。
　　　　　　・（　9　）（たたくと薄く広がる性質）や（　10　）（引っ張ると長くのびる性質）がある。

8 結合の種類と物質の例

イオン結晶	イオン結合	例）塩化ナトリウム　NaCl、ヨウ化カリウム　KI
分子結晶	分子間力	例）ヨウ素　I_2、ナフタレン　$C_{10}H_8$
共有結合の結晶	共有結合	例）ダイヤモンド　C、二酸化ケイ素　SiO_2
金属結晶	金属結合	例）アルミニウム　Al、鉄　Fe

1 静電気　2 高い　3 導かない　4 高い　5 ファンデルワールス力　6 低い　7 電気陰性度
8 電気　9 展性　10 延性

おさえておきたい Point　ミニ演習

次の文章の正誤を判断せよ。

1　陽イオンと陰イオンの静電気力でできる結合をイオン結合というが、その結合力はあまり強くないため、その結合によりできた結晶の融点や沸点は低い。この結晶は一般にもろいが、電気をよく通す性質をもっている。

✕　イオン結合の結合力は、強い。融点や沸点は高い。一般的には、伝導性が低いが、水溶液や融解物は、電導性がある。

2　2個の原子が電子を共有してつくる結合を共有結合というが、共有結合の結晶は一般にかたく、共有結合の力が大きいため融点が高い。炭素の同素体である黒鉛は電気を通すが、ダイヤモンドは電気を通さないという性質をもっている。

◯　正しい。

3　多数の分子が規則正しく配列してできた結晶を分子結晶というが、分子間力が強いため融点や沸点は高い。この結晶は氷やドライアイスのようにかたく、電気を通さない性質をもっている。

✕　分子結晶の分子間力は、最も弱い。融点や沸点は低い。

4　金属中では原子が規則的に配列しており、これを金属結晶というが、金属結合の力は強いものが多いので、一般に融点は高いが、水銀やアルカリ金属はやや低い。この結晶は熱や電気をよく通す性質をもっている。

◯　正しい。

2 周期表

１ 元素の周期表

①元素の周期律：元素を（　**1**　）の順に配列すると、その性質が周期的に変化する。

②周期律の発見：元素の周期律は1869年、（　**2**　）によって発見された。

③元素の周期表：元素を原子番号の順に並べ、同じ縦の列に性質の類似した元素が並ぶように配列した表。元素の性質は周期表の位置によって推定できる。

族	周期表の縦の列。左から順に、1族、2族、……、18族と呼ぶ。
同族元素	同じ族（縦の列）に属する元素。
周期	周期表の横の列。上から順に、第1周期、第2周期、第3周期、……と呼ぶ。

典型元素	周期表の両側にある1族、2族と、12族〜18族の元素。典型元素の同族元素は、価電子の数が同じで、化学的性質がよく似ている。
アルカリ金属	水素以外の1族の元素（Li、Na、K、Rb、Cs、Fr）。 価電子数1。陽性の元素で1価の（　**3**　）になりやすい。単体はいずれも軽い金属で、反応性に富み、水と反応して（　**4**　）を発生する。
アルカリ土類金属	Be、Mgを除いた2族の元素（Ca、Sr、Ba、Ra）。 価電子数2。陽性の元素で2価の（　**5**　）になりやすい。単体はアルカリ金属に次いで反応性に富む金属。水と反応して（4）を発生する。
ハロゲン	17族の元素（F、Cl、Br、I、At）。 価電子数7。陰性の元素で、1価の（　**6**　）になりやすい。単体は反応性に富む。
希ガス元素	18族の元素（He、Ne、Ar、Kr、Xe、Rn）。 単体は沸点や融点が非常に低く、常温でいずれも（　**7**　）である。単体は化学的に安定で化合物をつくりにくい。不活性ガスともいう。

〈典型元素の金属性、非金属性の傾向〉

・周期表で左下の元素ほど（　**8**　）が強く、陽イオンになりやすい。

・周期表で右上の元素ほど（　**9**　）が強く、希ガス元素を除いて右上の元素ほど陰性が強く陰イオンになりやすい。

遷移元素	3族から11族までの元素。遷移元素の単体はすべて（　**10**　）で、価電子の数は1個か2個。周期表の横にある元素とも性質が似ている。
金属元素	単体は金属で金属光沢があり、熱や電気をよく導く。

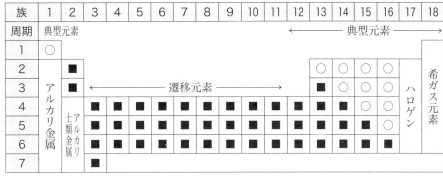

重要事項
スピードチェック

生物 第1章
地学 第2章
物理 第3章
化学 第4章
数学 第5章

非金属元素	単体はほとんど電気を導かず、希ガス元素以外はイオンとなり、分子をつくるものが多い。

〈周期表の概要〉

(■：金属元素、○：非金属元素)

1 原子番号　2 メンデレーエフ　3 陽イオン　4 水素　5 陽イオン　6 陰イオン　7 気体
8 金属性（陽性）　9 非金属性　10 金属

おさえておきたい
Point　ミニ演習

実験室において、試験管に細かく砕いた石灰石を入れ、これに塩酸を加えたところ、2つの元素の化合物である気体が発生した。次の図は元素の周期表を示しているが、ア〜オからこの気体を構成する2つの元素を選び出しているものはどれか。

1　ア、ウ　　2　ア、オ　　3　イ、エ
4　イ、オ　　5　ウ、エ

	族						
	1	2	13	14	15	16	17	18

周期	1	1 ア							2 イ
	2	3 Li	4 Be	5 B	6 ウ	7 N	8 エ	9 F	10 Ne
	3	11 Na	12 Mg	13 Al	14 Si	15 P	16 S	17 オ	18 Ar
	4	19 K	20 Ca						

5
反応式は、
$CaCO_3 + 2HCl$
$\rightarrow CaCl_2 + H_2O + CO_2$
設問は、「2つの元素の化合物である気体」なので、CO_2が求めたい気体である。
周期表より、
ア…原子番号1はH
イ…原子番号2はHe
ウ…原子番号6はC
エ…原子番号8はO
オ…原子番号17はCl

3 物質量と化学反応式

1 原子量・分子量と物質量 ▶p196

①原子の相対質量：質量数12の炭素原子^{12}Cの質量を12とし、これを基準にした原子の
質量の相対値。相対質量は質量の比であるから単位はつかない。

②原子量：元素の平均相対質量。天然の多くの元素には、相対質量の異なる同位体が一定
の割合（存在比）で混じっている。その同位体の相対質量に、同位体の（　**1**　）
をかけた平均値で求められる。

③分子量：^{12}C＝12を基準とした分子1個の相対質量。構成原子の原子量の総和となる。

④式　量：^{12}C＝12を基準としたイオン式、組成式が示す粒子の相対質量。組成式、イ
オン式中の原子の原子量の総和となる。

⑤アボガドロ数：^{12}Cをちょうど12gとったときに含まれる原子の数。約$6.0×10^{23}$個。

⑥1モル：アボガドロ数個（$6.0×10^{23}$個）の粒子の集団を1モル（mol）という。

⑦物質量：モルを単位にして原子、分子、イオンなどの量を表したもの。

⑧アボガドロ定数：1molあたりの粒子の数＝$6.0×10^{23}$/mol

⑨1molの物質の質量：原子量、分子量、式量にグラム（g）の単位をつけた値になる。

⑩質量と物質量との関係：ある物質の質量（g）をその物質1molの質量（g/mol）で割
ると物質量（mol）が求まる。

⑪気体1molの体積：（　**2**　）の法則により、標準状態（0℃、1気圧）では気体の種類
にかかわりなく（　**3**　）Lである。

2 化学反応と化学反応式 ▶p196

⑴化学変化

原子の組み換えが起こり、別の物質に変わる変化をいう（化学反応）。

⑵化学反応式

化学反応において、反応する物質（反応物）と生成する物質（生成物）の関係を、化学式
を用いて表した式をいう（反応式）。

⑶化学反応式の書き方

矢印 → の左側に反応物、右側に生成物の化学式を書き、両側で同種の原子の数が等しく
なるように、それぞれの化学式にもっとも簡単な整数（係数）をつける。

⑷化学反応式の表す量的関係

化学反応式は化学反応における各物質の（　**4**　）の関係を表している。また、気体反応
の場合には、同温・同圧での気体の（　**5**　）の関係も表している。

3 化学の基本法則 ▶p196

①（　**6**　）の法則（1774年、ラボアジェ）

化学反応に関係した物質の質量の総和は、反応の前後で変化しない。

②（　**7**　）の法則（1799年、プルースト）

化合物を構成する成分元素の質量の比は、常に一定である。

③（ 8 ）の法則（1803年、ドルトン）

2種類の元素から2種類以上の化合物を生じる場合、一方の元素の一定の質量と化合する他方の元素の質量は、それらの化合物の間で簡単な整数の比となる。

④（ 9 ）の法則（1808年、ゲーリュサック）

化学反応で反応に関係する気体の体積の比は、同温・同圧で整数の比となる。

⑤（ 2 ）の法則（1811年、（ 2 ））

同温・同圧・同体積の気体には、気体の種類に関係なく、同数の分子が含まれている。

---

1 存在比　2 アボガドロ　3 22.4　4 物質量　5 体積　6 質量保存　7 定比例　8 倍数比例
9 気体反応

おさえておきたい
Point　ミニ演習

1　化学反応に関する説明として誤っているものを、次のア〜オのうちから1つ選べ。

ア　温度が上昇すると、活性化エネルギー以上のエネルギーをもつ分子の割合が増加する。

イ　触媒の作用により反応の経路が変わる。

ウ　反応物の濃度が大きくなると、反応の速さが大きくなる。

エ　触媒の作用により正反応の速さは大きくなるが、逆反応の速さは変わらない。

オ　可逆反応において、平衡状態に近づくと、反応物の濃度変化が小さくなる。

2　次の反応を化学反応式で示せ。

ア　アルミニウムを燃やすと酸化アルミニウムが生成した。

イ　過酸化水素水に酸化マンガン（IV）を加えたら酸素が発生した。

> **エ**
> 触媒の作用により正反応の速さが大きくなると、逆反応の速さも同じように大きくなる。

> **ア**　$4Al + 3O_2 \rightarrow 2Al_2O_3$
> **イ**　$2H_2O_2 \rightarrow 2H_2O + O_2$
> 過酸化水素水の溶媒である水は変化に関係ない。また、酸化マンガン（IV）は触媒なので化学反応式には書かない。

---

4 物質の状態と変化

Level 1 ▷ **Q03**

おさえておきたい
Point　キーワードチェック

1 物質の三態

①状態変化：（ 1 ）〔固体→液体〕（ 2 ）〔液体→固体〕（ 3 ）〔液体→気体〕
　　　　　　（ 4 ）〔気体→液体〕（ 5 ）〔固体→気体、気体→固体〕

②融点：純物質が融解している間は、温度が一定に保たれる。このときの温度が融点。
③沸点：純物質が沸騰している間は、温度が一定に保たれる。このときの温度が沸点。
④沸騰：（　6　）が大気圧に等しくなり、液体表面だけでなく液体内部からも蒸発が起こるようになる現象。

2 気体の性質 ▶ p198

①（　7　）の法則：温度が一定のとき、気体の体積Vは圧力Pに反比例する。
②（　8　）の法則：圧力が一定のとき、気体の体積Vは温度 t［℃］が1度上がるごとに、0℃のときの体積V_0の（　9　）ずつ増加する。
③絶対零度：気体の体積がゼロになると予測される温度。−273℃。
④絶対温度：−273℃を0度とした温度。単位記号はK（（　10　）と読む）。
　　絶対温度T［K］とセルシウス温度 t［℃］の関係は、T = t + 273
⑤ボイル・シャルルの法則：気体の体積Vは圧力Pに反比例し、絶対温度Tに比例する。

$$\frac{P \times V}{T} = 一定$$

　絶対温度T_1、圧力P_1のとき、体積V_1の気体が、絶対温度T_2、圧力P_2のとき、

　体積V_2になったとすると、$\dfrac{P_1 \times V_1}{T_1} = \dfrac{P_2 \times V_2}{T_2}$

⑥気体の状態方程式：物質量 n［mol］の気体が、温度 T［K］、圧力 P［atm］で V［L］の体積であるとき、Rを気体定数として次の関係が成り立つ。
　　　PV=nRT
⑦分圧：混合気体において、その成分気体が単独で混合気体と同じ体積をしめたとしたときの圧力。
⑧全圧：混合気体全体の圧力。
⑨（　11　）の分圧の法則：混合気体の全圧Pは各成分気体の分圧（P_A、P_B、…）の和に等しい。また、分圧の比は、各成分気体の物質量の比に等しい。
　　　$P=P_A+P_B+\cdots$
⑩実在の気体：実在の気体では、圧力が大きくなり気体の密度が増加すると分子自身のしめる（　12　）の影響が大きくなり、気体の状態方程式にあてはまらなくなる。また、実在の気体では、温度が低くなり運動エネルギーが小さくなると分子間にはたらく（　13　）の影響が大きくなり、気体の状態方程式からのずれが大きくなる。
⑪理想気体：分子の体積が0であり、分子間にまったく（　14　）がはたらかないという理想化された気体。

3 反応熱と熱化学方程式
(1)物質のもつエネルギーと反応熱
　反応物がもっているエネルギーと生成物がもっているエネルギーとの差が反応熱になる。
①発熱反応では　「反応物のもつエネルギー」＞「生成物のもつエネルギー」

重要事項
スピードチェック

生物 第1章
地学 第2章
物理 第3章
化学 第4章
数学 第5章

②吸熱反応では 「反応物のもつエネルギー」＜「生成物のもつエネルギー」

(2)熱化学方程式

化学反応式の右辺に反応熱をつけ加えた式。

両辺は等号＝で結ぶ。反応熱は（　**15**　）のとき＋、（　**16**　）のとき－の符号をつける。
反応熱は物質の状態によって異なるから、化学式にその状態をつけて表す。

ふつう、反応熱は着目した物質1 molについての値で表すため、熱化学方程式では係数が分数になるときもある。

$$H_2(気) + \frac{1}{2} O_2(気) = H_2O(液) + 286kJ$$

①燃焼熱：1 molの物質が酸素中で燃焼するときに出る反応熱。
②中和熱：中和反応で1 molの（　**17**　）（液体）ができるときに出入りする反応熱。
③溶解熱：1 molの物質が水にとけるときに出入りする熱。
④生成熱：化合物1 molを成分元素の（　**18**　）から生成するときに出入りする反応熱。
⑤蒸発熱：液体1 molが気体になるときに（　**19**　）する熱。
⑥（　**20**　）の法則（総熱量保存の法則）：反応熱は、反応の経路によらず、反応のはじ
めの状態と終わりの状態で決まる。

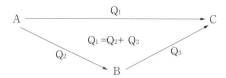

反応のはじめの状態Aから直接反応の終わりの状態Cへいくときの反応熱Q₁と、Bをへたときの反応熱Q₂＋Q₃は等しい。すなわち、$Q_1 = Q_2 + Q_3$　が成り立つ。

4　化学平衡

化学平衡：（　**21**　）反応において正反応と逆反応の（　**22**　）が等しくなり、見かけ
上反応が止まったように見える状態。

（　**23**　）の原理：平衡状態にあるとき、外から条件（温度、圧力など）を変えるとその
影響をうち消す方向に平衡が移動する。

---

1 融解　2 凝固　3 蒸発　4 凝縮　5 昇華　6 蒸気圧　7 ボイル　8 シャルル　9 1/273
10 ケルビン　11 ドルトン　12 体積　13 引力　14 引力　15 発熱　16 吸熱　17 水
18 単体　19 吸収　20 ヘス　21 可逆　22 速さ　23 ル・シャトリエ

おさえておきたい Point ミニ演習

1 気体分子の運動に関する説明として誤っているものを、次のア～オのうちから1つ選べ。

ア 気体分子は、いろいろな方向に運動している。

イ ある一種類の気体においては、気体分子の運動エネルギーは速度が大きいものほど大きい。

ウ 気体分子の平均の速さは、温度によって変化しない。

エ ある気体分子の運動エネルギーの平均値は、分子間力によるエネルギーに比べて非常に大きい。

オ 気体分子の速さは、他の分子と衝突するたびに変わる。

ウ
気体分子の平均の速さは、温度が高くなるほど大きくなる。

---

2 1気圧で5ℓの気体をある容器に入れたら2気圧を示した。この容器に1気圧で25ℓの気体を入れたら何気圧を示すか。ただし、温度は変化しないものとする。

容器の体積Vは
　1×5＝2×V
　∴V＝2.5ℓ
求める圧力Pは
　1×25＝P×2.5
　∴P＝10気圧

---

3 化学反応のエネルギー変化に関する次の記述のア、イに当てはまるものの組合せとして最も妥当なのはどれか。

図は、次の反応のエネルギー変化を示す。
　　$H_2 + I_2 \rightarrow 2HI$
図からこの反応は [ア] であり、その反応熱は [イ] であることがわかる。

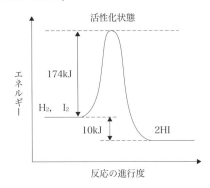

ア 発熱反応 イ 10kJ
反応物であるH_2とI_2のエネルギーの合計が、生成物である2HIのエネルギーの合計よりも大きい。反応熱が放出される発熱反応である。
図から、反応物がもつエネルギーと生成物のもつエネルギーの差は10kJで、これが反応熱を示すことになる。
　$H_2 + I_2 \rightarrow 2HI + 10kJ$

5 溶液と酸・塩基

おさえておきたい
Point キーワードチェック

1 溶液

①質量パーセント濃度：溶液中に含まれる溶質の（ 1 ）をパーセントで表した濃度。

$$質量パーセント濃度[\%] = \frac{溶質の質量[g]}{溶液の質量[g]} \times 100$$

②モル濃度　溶液1[L]中に含まれる溶質の（ 2 ）で表した濃度。

$$モル濃度[mol/L] = \frac{溶質の物質量[mol]}{溶液の体積[L]}$$

2 溶液の性質

①沸点上昇：不揮発性の物質をとかした溶液の沸点が、溶媒の沸点より（ 3 ）現象。

②凝固点降下：溶液の凝固点が溶媒の凝固点より（ 4 ）現象。

③浸透圧：半透膜を隔てて2種類の濃度の溶液が接しているとき、濃度の濃い溶液の溶媒
　　　　　が濃度の薄い溶液のほうに（ 5 ）しようとする圧力。希薄溶液の場合、浸
　　　　　透圧は溶液のモル濃度と（ 6 ）に比例する。

3 コロイド

①コロイド：物質が直径1〜100nmの粒子となって溶液中に分散している状態。分散し
　ている粒子をコロイド粒子という。

②コロイド溶液：コロイド粒子が液体中に分散している場合。ゾルともいう。
　ゾルは流動性がある。　例…豆乳（分散媒：水、分散質：タンパク質）

③ゲル：ゾルが固まったもの。流動性がない。
　　例…ゼリー（分散媒：水、分散質：タンパク質）

④コロイド溶液の性質
　・（ 7 ）現象：コロイド溶液に横から強い光を当てると、光の進路が明るく見える現象。
　・（ 8 ）：セロハンなどの半透膜を用いてコロイド溶液からコロイド粒子以外の小さ
　　い分子やイオンを除く操作。物質の分離や溶液の精製に使われる。
　・（ 9 ）運動：周囲の溶媒分子の衝突によるコロイド粒子の不規則な運動。
　・（ 10 ）：コロイド粒子は電荷を帯びているため、コロイド溶液に直流電圧をかけ
　　るとコロイド粒子が帯びている電荷と反対符号の電極へ移動する現象。
　・（ 11 ）：コロイド溶液に少量の電解質を加えたとき、コロイド粒子の表面にコロ
　　イドの電荷と反対符号の電荷をもったイオンが吸着され、電荷を打ち消し、コロイド
　　粒子が沈殿すること。コロイド粒子の電荷と反対符号で価数の大きいイオンが効果的
　　である。

⑤コロイド溶液の分類
　・（ 12 ）：少量の電解質で凝析するコロイド。（水酸化鉄（Ⅲ）コロイド、粘土のコ
　　ロイド）

・（　13　）：少量の電解質を加えても凝析しないコロイド。（デンプン水溶液、タンパク質溶液）※（　14　）：多量の電解質を加えることで親水コロイドが沈殿する現象。
・保護コロイド：疎水コロイドに付着して凝析しにくくする親水コロイド。（墨汁では疎水コロイドの炭素粉末に親水コロイドのニカワを保護コロイドとして加えてある）

---

1 質量　2 物質量　3 高くなる　4 低くなる　5 浸透　6 絶対温度　7 チンダル　8 透析
9 ブラウン　10 電気泳動　11 凝析　12 疎水コロイド　13 親水コロイド　14 塩析

おさえておきたい Point　ミニ演習

1　物質の溶解や溶液の性質に関する説明として誤っているものを、次のア～オのうちから1つ選べ。

ア　ブドウ糖やショ糖が水によく溶けるのは、これらの物質がヒドロキシル基をもっているからである。

イ　酢酸とステアリン酸はともにカルボン酸である。酢酸は水によく溶けるが、ステアリン酸は長い炭化水素基をもっているので水に溶けにくい。

ウ　酸素の水に対する溶解度は、温度が高くなると減少する。

エ　うすいブドウ糖水溶液の沸点は純水の沸点よりも高い。

オ　うすい塩化ナトリウム水溶液を静かに冷却したとき、最初に析出するのは、塩化ナトリウムを含む氷の結晶である。

オ
一般に、水溶液を冷却していくと、まず最初に純粋な水が氷となって凝固する。

2　次の文章の（　）に当てはまる語句を答えよ。

コロイド溶液にイオンなどが含まれているとき、これを精製するには（　ア　）を行えばよい。このようにして精製した水酸化鉄（Ⅲ）のコロイド溶液をU字管に入れて直流電圧を加えたところ、コロイド粒子が陰極に移動した。これは水酸化鉄（Ⅲ）のコロイド粒子が（　イ　）に帯電しているためで、このような現象を（　ウ　）とよんでいる。また水酸化鉄（Ⅲ）のコロイド溶液に少量の電解質を加えたら沈殿が生成した。この性質を示すコロイドを一般に（　エ　）コロイドといい、この現象を（　オ　）という。

ア　透析
イ　正
ウ　電気泳動
エ　疎水
オ　凝析

---

4 酸と塩基 ▶p200
①酸：水にとけて水素イオンH⁺を出す物質。H⁺を与える物質。
②塩基：水にとけて水酸化物イオンOH⁻を出す物質。H⁺を受けとる物質。

5 水素イオン濃度とpH
①水の（　1　）積：［H⁺］と［OH⁻］の積の値。

重要事項
スピードチェック

生物 第1章
地学 第2章
物理 第3章
化学 第4章
数学 第5章

・25℃では、$[H^+]×[OH^-]=10^{-14}$ $(mol/L)^2$

・酸性では、$[H^+]>10^{-7}mol/L$

・中性では、$[H^+]=10^{-7}mol/L$

・塩基性では、$[H^+]<10^{-7}mol/L$

②pH（水素イオン指数）：$[H^+]=10^{-x}mol/L$のときの x の値。

（ 2 ）ではpH＜7、（ 3 ）ではpH＝7、（ 4 ）ではpH＞7。

6 中和反応と塩の生成 ▶p200

①中和：酸と塩基が反応してたがいにその性質を打ち消し合うこと。

酸から生じるH^+と塩基から生じるOH^-とが結合してH_2Oになる反応。

②中和反応の化学反応：中和では、酸と塩基が反応して水と同時に（ 5 ）ができる。

塩は塩基の陽イオンと酸の陰イオンからできている。

中和反応の化学反応式は次のようになる。

酸＋塩基→塩＋水

③塩の分類：組成の上で正塩、酸性塩、塩基性塩に分類される。

※塩の分類名は組成からつけられたもので、その水溶液が酸性や塩基性を示すこととは無関係で、塩の分類名と水溶液の性質が一致しているとは限らない。

④塩の（ 6 ）：塩の一部が水と反応して、水溶液がもとの酸性や塩基性を示す現象。

⑤塩の水溶液の性質：強酸と強塩基の塩（正塩）は（ 7 ）を示す（加水分解しない）。

強酸と弱塩基の塩は（ 8 ）、弱酸と強塩基の塩は（ 9 ）を示す（加水分解する）。

7 中和反応の量的関係と中和滴定 ▶p201

(1)中和反応の量的関係

酸と塩基が過不足なく中和する場合、酸の出すH^+の物質量と塩基の出すOH^-の物質量が等しい。

$$酸の出すH^+の物質量＝塩基の出すOH^-の物質量$$
$$c〔mol/L〕の a 価の酸 V〔L〕＝ c'〔mol/L〕の a' 価の塩基 V'〔L〕$$
$$acV － a'c'V'$$

(2)中和滴定

中和の量的関係を利用して、濃度がわからない酸（塩基）の水溶液に、濃度既知の塩基（酸）の水溶液を滴定して濃度を求める方法。中和滴定では、ビュレット、ホールピペット、メスフラスコなどの実験器具を用いる。

(3)中和滴定の指示薬

中和点付近の pH がするどく変化する範囲に変色域が含まれる指示薬を用いる。弱酸と（ 10 ）の中和滴定の場合はフェノールフタレインなど、強酸と（ 11 ）の中和滴定の場合はメチルオレンジなどが使用できる。

---

1 イオン　2 酸性　3 中性　4 塩基性　5 塩　6 加水分解　7 中性　8 酸性　9 塩基性
10 強塩基　11 弱塩基

おさえておきたい
Point ミニ演習

1 次の塩は水溶液中で何性を示すか。

ア NaCl
イ Na₂SO₄
ウ NaHCO₃
エ NaHSO₄

2 次の文中の空欄に当てはまる語として、正しいものはどれか。

　1 mol/Lの水酸化ナトリウム（NaOH）水溶液が200mLある。これを中和するのに2 mol/Lの（　　　）が50mL必要であった。

ア　水酸化カルシウム〔Ca(OH)₂〕水溶液
イ　炭酸カルシウム〔CaCO₃〕水溶液
ウ　リン酸〔H₃PO₄〕水溶液
エ　塩酸〔HCl〕
オ　希硫酸〔H₂SO₄〕

ア	中性
イ	中性
ウ	アルカリ性
エ	酸性

オ

$acV = a'c'V'$

価数×モル濃度×体積
＝価数×モル濃度×体積
これに数値を代入すると、
$a×2×50 = 1×1×200$
$a = 2$
これより、2価の酸を見つければよい。
〈価数の例〉
1価の酸…塩酸〔HCl〕、硝酸〔HNO₃〕
2価の酸…希硫酸〔H₂SO₄〕
1価の塩基…水酸化ナトリウム〔NaOH〕
2価の塩基…水酸化カルシウム〔Ca(OH)₂〕

---

6 酸化・還元

Level 1 ▷ **Q05,Q06** Level 2 ▷ **Q09**

おさえておきたい
Point キーワードチェック

1 酸化と還元 ▶p202

	酸素	水素	電子	酸化数
酸化	（ 1 ）	失った	（ 3 ）	（ 5 ）
還元	（ 2 ）	化合した	（ 4 ）	（ 6 ）

酸化数の決め方
　①単体の原子の酸化数＝0
　②単原子イオンの酸化数＝イオンの価数。
　③化合物中の水素原子の酸化数はふつう＋1、酸素原子の酸化数はふつう－2
　　例：H₂OではH；＋1、O；－2　ただし、H₂O₂ではH；＋1、O；－1
　④化合物中の原子の酸化数の総和＝0

182

⑤多原子イオン中の原子の酸化数の総和＝イオンの価数

2 酸化剤と還元剤 ▶p203 ▶p204

①酸化剤：他の物質を（ 7 ）するはたらきのある物質＝（ 8 ）されやすい物質。

②還元剤：他の物質を（ 9 ）するはたらきのある物質＝（ 10 ）されやすい物質。

③おもな酸化剤、還元剤

酸化剤	還元剤
過酸化水素　H_2O_2　※	二酸化硫黄　SO_2　※
硝酸　HNO_3	硫化水素　H_2S
過マンガン酸カリウム　$KMnO_4$	シュウ酸　$H_2C_2O_4$
二クロム酸カリウム　$K_2Cr_2O_7$	ヨウ化カリウム　KI

※通常は酸化剤の過酸化水素と、通常は還元剤の二酸化硫黄は、相手により還元剤としても酸化剤としてもはたらく。

過酸化水素が酸化剤（通常）　　$H_2O_2 + 2H^+ + 2e^- \longrightarrow 2H_2O$

過酸化水素が還元剤（特別）　　$H_2O_2 \longrightarrow O_2 + 2H^+ + 2e^-$

二酸化硫黄が還元剤（通常）　　$SO_2 + 2H_2O \longrightarrow SO_4{}^{2-} + 4H^+ + 2e^-$

二酸化硫黄が酸化剤（特別）　　$SO_2 + 4H^+ + 4e^- \longrightarrow S + 2H_2O$

3 金属のイオン化傾向 ▶p203

①金属のイオン化傾向：金属の単体が、水溶液中で（ 11 ）になろうとする傾向。

②イオン化列

　$\mathrm{K > Ca > Na > Mg > Al > Zn > Fe > Ni > Sn > Pb > (H_2) > Cu > Hg > Ag > Pt > Au}$

・イオン化傾向の大きい金属は電子を失って酸化されやすく、反応性が大きい。

・K、Ca、Naは冷水と反応して（ 12 ）を発生し、水酸化物イオンを生じる。

・イオン化傾向が水素よりも大きい金属は、酸の水溶液に水素を発生しながらとける。

・Cu、Agは、希塩酸や希硫酸にとけないが、酸化力の強い（ 13 ）や熱濃硫酸にとける。

・Pt、Auは反応性がきわめて小さく硝酸や熱濃硫酸とも反応しない。（ 14 ）と反応してとける。

---

1 化合した　2 失った　3 失った　4 得た　5 増加した　6 減少した　7 酸化　8 還元
9 還元　10 酸化　11 陽イオン　12 水素　13 硝酸　14 王水

おさえておきたい Point ミニ演習

1 次の反応で酸化還元反応でないものはどれか。

ア $C+O_2 \rightarrow CO_2$

イ $CuO+H_2 \rightarrow Cu+H_2O$

ウ $2HCl+Ba(OH)_2 \rightarrow BaCl_2+2H_2O$

エ $Zn+H_2SO_4 \rightarrow ZnSO_4+H_2$

2 次の化学反応のうち酸化還元反応はどれか。

ア $NaCl + H_2SO_4 \rightarrow NaHSO_4 + HCl$

イ $NH_4Cl + NaOH \rightarrow NaCl + NH_3 + H_2O$

ウ $2H_2S + SO_2 \rightarrow 2H_2O + 3S$

エ $2CuO + C \rightarrow 2Cu + CO_2$

> **ウ**
> ア…Cが酸素と結合する。
> イ…CuOから酸素が失われる。
> ウ…この反応は中和反応。
> エ…Znの酸化数が増加する。
>
> **ウ・エ**
> アは中和反応。
> イは弱塩基の塩（NH_4Cl）に強塩基（NaOH）を反応させ、弱塩基（NH_3）を遊離させる反応。

---

4 電池の原理 ▶ p205

①電池：酸化還元反応を利用して化学反応のエネルギーを電気エネルギーに変える装置。

②電流：電流の向きは電子の流れと逆の方向。

③負極：電子が流れ出る極＝電流が流れこむ極。負極では、（ **1** ）反応が起こる。

④正極：電子が流れこむ極＝電流が流れ出る極。正極では、（ **2** ）反応が起こる。2種の金属で電池をつくった場合、イオン化傾向の大きい金属が（ **3** ）極となる。

⑤一次電池：使うともとにもどらない電池。

⑥二次電池（蓄電池）：外部から逆向きの電流を流すと、くり返し使用できる電池。

⑦（ **4** ）：外部から逆向きの電流を流し、二次電池の起電力を回復させる操作。

5 いろいろな電池

ボルタ電池　　　$(-)Zn \mid H_2SO_4\,(aq) \mid Cu(+)$　起電力約1.1V

ダニエル電池　　$(-)Zn \mid ZnSO_4\,(aq) \mid CuSO_4\,(aq) \mid Cu(+)$　起電力約1.1 V

マンガン乾電池　$(-)Zn \mid ZnCl_2\,(aq)、NH_4Cl(aq) \mid MnO_2、C\,(+)$　起電力約1.5V

鉛蓄電池　$(-)Pb \mid H_2SO_4\,(aq) \mid PbO_2\,(+)$　起電力約2.0 V

6 電気分解 ▶ p210

①電気分解：直流電流を通じ、電気エネルギーによって酸化還元反応を起こさせる操作。

②陽極：電気分解で、外部電源の正極につないだ電極。

　陽極上で物質は電子を失い、（ **5** ）される。

　※水溶液の電気分解で、陽極での酸化反応の起こりやすさは次の順序である。

　　$Cl^- > OH^-$、　$H_2O > NO_3^-$、SO_4^{2-}

③陰極：電気分解で、外部電源の負極につないだ電極。

　陰極上で物質は電子を受け取り、（ **6** ）される。

※水溶液の電気分解で、陰極での還元反応の起こりやすさは次の順序である。

$Ag^+ > Cu^{2+} > H^+$、 $H_2O > Al^{3+}$、Na^+、K^+

7 ファラデーの電気分解の法則 ▶p211

電極で変化する物質の量は、流した（ 7 ）に比例する。

電子1 molの電気量：1 molの電子が運ぶ電気量は96500C（クーロン）。

ファラデー定数 F＝96500 ［C/mol］

電気量 ［C］＝電流 ［A］×時間 ［s］

8 電気分解の応用

①水酸化ナトリウムの製造

塩化ナトリウム水溶液を電気分解する。陰極に（ 8 ）、陽極に（ 9 ）が発生する。残った水溶液を濃縮して水酸化ナトリウムを得る。

②銅の電解精錬

不純物を含む粗銅を陽極に、純銅を陰極に用いて硫酸銅（Ⅱ）水溶液中で電気分解を行うと、陰極に純度の高い銅が析出する。

③アルミニウムの融解塩電解

鉱石のボーキサイトから（ 10 ）をつくり、これを氷晶石とともに約1000℃で融解して電気分解して製造している。

1 酸化　2 還元　3 負　4 充電　5 酸化　6 還元　7 電気量　8 水素　9 塩素
10 酸化アルミニウム

おさえておきたい
Point　ミニ演習

酸化還元反応に関する説明として誤っているものを、次のア〜オのうちから1つ選べ。

ア　酸化還元反応では、酸化数が増加する原子の数と酸化数が減少する原子の数は、常に等しい。

イ　イオン化傾向の大きい金属ほど酸化されやすい。

ウ　電解質水溶液の電気分解においては、陽極で酸化反応が起こっている。

エ　亜鉛板と銅板を希硫酸中に浸してボルタ電池をつくると、銅板が正極になる。

オ　二次電池では、充電のときに起こる反応は、放電のときに起こる反応の逆反応である。

ア
酸化還元反応は、電了をやりとりする反応である。電子を放出する原子の酸化数は増加し、電子を受け入れる原子の酸化数は減少する。このとき放出される電子の数と受け入れられる電子の数が常に等しいのであって、酸化数が増加する原子の数と酸化数が減少する原子の数は、常に等しいとは限らない。

7 無機化合物の性質

おさえておきたい
Point キーワードチェック

1 非金属元素の単体と化合物 ▶p212

①ハロゲン（＝17族）の単体と化合物

	フッ素 F_2	塩素 Cl_2	臭素 Br_2	ヨウ素 I_2
常温での状態	気体	（ 1 ）	（ 3 ）	固体
色	淡黄色	（ 2 ）色	（ 4 ）色	（ 5 ）色
融点・沸点	低い ←			→ 高い
反応性	大きい ←			→ 小さい

- 塩素は水に溶け、塩化水素と（ 6 ）を生成するため、塩素水は漂白や殺菌作用がある。
  $Cl_2 + H_2O \rightarrow HCl + HClO$
- ヨウ素デンプン反応
  ヨウ素を含む溶液にデンプン水溶液を加えると溶液が（ 7 ）色になる。この反応は非常に鋭敏なので、ヨウ素あるいはデンプンの検出反応に用いられる。
- ハロゲン化水素（HF、HCl、HBr、HI）
  1）HCl、HBr、HIの水溶液は強酸。
  2）HFの水溶液は水素結合のため弱酸。HFはガラスをとかす。
- ハロゲン化銀の沈殿：AgCl（白）、AgBr（淡黄）、AgI（黄）。

②硫黄（＝16族）の化合物

- 硫化水素 H_2S 無色、腐卵臭、弱酸性、還元性、有毒。
- 二酸化硫黄 SO_2 無色、刺激臭、弱酸性、通常は（ 8 ）性、有毒。

③窒素（＝15族）の化合物

- アンモニア NH_3 無色、刺激臭、水によく溶ける、弱塩基性、空気より（ 9 ）。
- 二酸化窒素 NO_2 （ 10 ）色、刺激臭、強酸性、有毒。
- 一酸化窒素 NO 無色、水に（ 11 ）、空気中で酸化されてNO_2に変化する。

④炭素（＝14族）の単体と化合物

- 炭素の単体 ダイヤモンド、黒鉛。 ・二酸化炭素 CO_2 無色、無臭、弱酸性。
- 一酸化炭素 CO 無色、水に溶けない、有毒。

2 金属元素の単体と化合物 ▶p206

①アルカリ金属（1族）の単体と化合物

- アルカリ金属の単体：Li、Na、K。やわらかい金属。水と反応して（ 12 ）を発生して、強塩基の水酸化物を生じるので、（ 13 ）中に保存。
- 炎色反応：リチウム；（ 14 ）色、ナトリウム；（ 15 ）色、カリウム；（ 16 ）色。
- 水酸化ナトリウム：NaOH 強塩基。空気中の水蒸気と反応し溶ける（ 17 ）性。
- 炭酸ナトリウム十水和物：$Na_2CO_3 \cdot 10H_2O$は、（ 18 ）性がある。

重要事項
スピードチェック

生物 第1章

地学 第2章

物理 第3章

化学 第4章

数学 第5章

・アンモニアソーダ法

　　$NaCl + CO_2 + NH_3 + H_2O \rightarrow NH_4Cl + NaHCO_3$,　$2NaHCO_3 \rightarrow Na_2CO_3 + H_2O + CO_2$

②2族元素とその化合物

・2価の陽イオンとなる。水酸化物は強塩基性。硫酸塩、炭酸塩は水に不溶。

・アルカリ土類金属：Be、Mg以外の2族元素。Ca、Sr、Ba、Ra。

・炎色反応：カルシウム；（ **19** ）色、ストロンチウム；深赤色、

　　　　　　　バリウム；（ **20** ）色。

・Mg：水酸化物は弱塩基性、硫酸塩は水にとける。

③アルミニウム・亜鉛とその化合物

・酸化物・水酸化物：Al_2O_3、ZnO、$Al(OH)_3$、$Zn(OH)_2$は両性（酸と塩基とに反応）。

・ミョウバン：硫酸カリウムアルミニウム十二水和物$AlK(SO_4)_2 \cdot 12H_2O$（このような

　　　　　　　化合物を複塩という）。

④遷移元素とその化合物

・遷移元素：密度大で融点は高い。複数の酸化数をもつ。有色化合物が多い。

・鉄：鉄鉱石を（ **21** ）で還元。Fe^{3+}黄褐、Fe^{2+}淡緑。

・銅・銀：熱濃硫酸や（ **22** ）と反応してとける。Cu^{2+}青、Ag^+無色。

・クロム・マンガンの化合物　$K_2Cr_2O_7$、$KMnO_4$は硫酸酸性で強い（ **23** ）剤。

・錯イオン：金属イオンに陰イオンや分子（配位子）が（ **24** ）結合したイオン。

⑤水溶液中のイオンの反応

・塩化物の沈殿：$AgCl$、$PbCl_2$、Hg_2Cl_2

・硫化物の沈殿：酸性でも沈殿；CuS 黒、PbS 黒、CdS 黄。

　　　　　　　中性・塩基性で沈殿；MnS 淡赤、FeS 黒、ZnS 白。

・水酸化物の沈殿

陽イオン	沈殿	色	NaOH水溶液にとける	NH₃水溶液にとける
Fe^{3+}	$Fe(OH)_3$	赤褐	×	×
Al^{3+}	$Al(OH)_3$	白	$[Al(OH)_4]^-$	×
Zn^{2+}	$Zn(OH)_2$	白	$[Zn(OH)_4]^{2-}$	$[Zn(NH_3)_4]^{2+}$ 無色
Cu^{2+}	$Cu(OH)_2$	青白	×	$[Cu(NH_3)_4]^{2+}$ 深青色
Ag^+	Ag_2O	褐	×	$[Ag(NH_3)_2]^+$ 無色

⑥金属イオンの分離

・HClを加える：〔$AgCl$ 白、$PbCl_2$ 白〕が沈殿。

・酸性でH_2Sを加える：〔CuS黒、CdS黄〕が沈殿。

・H_2Sを除きHNO_3を加え、NH_3を加える：〔$Fe(OH)_3$赤褐、$Al(OH)_3$ 白〕が沈殿。

・アルカリ性でH_2Sを加える：〔ZnS白〕が沈殿。

・$(NH_4)_2CO_3$を加える：〔$CaCO_3$ 白、$BaCO_3$ 白〕が沈殿。

---

1 気体　2 黄緑　3 液体　4 赤褐　5 黒紫　6 次亜塩素酸　7 青紫　8 還元　9 軽い

10 赤褐　11 とけにくい　12 水素　13 石油　14 赤　15 黄　16 赤紫　17 潮解　18 風解

19 橙赤　20 黄緑　21 コークス　22 硝酸　23 酸化　24 配位

おさえておきたい
Point ミニ演習

1 次のア〜エの空欄に当てはまるものを、下の①〜④のうちからそれぞれ1つずつ選べ。

・さらし粉は（　**ア**　）をもつことを利用して、漂白剤や殺菌剤に使われている。

・ハロゲン化銀は（　**イ**　）をもつことを利用して、写真のフィルムに使われている。

・濃硫酸は吸湿性が強いので、（　**ウ**　）として使われている。

・不溶性のポリスチレンに濃硫酸を作用させると、（　**エ**　）として用いられるポリスチレンスルホン酸が得られる。

① 乾燥剤　　② 陽イオン交換樹脂
③ 酸化作用　　④ 感光性

2 アルカリ金属であるナトリウムとアルカリ土類金属であるカルシウムに関する記述として妥当なのはどれか。

ア ナトリウムは2価の陽イオンになり、非金属元素と直接に化合するが、カルシウムは3価の陽イオンのため、それらと化合するには加熱する必要がある。

イ ナトリウムは銀白色の柔らかい金属であり、カルシウムと比べると融点は高く、密度は大きく、イオン化傾向も大きい。

ウ ナトリウムは赤い炎色反応を示すので、元素の検出に利用されているが、カルシウムは特有の炎色反応を示さない。

エ ナトリウムの炭酸塩は水に溶けると一部が加水分解してその水溶液は塩基性を示すが、カルシウムの炭酸塩は水に溶けにくい。

オ ナトリウムの単体は水と反応しないが、カルシウムの単体は常温で水と反応して水素を発生し、その水溶液は酸性を示す。

ア ③
イ ④
ウ ①
エ ②

ア ✕ ナトリウムは1価の陽イオン、カルシウムは2価の陽イオンになりやすい。また、カルシウムは常温で非金属元素である酸素と直接反応する[イオン化傾向：カリウム＞カルシウム＞ナトリウム＞]。

イ ✕ イオン化傾向は、カリウム＞カルシウム＞ナトリウム…の順である。

ウ ✕ ナトリウムの炎色反応は、黄色で、カルシウムの炎色反応は、橙赤色。

エ ◯ カルシウムは、一般に水に溶けやすいが、炭酸カルシウム$CaCO_3$は石灰石の主成分で、水に溶けにくい。

オ ✕ ナトリウムの単体は、常温で水と反応して水素を発生させ、強塩基性を示す。その反応式は、
$2Na＋2H_2O→2NaOH＋H_2$

8 有機化合物の性質

Level 1 ▷ **Q08**　　Level 2 ▷ **Q11**

おさえておきたい
Point　[キーワードチェック]

1 **有機化合物の分類と異性体** ▶ p208

①炭素原子の骨格による分類

　鎖状か環状か、飽和か不飽和かの2点から分類される。

・鎖式化合物（脂肪族化合物）：炭素原子が鎖状（十字型）に結合しているもの。
・環式化合物：炭素原子が環状（亀甲型）に結合しているもの。
　1）芳香族化合物：環式化合物のうち6個の炭素原子でできたもの（ベンゼンC_6H_6）。
　2）脂環式化合物：環式化合物のうち、芳香族化合物以外のもの。
・飽和化合物：炭素原子が、すべて単結合で結合しているもの。
・不飽和化合物：炭素原子の結合に、不飽和結合（二重結合、三重結合）を含むもの。
・炭化水素：炭素と水素だけでできている化合物のこと

脂肪族炭化水素
　鎖式──飽和────アルカンC_nH_{2n+2}（すべて単結合）
　　　　不飽和──アルケンC_nH_{2n}（二重結合1つ）
　　　　　　　　アルキンC_nH_{2n-2}（三重結合1つ）など
　環式──飽和────シクロアルカンC_nH_{2n}（単結合のみ）
　　　　不飽和──シクロアルケンC_nH_{2n-2}（二重結合1つ）など
　芳香族炭化水素───（環式）───ベンゼン環を含む

②官能基による分類

官能基	一般名	化合物の例
ヒドロキシル基　$-OH$	アルコール フェノール類	エタノール　C_2H_5-OH フェノール　C_6H_5-OH
アルデヒド基　$-CHO$	アルデヒド	アセトアルデヒド　CH_3-CHO
ケトン基　$-CO-$	ケトン	アセトン　$CH_3-CO-CH_3$
カルボキシル基　$-COOH$	カルボン酸	酢酸　CH_3-COOH
ニトロ基　$-NO_2$	ニトロ化合物	ニトロベンゼン　$C_6H_5-NO_2$
アミノ基　$-NH_2$	アミノ化合物	アニリン　$C_6H_5-NH_2$

③異性体

（　1　）は同じであるが、構造の異なる物質。構造異性体、幾何異性体、光学異性体。

2 **炭化水素の性質**

①メタン　CH_4　アルカンの一種。

　無色の気体で、燃料として利用。塩素と（　2　）反応して、クロロメタンを生じる。

②エチレン　$CH_2=CH_2$　アルケンの一種。

　臭素と（　3　）反応して、1,2-ジブロモエタンを生じる。

189

③アセチレン　CH≡CH　アルキンの一種。
　　　（　3　）反応しやすい。炭化カルシウム（カーバイド）に（　4　）を加えると発生する。
　　　水の付加…（　5　）が生成する。
　　　酢酸の付加…（　6　）が生成する。
　　　塩化水素の付加…（　7　）が生成する。

③ アルコールの性質 ▶p214

アルコール：鎖式炭化水素の水素原子を－OHで置換したもので、（　8　）性の物質。
　　　　　　　Naと反応してナトリウムアルコキシドと水素を生成する。
第一級アルコールは酸化されて（　9　）、さらに酸化されて（　10　）になる。
(例　エタノールC_2H_5－OH→アセトアルデヒドCH_3－CHO→酢酸CH_3－COOH)
第二級アルコールは酸化されて（　11　）になる。第三級アルコールは酸化されにくい。
アルコールはカルボン酸と反応して（　12　）を生成する。

---

1 分子式　2 置換　3 付加　4 水　5 アセトアルデヒド　6 酢酸ビニル　7 塩化ビニル
8 中　9 アルデヒド　10 カルボン酸　11 ケトン　12 エステル

おさえておきたい
Point 　ミニ演習

次の空欄にあてはまる語句を下から選びなさい。

アルコールには、飲料として用いられる（　**ア**　）アルコー
ルと、燃料・有機溶媒用に用いられる（　**イ**　）アルコールが
ある。（イ）アルコールを誤飲すると（　**ウ**　）する。

タンパク質は、（　**エ**　）が多数結合した構造を持ち、その
種類は無限大である。タンパク質の検出には、濃硝酸を加え熱
すると黄色くなり、さらにアンモニア水で橙色になるという
（　**オ**　）反応がある。

いもや米にふくまれる（　**カ**　）は、炭素、水素、（　**キ**　）
の化合物であり、肉や卵にふくまれているタンパク質は、炭素、
水素、酸素、（　**ク**　）の化合物である。

ア	④
イ	③
ウ	⑨
エ	⑧
オ	⑦
カ	②
キ	⑤
ク	①

①窒素　②でんぷん　③メチル　④エチル　⑤酸素
⑥ニンヒドリン　⑦キサントプロテイン　⑧アミノ酸　⑨失明

生物 第1章

地学 第2章

物理 第3章

化学 第4章

数学 第5章

4 芳香族化合物

①ベンゼン環の性質と反応

ベンゼン環には付加反応は起こりにくく、置換反応が起こる。

例　ベンゼン ⌬ ──ニトロ化──→ （ 1 ） ⌬-NO₂

②フェノール類の性質

フェノール類は弱い （ 2 ） 性を示す。

フェノール類に塩化鉄（Ⅲ）FeCl₃水溶液を作用させると （ 3 ） 色を呈色するものが多い。

③サリチル酸の性質

サリチル酸はフェノール類と （ 4 ） の両方の性質を示す。

サリチル酸はFeCl₃で赤紫色を呈色する。

サリチル酸は炭酸水素ナトリウム水溶液に （ 5 ） を発生させながらとける。

サリチル酸＋メタノール　→（ 6 ）（外用塗布薬）

サリチル酸＋無水酢酸　→（ 7 ）（解熱鎮痛剤）

サリチル酸

5 合成高分子化合物

①付加重合によるもの

ポリエチレン、ポリプロピレン、ポリスチレン、ポリ塩化ビニル　など。

②縮合重合によるもの

ポリエチレンテレフタラートPET（ポリ（ 8 ））、ナイロン（ポリ（ 9 ））　など。

6 地球環境と有機化合物

①オゾン層の破壊

地球の成層圏にあるオゾン層は太陽からの強い紫外線を吸収する。しかし近年スプレー、冷蔵庫の冷媒、溶剤として使われ大気中に放出されたフロン（クロロフルオロカーボン。例えばフロン11、CFCl₃）はその安定性ゆえに成層圏に達するまでは分解されにくく、成層圏で分解されて、オゾン層の破壊につながっている。このため、地表に降りそそぐ紫外線の量が増え、生物への影響が懸念されている。現在では、フロンは全廃の予定で代替品の開発が行われている。

②環境ホルモン

人間の体内に入ってホルモンに似た働きをすることで正常なホルモンの機能を阻害す

る化学物質の総称。分解しにくく残留性が高い。環境ホルモンと疑われている物質として現在までにDDT（p, p'-ジクロロジフェニルトリクロロエタン$C_{14}H_9Cl_5$）、PCB（ポリ塩素化ビフェニル）、（　**10**　）（クロロジベンゾジオキシン：最も毒性が高いのは2,3,7,8-テトラクロロジベンゾ-p-ジオキシン$C_{12}H_4O_2Cl_4$）など70種程度が指摘されている。かつて農薬として広く使用されたDDTは製造・使用が禁止されている。また、かつてコンデンサーに用いられていたPCBも特定化学物質の指定を受け、製造・使用がきびしく規制されている。(10) 類は、ゴミの焼却の際にも生成するため、社会問題になっている。

2,3,7,8-テトラクロロジベンゾ-*p*-ジオキシン

---

1 __ニトロベンゼン__　2 酸　3 紫　4 カルボン酸　5 二酸化炭素　6 サリチル酸メチル
7 アセチルサリチル酸　8 エステル　9 アミド　10 ダイオキシン

おさえておきたい Point ミニ演習

次のア〜ウの空欄に当てはまるものを、下の①〜③のうちからそれぞれ1つずつ選べ。

・（　**ア**　）は希塩酸には溶けるが、うすい水酸化ナトリウム水溶液にはほとんど溶けない。

・（　**イ**　）はうすい水酸化ナトリウム水溶液には溶けるが、希塩酸にはほとんど溶けない。また、少量を水に加えて振り混ぜ、さらに塩化鉄（III）水溶液を加えても、赤〜赤紫の呈色は見られない。

・（　**ウ**　）は希塩酸にも、うすい水酸化ナトリウム水溶液にもほとんど溶けない。また、少量を臭素の四塩化炭素溶液に加えて振り混ぜると、直ちに臭素の色が消える。

① スチレン　　② アニリン　　③ 安息香酸

ア ②　イ ③　ウ ①

ア アニリン（$C_6H_5NH_2$）は代表的な芳香族アミン。塩基性物質で、酸性の希塩酸には溶けるが、塩基性のうすい水酸化ナトリウム水溶液にはほとんど溶けない。

イ 安息香酸（C_6H_5COOH）は代表的な芳香族カルボン酸。酸性物質で、塩基性のうすい水酸化ナトリウム水溶液には溶けるが、酸性の希塩酸にはほとんど溶けない。

ウ スチレン（$C_6H_5C_2H_3$）は芳香族炭化水素。希塩酸にもうすい水酸化ナトリウム水溶液にもほとんど溶けない。また、二重結合をもつので、容易に付加反応が起こり臭素の色を消す。

❖**MEMO**❖

Q01 化学結合

問 原子の結合からみた物質に関する次の記述のうち、正しいものはどれか。 (地方上級)

1 分子結晶は、分子間力が強く、固体・液体ともに電気を通さない。この例としてダイヤモンドが挙げられる。

2 イオン結合による物質は、固体では電気を通さないが、融解すると電気を通すようになり、例として水酸化ナトリウムが挙げられる。

3 共有結合による物質は、結合が弱いため、融点が低く、例としてナフタレンが挙げられる。

4 金属結合による物質は融点が低く、硬いものや軟らかいものがあり、例としてヨウ素がある。

5 配位結合はほかより結合力が強く、例として塩化カルシウムが挙げられる。

Point キーワードチェック

●結晶の比較表

結晶	イオン結晶	共有結合の結晶	分子結晶**	金属結晶
結合の種類	イオン結合	共有結合	分子間力	金属結合
結晶の構成	陽イオン、陰イオン	原子	分子	陽イオンと自由電子
例	塩化ナトリウム	ダイヤモンド	ヨウ素	鉄
性質 融点・沸点	非常に (1)	非常に高い	低い	高いものが多い
電導性	低いものが多い*	低いものが多い	低いものが多い	(2)
機械的性質	硬くて脆い	極めて (3)	(4) くて脆い	展性・延性を持つ

　　*液体は高い

　　**分子内は共有結合

●イオン結合

①イオン結合:陽イオンと陰イオンの間の (5) 力(クーロン力)による結合。

②組成式の読み方:陰イオン、陽イオンの順で読む。

組成式	陰イオン	陽イオン	名称
NaCl	Cl^-　塩化物イオン	Na^+　ナトリウムイオン	塩化ナトリウム
$CaCO_3$	CO_3^{2-}　炭酸イオン	Ca^{2+}　カルシウムイオン	炭酸カルシウム

問題でPoint を理解する
Level 1 **Q01**

生物 第1章
地学 第2章
物理 第3章
化学 第4章
数学 第5章

●共有結合と分子

①共有結合：となり合う原子が価電子のいくつかを共有することによって形成される結合。

②共有結合の結晶：多数の原子が共有結合でつながっている結晶。共有結合の結晶はきわめてかたく、融点が高い。

③構造式：共有結合で共有されている2個(1対)の電子を1本の線(価標)によって示した式。

例：水素分子　H_2…H（原子価1）→ H−H　※原子価：共有結合に用いられる電子の数
　　酸素分子　O_2…O（原子価2）→ O=O
　　窒素分子　N_2…N（原子価3）→ N≡N

④結合の種類
・単結合：1本の価標で表せる共有結合。
・二重結合：2本の価標で表せる共有結合。
・三重結合：3本の価標で表せる共有結合。

●分子結晶と分子間力

①分子間力：分子間に働く弱い引力。（　6　）力ともいう。

②分子結晶：分子間力によって分子どうしが結びついた結晶。分子間力は弱いので分子結晶はやわらかく融点が低い。電気を導かない。

●金属結合

①自由電子：金属中では金属原子の価電子が多数のとなり合っている原子の間を自由に動き回っている。このような電子を自由電子という。

②金属結合：自由電子による金属原子間の結合。金属結合は結合に方向性がない。

③金属結晶：金属結合によってできている結晶。

---

1 高い　2 高い　3 硬い　4 柔らか　5 静電気　6 ファンデルワールス

A01　正解−2

1−誤　分子間力（ファンデルワールス力）は非常に弱い力である。また、ダイヤモンドは炭素原子が共有結合してできた結晶である。

2−正　融解して液体になるとイオンが自由に動き回れるため電気を通しやすくなる。

3−誤　共有結合による物質は、結合が強いため、融点が高い。例はダイヤモンドや二酸化ケイ素がある。

4−誤　ヨウ素は金属結合による物質ではなく分子結晶。また、金属結合による物質は水銀のように融点の低いものもあれば、電球のフィラメントに用いるタングステンのように融点の高いものもある。

5−誤　配位結合の力はファンデルワールス力より強いが、ほかの化学結合より弱い。また、塩化カルシウムはイオン結合からなる物質である。

Q02 物質量・気体の状態方程式

問 体積9.0Lの容器に、窒素1.4gと酸素8.0gを入れて混合し、温度を27℃に保った。この混合気体の全物質量（モル数）と容器内部の全圧の組合せとして、妥当なものはどれか。ただし、気体定数を0.082〔atm・L/（K・mol）〕、窒素の原子量を14.0、酸素の原子量を16.0とし、小数第3位を四捨五入する。

(地方上級)

	全モル数	全圧
1	0.15mol	0.70atm
2	0.20mol	0.74atm
3	0.25mol	0.78atm
4	0.30mol	0.82atm
5	0.35mol	0.86atm

Point　キーワードチェック

●質量と物質量との関係

物質1molあたりの質量をモル質量（g/mol）といい、原子量・分子量・式量に（g/mol）の単位をつけるとモル質量になる。したがって、物質の質量（g）をモル質量（g/mol）で割ると物質量（mol）になる。

●化学反応式の表す量的関係

化学反応式は化学反応における各物質の物質量の関係を表す。気体反応の場合には、同温・同圧での気体の体積の関係も表す。

例

化学反応式	$2H_2$	$+$	O_2	$\rightarrow$	$2H_2O$
物質名	水素		酸素		水
反応モル数	2モル		1モル		2モル
反応質量	4g		32g		36g
体積（標準状態）	44.8L		22.4L		（44.8L…水蒸気）
分子数	1.2×10^{24}		6.0×10^{23}		1.2×10^{24}

●気体の性質

①ボイルの法則：温度が一定のとき、気体の体積 は（　1　）に反比例する。

②シャルルの法則：圧力が一定のとき、気体の体積 V は温度 t〔℃〕が1度上がるごとに、0℃のときの体積 V_0 の1/273ずつ増加。

問題でPointを理解する

Level 1 Q02

生物 第1章
地学 第2章
物理 第3章
化学 第4章
数学 第5章

③ボイル・シャルルの法則

・気体の体積 V は圧力 P に反比例し、（ **2** ）に比例する。 $\dfrac{P \times V}{T} = $ 一定

・絶対温度 V_1 、圧力 P_1 のとき、体積 V_1 の気体が、絶対温度 T_2 、圧力 P_2 のとき、体積 V_2 になったとすると、 $\dfrac{P_1 \times V_1}{T_1} = \dfrac{P_2 \times V_2}{T_2}$

④気体の状態方程式

物質量 n〔mol〕の気体が、温度 T [K]、圧力 P [atm] で V [L] の体積であるとき、R を気体定数として次の関係が成り立つ。 （ **3** ）

⑤全圧・分圧

混合気体で、その成分気体が単独で混合気体と同じ体積をしめたとしたときの圧力を分圧といい、 混合気体全体の圧力を全圧という。

⑥ドルトンの分圧の法則

混合気体の全圧 P は各成分気体の分圧 ($P_A, P_B, \cdots\cdots$) の和に等しい。また、分圧の比は、各成分気体の物質量の比に等しい。 $P = P_A + P_B + \cdots\cdots$

---

1 圧力 P **2** 絶対温度 T **3** $PV = nRT$

出題 Point：物質量と化学反応式　　化学反応式の表す量的関係

炭酸カルシウム$CaCO_3$ 0.5gに、濃度1.0mol/Lの塩酸を10cm³加えたときに発生する気体とその物質量を答えよ。ただし、$CaCO_3$の式量を100とする。

（解答　反応式は、$CaCO_3 + 2HCl \rightarrow CaCl_2 + H_2O + CO_2$　となるので、式の係数から、炭酸カルシウムと同じ物質量の二酸化炭素が発生する。$CaCO_3 = 0.5 \div 100 = 0.005$g/mol、$HCl = 0.01 \times 1.0 = 0.01$ g/mol であり、$CaCO_3 : HCl = 1 : 2$で全てが反応するので、二酸化炭素の物質量も0.005g/molとなる。）

A02 正解—4

$N_2 = 28.0$、$O_2 = 32.0$ より窒素と酸素の混合気体の物質量は、

$$\frac{1.4}{28.0} + \frac{8.0}{32.0} = 0.30 \text{ [mol]}$$

混合気体の全圧 P は気体の状態方程式 $PV = nRT$ より、

$$P = \frac{0.30 \times 0.082 \times (27 + 273)}{9.0} = 0.82 \text{ [atm]}$$

Q03 気体の性質

問 A〜Eはそれぞれ気体に関する記述であるが、これらに当てはまる気体の組合せとして正しいものはどれか。 (国家一般)

A 空気より重く、可燃性も助燃性もない。水に溶けると酸性を示す。石灰岩にうすい塩酸を注ぐと発生する。

B 可燃性はないが助燃性がある。空気中の約2割を占める気体である。二酸化マンガンにうすい過酸化水素水を注ぐと発生する。

C 特有の刺激臭がある。空気より軽く、可燃性も助燃性もない。水によく溶け、その水溶液は塩基性を示す。

D 最も軽い気体で、色やにおいはない。助燃性はないが、可燃性がある。亜鉛やアルミニウムなどの金属にうすい塩酸を注ぐと発生する。

E 空気中の約8割を占める気体で、色やにおいがなく、水に溶けにくい。また、可燃性も助燃性もない。

	A	B	C	D	E
1	二酸化炭素	酸素	アンモニア	水素	窒素
2	二酸化炭素	水素	アンモニア	ヘリウム	酸素
3	二酸化炭素	酸素	一酸化炭素	水素	窒素
4	窒素	水素	一酸化炭素	ヘリウム	二酸化炭素
5	窒素	酸素	一酸化炭素	ヘリウム	二酸化炭素

Point キーワードチェック

●酸素の性質

無色、無臭の気体。水にはほとんど溶けない。空気中の約（ **1** ）％を占め、空気よりやや重い。酸素と他の物質との反応をとくに酸化といい、生成物を酸化物という。酸素中では、空気中で燃えにくい物質でもはげしく燃える。

〈酸素の用途〉 溶接の際に利用する。また傷病人のための酸素吸入など。

●水素の性質

無色、無臭の気体。水に溶けにくい。すべての気体中で一番軽い。空気中（酸素中）で点火すると爆音が生じ、水蒸気を生成する（水素と酸素を（ **2** ）の体積の割合でもっともはげしく爆発して燃える）。還元作用（他の物質から酸素を奪う作用）が強く、金属酸化物の還元剤として利用される。

〈水素の用途〉 燃料電池、水素自動車エンジンの燃料。また軽気球に利用される。

●アンモニアの性質

　無色、刺激臭の気体。空気より軽い。水にきわめてとけやすく、水に溶けて弱い（　3　）性を示す。塩化水素と反応して、塩化アンモニウムの白煙を生ずる。ネスラー試薬を加えると黄赤褐色の沈殿を生じる。

　〈アンモニアの用途〉　窒素肥料、医薬品、工業原料として重要。

●塩化水素の性質

　無色、刺激臭。空気より重い気体。水にとけやすく、とけた水溶液を（　4　）といい、強い酸性を示す。アンモニアと反応して、塩化アンモニウムの白煙を生じる。

　〈塩化水素の用途〉　塩酸、工業原料、薬品原料、実験室用試薬など。

●塩素の性質

　黄緑色、刺激臭のある気体で有毒。空気より（　5　）い。水にとけやすく、水にとけて次亜塩素酸を生じ、殺菌・漂白作用が強い。ヨウ化カリウムデンプン紙を青変する。消石灰に吸収されてサラシ粉（殺菌・漂白作用）になる。

　〈塩素の用途〉　塩酸、サラシ粉の製造、医薬品原料。

●窒素酸化物NO_x（一酸化窒素：NO、二酸化窒素：NO_2）

　大気汚染の原因物質の1つ。自動車のエンジン内など高温下で生じる。一酸化窒素は無色で、水に難溶。空気よりやや重い。空気中で酸化され二酸化窒素になる。二酸化窒素は赤褐色で特異臭。水にとけて硝酸を生じる。空気より重い。

　〈窒素酸化物の用途〉　硝酸の工業的製法（オストワルト法）の中間材料。工業原料。

---

1 20　2 2：1　3 アルカリ　4 塩酸　5 重

A03　正解ー1

A は二酸化炭素。二酸化炭素の分子量は44で、空気の28.8より重い。水溶液は炭酸水で弱酸性。

B は酸素。酸素自体には可燃性はなく、助燃性がある。二酸化マンガンは過酸化水素を分解する触媒として使われる。　$2H_2O_2 \rightarrow 2H_2O + O_2$

C はアンモニア。アンモニアの分子量は17。一酸化炭素は無臭で、水に溶けにくい。

D は水素。水素の分子量は2.0。実験では亜鉛に希硫酸を加えて発生させる。

E は窒素。無色無臭で水にほとんど溶けない。また、空気は他に酸素（約20%）・アルゴン（1%未満）・二酸化炭素（0.04%未満）などで構成される。

Q04 中和反応

問 0.1mol/LのHCl 水溶液10mlと0.25mol/LのNaOH水溶液を完全に中和させるとき必要なNaOH水溶液の量として、正しいものは次のうちどれか。　　　　　(地方上級)

1　1ml　　2　2ml　　3　3ml　　4　4ml　　5　5ml

Point　キーワードチェック

●酸と水素イオン

酸にはHCl、H_2SO_4など、いずれも（　1　）原子が含まれている。水にとけ電離し、それが（　1　）イオンとなる。

$$HCl \rightarrow H^+ + Cl^- \qquad H_2SO_4 \rightarrow 2H^+ + SO_4^{2-}$$

①電離し、生じる水素イオンの数が多ければ多いほど酸は強くなる。ただし、電離する割合は物質によって異なるため、化学式からだけでは判断できない。

②強酸…塩酸（HCl）、硝酸（HNO_3）、硫酸（H_2SO_4）など

　弱酸…炭酸（H_2CO_3）、酢酸（CH_3COOH）など

●塩基と水酸化物イオン

塩基にはNaOH、$Ca(OH)_2$など、いずれもOHが含まれている。水にとけ電離し、それが（　2　）イオンとなる。

$$NaOH \rightarrow Na^+ + OH^- \qquad Ca(OH)_2 \rightarrow Ca^{2+} + 2OH^-$$

①電離し、生じる（　2　）イオンの数が多ければ多いほどアルカリ（塩基）は強くなる。酸と同様、電離の割合は物質によって異なり、化学式からだけでは判断できない。

②強アルカリ…水酸化ナトリウム（NaOH）、水酸化カリウム（KOH）など

　弱アルカリ…水酸化鉄（Ⅲ）（$Fe(OH)_3$）、アンモニア水（NH_{3aq}）など

●中和

酸性を示す原因の水素イオン（H^+）とアルカリ性を示す水酸化物イオン（OH^-）が反応すると、互いの性質をうち消しあう。

(1)中和反応

酸のH^+と塩基（アルカリ）のOH^-とが結合して水と（　3　）ができる。

$$HCl + NaOH \rightarrow NaCl + H_2O$$

(2)塩

酸と塩基（アルカリ）が中和してできる物質。

(3)塩の液性

塩は水にとけて中性のもの、酸性のもの、塩基性のものの3種類に分類される。これは塩の組成の分類であって、これらの水溶液の酸性・アルカリ性とは一致しない。

問題でPointを理解する
Level 1 **Q04**

生物 第1章
地学 第2章
物理 第3章
化学 第4章
数学 第5章

①中性塩（正塩）

　強酸と強アルカリの中和でできている塩。HやOHを含まない。（食塩、塩化カルシウム、硫酸ナトリウム、硝酸カリウムなど）

②酸性塩

　強酸と弱アルカリでできている塩。H原子を含む。（塩化アンモニウム）

③塩基性塩

　強アルカリと弱酸からできている塩。原子団OHを含む。（炭酸ナトリウム、炭酸カリウム）

◉**中和の量的関係**

　酸と塩基が過不足なく中和する場合は、酸の出すH^+の物質量と塩基の出すOH^-の（　**4**　）量が等しい。

$$H^+（酸の価数×物質量）＝OH^-（塩基の価数×物質量）$$

酸の価数×酸のモル濃度×酸の体積＝塩基の価数×塩基のモル濃度×塩基の体積

　　a 価の c［mol/L］の酸 V［L］＝ a′価の c′［mol/L］の塩基 V′［L］

$$acV＝a'c'V'$$

---

1 水素　2 水酸化物　3 塩　4 物質

A04 正解ー4

　$HCl + NaOH \rightarrow NaCl + H_2O$

HCl は 1 価の酸、NaOH は 1 価の塩基で価数は等しいから、H^+ と OH^- の物質量が等しくなればよい。

中和させるとき必要な NaOH 水溶液の体積を v ml とすると、

中和の公式　$acV = a'c'V'$ から

$$1 \times 0.1 \times \frac{10}{1000} = 1 \times 0.25 \times \frac{v}{1000}$$

v = 4［ml］　したがって必要な NaOH 水溶液は 4ml となる。

Q05 酸化・還元

問 次の酸化・還元に関する記述の（ア）～（キ）のうち、（ア）、（イ）、（エ）、（カ）に入るものを正しく組み合わせているのはどれか。 (国家一般)

　ある物質が（　ア　）と化学反応して化合物を作ったり、生成する物質に含まれる（ア）の量が元の状態より増加することを酸化といい、逆に化合物から（ア）がはずれる化学反応を還元という。また、電子のやり取りから説明すると、一般にある物質又はイオンが（　イ　）反応を酸化といい、（　ウ　）反応を還元といっている。

　電子の移動が起こる反応で、酸化と還元が同時に起こる場合を酸化還元反応というが、たとえば、亜鉛板を銅イオンを含む溶液に浸すと、亜鉛板の表面に銅が析出する。

$$Zn + Cu^{2+} \rightarrow Zn^{2+} + Cu$$

　この反応では、Znは（　エ　）されたといい、Cu^{2+}は（　オ　）されたということができ、全体の化学反応は酸化還元反応である。

　化合物を構成している原子の間で、電子のやり取りが生じていることを示すものとして酸化数というものが使われる。酸化数を使って還元や酸化を表現すると、酸化数が（　カ　）ことが還元であり、（　キ　）ことが酸化であるということができる。

　上記の式では反応する前の酸化数はZnでは0、Cu^{2+}では＋2、反応の後の酸化数はZn^{2+}では＋2、Cuでは0となったことになる。

	（ア）	（イ）	（エ）	（カ）
1	酸素	電子を失う	還元	増加する
2	酸素	電子を失う	酸化	減少する
3	酸素	電子を得る	還元	増加する
4	水素	電子を得る	酸化	増加する
5	水素	電子を得る	還元	減少する

Point　キーワードチェック

●酸化と還元

	酸化された	還元された
酸素	化合する	失う
水素	失う	化合する
電子	失う	得る
酸化数	増加する	減少する

●酸化数
　①単体の原子の酸化数＝0　（H_2、O_2…0）
　②単原子イオンの酸化数＝イオンの価数　（Mg^{2+}…＋2）
　③化合物中の水素原子の酸化数はふつう＋1、酸素原子の酸化数はふつう－2
　　例：H_2OではH；＋1、O；－2　ただし、H_2O_2ではH；＋1、O；－1
　④化合物中の原子の酸化数の総和＝0
　⑤多原子イオン中の原子の酸化数の総和＝イオンの価数

●酸化剤と還元剤
　酸化剤とは相手の物質から電子を奪い酸化する物質（自身は（　1　）されやすい物質）で、還元剤とは相手の物質に電子を与え還元する物質（自身は（　2　）されやすい物質）である。
　ただし、一般に酸化剤として働く物質であっても、より酸化作用の強い物質と反応する場合は還元剤として働き、酸化剤・還元剤の強弱は相対的なものである（反応する相手物質によって決定される）。

●金属イオン化傾向
　①金属のイオン化列…左のものほど陽イオンになりやすい。
　　K＞Ca＞Na＞Mg＞Al＞Zn＞Fe＞Ni＞Sn＞Pb＞（H_2）＞Cu＞Hg＞Ag＞Pt＞Au
　②イオン化傾向と水との反応
　　K～Na…常温で水と反応して（　3　）を発生。
　　Mg～Fe…高温の水蒸気と反応して（　3　）を発生。
　　Ni～Au…反応しにくい。
　③イオン化傾向と酸との反応
　　K～Pb…希酸と反応して水素を発生。
　　Cu～Ag…酸化力の強い酸に溶ける。水素は発生しない。
　　Pt、Au…（　4　）に溶ける。

1 還元　2 酸化　3 水素　4 王水

A05 　正解－2

ア 「…量が元の状態より増加することを酸化」より、酸素、が入る。
イ 「…イオンが（イ）反応を酸化」より、電子を失う、が入る。
ウ 「…反応を還元といっている」より、イと反対の、電子を得る、が入る。
エ 「$Zn \rightarrow Zn^{2+}$」より、酸化、が入る。
オ 「$Cu^{2+} \rightarrow Cu$」より、還元、が入る（エの反対）。
カ 「酸化数が（カ）ことが還元」より、減少する、が入る。
キ 「酸化数が…（キ）ことが酸化」より、増加する、が入る（カの反対）。

Q06 電池

問 電池に関する次の記述中の空欄A ～ Dに当てはまる語句の組合せとして妥当なものはどれか。

(国家一般)

　化学反応を利用して電気を取り出す化学電池には、乾電池、蓄電池などがある。一般に、イオン化傾向の違う2つの金属を電解質の水溶液に浸すと電池ができる。すなわち、（　**A**　）によって移動する電子を取り出し、連続的な電子の流れが得られるようにした装置が電池である。日常用いられるマンガン乾電池は、新しいものは約（　**B**　）の起電力があり、置時計や懐中電灯などに適している。起電力を生じる反応が（　**C**　）である電池は二次電池といわれ、その一種である鉛蓄電池は負極に鉛、正極に二酸化鉛、電解液に希硫酸を用いたものであるが、放電するに従って両極とも水に溶けない（　**D**　）を生じる。起電力が衰えたとき、反対方向に電流を流すと放電のときと反対の化学反応が起き、充電される。

	A	B	C	D
1	酸化還元反応	1.5V	可逆反応	$PbSO_4$
2	酸化還元反応	10V	不可逆反応	PbS
3	酸化還元反応	10V	可逆反応	$PbSO_4$
4	置換反応	1.5V	可逆反応	PbS
5	置換反応	10V	不可逆反応	$PbSO_4$

Point　キーワードチェック

◉酸化還元反応

⑴酸化反応

①酸素との化合：物質が酸素と化合したときに、酸化されたという。
- 水素の燃焼　　$2H_2+O_2\rightarrow 2H_2O$　　　　・炭素の燃焼　$C+O_2\rightarrow CO_2$（完全燃焼）
- イオウの燃焼　$S+O_2\rightarrow SO_2$　　　　・赤リンの燃焼　$4P+5O_2\rightarrow 2P_2O_5$（五酸化二リン）
- マグネシウムの燃焼　$2Mg+O_2\rightarrow 2MgO$

②金属の酸化反応：金属が酸素と反応することを金属の酸化という。
- アルミニウム　　$4Al+3O_2\rightarrow 2Al_2O_3$　（せん光を発して燃え、白色粉末になる）
- 鉄　　$3Fe+2O_2\rightarrow Fe_3O_4$　（火花をちらして燃え、黒色の四酸化三鉄になる）
- マグネシウム　　$2Mg+O_2\rightarrow 2MgO$　（せん光を発して燃え、白色粉末になる）

⑵還元反応

酸化物から酸素をうばいとる反応を還元という。
①水素を用いる還元　$CuO+H_2\rightarrow Cu+H_2O$
②炭素を用いる還元　$2CuO+C\rightarrow 2Cu+CO_2$

(3)酸化と還元の関係

酸化と還元は常に同時に起こる。

例： $2CuO$ ＋ C → $2Cu$ ＋ CO_2
　　　　　↑　　　　　↑
　　　　還元される　酸化される

◉電池

酸化還元反応を利用して（　**1**　）反応のエネルギーを（　**2**　）エネルギーに変える装置。使うともとにもどらない電池を一次電池といい、外部から逆向きの電流を流し起電力を回復し反復使用ができる電池を二次電池（蓄電池）という。

(1)電極

①負極：電子が流れ出る極＝電流が流れこむ極。負極では、（　**3**　）反応が起こる。2種の金属で電池をつくった場合、イオン化傾向の大きい金属が負極となる。

②正極：電子が流れこむ極＝電流が流れ出る極。正極では、（　**4**　）反応が起こる。

(2)実用電池の種類と起電力

ボルタ電池（約1.1 V）、ダニエル電池（約1.1 V）
マンガン乾電池（約1.5 V）、鉛蓄電池（約2.0 V）

①アルカリマンガン乾電池（約1.5 V）：KOH水溶液を電解液にして性能が大きく向上

②リチウム電池（約3.0 V）：負極にイオン化傾向の高いリチウムを使用し高い起電力

③ニッケル・カドミウム蓄電池（約1.2 V）：負極Cd、正極NiO（OH）の二次電池

④リチウムイオン電池（約4.1 V）：ノートPC・携帯電話に使用される二次電池

---

1 化学　**2** 電気　**3** 酸化　**4** 還元

A06　正解－1

・マンガン乾電池（起電力約1.5 V）　（－)Zn｜$ZnCl_2$(aq)、NH_4Cl(aq)｜MnO_2、C（＋）
・鉛蓄電池（起電力約2.0 V）　（－）Pb｜H_2SO_4(aq)｜PbO_2（＋）

電子が移動する反応は酸化還元反応（　**A**　）で、化学電池はこれを利用している。マンガン乾電池は約1.5V（　**B**　）の起電力がある。鉛蓄電池は、放電によって両極とも不溶性の硫酸鉛 $PbSO_4$（　**D**　）が生じ、充電によって起電力が回復する（　**C**　）。

Q07 金属元素

問 次のA～Dの化学的性質をもつ金属として、妥当なものはどれか。　　　（国税専門官）

A この金属の無水硫酸塩は、白色の粉末で、水に触れると青色に変わる。

B この金属イオンの水溶液は、硫化水素ガスを通すと、黒色沈殿を生じる。

C この金属イオンの水溶液は、アンモニア水を加えると、はじめ沈殿を生じるが、過剰に
加えると、錯イオンの水溶液となる。

D この金属は、炎色反応では青緑色光を発する。

1 鉄　　2 銅　　3 銀　　4 水銀　　5 亜鉛

Point　キーワードチェック

●アルカリ金属・アルカリ土類金属

周期表1族で、H以外をアルカリ金属という（$_3$Li、$_{11}$Na、$_{19}$K、$_{37}$Rb、$_{55}$Cs、$_{87}$Fr）。

イオンとして海水や鉱物に含まれ、天然に単体は存在しない。原子半径が大きく価電子が1個なのでやわらかい金属（軽金属）である。単体・化合物には特有の（　1　）反応が見られる。空気中でも水と反応して水素を発生するので、石油中に保存する。

	Li	Na	K	Rb	Cs
炎色反応	深赤	（　2　）	赤紫	深赤	青紫
反応性	小さい←				→大きい
融点	高い←				→低い

周期表（　3　）族で、$_4$Be、$_{12}$Mg以外をアルカリ土類金属という（$_{20}$Ca、$_{38}$Sr、$_{56}$Ba、$_{88}$Ra）。アルカリ土類金属は常温で水と反応し水素を発生する。炎色反応も見られる(Ca:橙、Sr：深赤、Ba：黄緑)。

●両性元素

金属元素とは、遷移元素と典型元素の周期表左上の元素で、非金属元素は典型元素の周期表右上の元素をさす。通常、同周期では原子番号が小さいほど、同族では原子番号が大きいほど（　4　）性が強い。したがって、アルミニウム$_{13}$Al、亜鉛$_{30}$Zn、スズ$_{50}$Sn、鉛$_{82}$Pbなどは、金属性も非金属性もそれほど強くなく、両者の性質をもつものがある。これらの両性元素は、酸とも塩基とも反応する。

●遷移元素

周期表3族から11族の金属元素を遷移元素といい、鉄・銅・銀・ニッケルなど身近で重要な金属が多い。単体は融点が（　5　）く、一般的に硬度・密度も大きい（Sc以外は重金属）。

◉錯イオン

　金属イオンに、NH_3・CN^-・Cl^-・OH^-・H_2Oなどの分子または陰イオン（配位子）が結合したものを錯イオンという。遷移元素の陽イオンが多く錯イオンを構成する。配位数（配位子の数）は中心金属によってほぼ決まっている。

◉鉄$_{26}$Fe

　単体としては少ないが、酸化物・硫化物などとして地中に多量に含まれる。水素よりもイオン化傾向が大きく、Fe^{2+}とFe^{3+}の２種類のイオンが存在する。NaOH水溶液やNH$_3$水で$Fe(OH)_2$（淡緑色）、$Fe(OH)_3$（赤褐色）の沈殿が生じる。

◉銅$_{29}$Cu・銀$_{47}$Ag

　銅（II）イオン・銀イオンともNaOH水溶液やNH$_3$水（少量）で、$Cu(OH)_2$（青白色）やAg_2O（褐色）の沈殿を生成。過剰のNH$_3$水には錯イオンになって溶ける。
　展性・延性が大きく（金Auに次いで銀Agが大きい）、熱伝導性・電気伝導性が大きい（銀Agが最も大きく、次いで銅Cu）。

---

1 炎色　2 黄　3 2　4 金属　5 高

出題 Point：無機化合物の性質　アルカリ金属・アルカリ土類金属

　次の記述の空欄に入る適切な語句を答えよ。
　アルカリ金属の原子は1個の価電子をもち、1価の［　A　］イオンになりやすい。アルカリ金属の化合物のうち、重曹とも言われ胃腸薬やベーキングパウダーなどに用いられる［　B　］は、塩酸などの酸と反応して二酸化炭素を発生する。
　アルカリ土類金属の化合物のうち、大理石や貝殻などの主成分である［　C　］は、水には溶けにくいが、二酸化炭素を含む水には炭酸水素イオンを生じて溶ける。また、しっくいや石灰モルタルなどの建築材料や酸性土壌の改良剤などに用いられる［　D　］は、消石灰とも言われ、水に少し溶けて強い塩基性を示す。
（解答　A 陽　B 炭酸水素ナトリウム　C 炭酸カルシウム　D 水酸化カルシウム）

A07 　正解ー2

Aの条件に合うのは銅である。$CuSO_4$ は白色で、水に触れると五水和物 $CuSO_4 \cdot 5H_2O$ になり青色に変わる。
Bの条件に合わないのは亜鉛である。ZnS は白色。
Cの条件に合うのは銅、銀、亜鉛。銅の場合、はじめ $Cu(OH)_2$ の沈殿を生じるが、過剰に加えると $[Cu(NH_3)_4]^{2+}$ を生じて溶ける。
Dの炎色反応は、アルカリ金属（1族）、アルカリ土類金属（2族）および銅（11族）など、各金属元素に特有な性質である。花火の着色、金属の定性分析に利用される。

Q08 有機化合物

問 有機化合物の特徴についての説明として正しいものは、次のうちどれか。 （地方上級）

1 一般に分子からなり、融点・沸点の高いものが多い。また、高温でも分解しにくく、燃えにくい。

2 一般に水には溶けやすいが、アルコール、エーテルなどの有機溶媒には溶けにくい。

3 化合物の種類は無機化合物に比べ多く、炭素原子の共有結合が基本的な構造をつくる。

4 化合物の種類が多いのと同様に、構成元素もNを主成分としてH、O、Sなど、その種類も無機化合物に比べ非常に多い。

5 ブタンとイソブタンのように原子の結びつき方が同じで、分子式と性質が異なる異性体の存在する化合物は少ない。

Point **キーワードチェック**

●有機化合物の分類と異性体

⑴炭素原子の骨格による分類

⑵官能基による分類

官能基名	一般名	化合物の例
ヒドロキシル基 $-OH$	（ 5 ）	メタノール
	フェノール類	フェノール
アルデヒド基 $-CHO$	（ 6 ）	アセトアルデヒド
ケトン基 $-CO-$	ケトン	アセトン
カルボキシル基 $-COOH$	カルボン酸	酢酸
ニトロ基 $-NO_2$	ニトロ化合物	ニトロベンゼン
アミノ基 $-NH_2$	アミノ化合物	アニリン

⑶異性体

分子式は同じであるが分子構造が異なり、したがって性質も異なる物質。
構造異性体、幾何異性体、光学異性体

●主な炭化水素の性質
①メタンCH_4…無色の気体で、燃料として利用。置換反応する。
②エチレンC_2H_4…付加反応や付加重合しやすい。
③アセチレンC_2H_2…炭化カルシウムに水を加えると発生する。付加反応しやすい。

●アルコールとその関連物質
①アルコール
　鎖式炭化水素の水素原子をOHで置換したもので、中性の物質である。
②アルコールの性質
　Naと反応…ナトリウムアルコキシドと水素が生成。
　酸化…第1級アルコールは酸化されてアルデヒド、さらに酸化されてカルボン酸になる。
　　　　第2級アルコールは酸化されてケトンになる。
　エステル化…カルボン酸と反応してエステルをつくる。

●芳香族化合物
①ベンゼン環（C_6H_6）の反応…ベンゼン環には付加反応は起こりにくく、一般に置換反応が起こる。（ハロゲン化、ニトロ化など）
②主な芳香族化合物の名前と構造式

ベンゼン　　　　ナフタレン　　　　　　　　トルエン CH_3　　オルト-キシレン CH_3
　　　　　　　　　　　　　　　　　　　　　　　　　　　　　　　　　　　CH_3

フェノール OH　　アニリン NH_2　　安息香酸 $COOH$

┌───┐
│ 1アルカン　2アルケン　3アルキン　4シクロアルカン　5アルコール　6アルデヒド │
└───┘

A08　正解－3

1－誤　有機化合物は高温で分解しやすく、燃えやすいものが多い。
2－誤　有機化合物は水に溶けにくく、有機溶媒に溶けやすいものが多い。
3－正　19世紀初頭までは生物により生み出されるものとされた有機物は、現在、炭素化合物の総称とされる。
4－誤　構成元素の主成分は炭素 C である。
5－誤　有機化合物では分子式が同じでも、分子を構成する原子の結びつき方が異なる異性体の存在する化合物が非常に多い。

Q09 電気分解

問 3つの水溶液　ア 希硫酸（H_2SO_4）　イ 水酸化ナトリウム水溶液（NaOH）　ウ 塩化銅水溶液（$CuCl_2$）にそれぞれ図のように電極（炭素棒）を入れ、直流電源につないだところ、電流が流れた。これに関する記述として、妥当なものはどれか。　　　（地方上級）

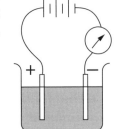

1　＋極では、ア、イ、ウともにO_2が発生する。
2　＋極では、アではSO_2が、イではO_2が、ウではCl_2が発生する。
3　－極では、ア、イ、ウともにH_2が発生する。
4　－極では、アとイではH_2が発生し、ウではCuが析出する。
5　－極では、アではH_2が発生し、イではNaが、ウではCuが析出する。

PointCheck

◉電気分解のしくみ

　電解質水溶液に直流電流を流すと、陽極では陰イオンが電子を失い、陰極では陽イオンが電子を得る変化が起こる。これは電気エネルギーによって、陽極で酸化、陰極で還元が起こる酸化還元反応である。

　　※酸化数：酸化と還元を考えやすくするための目安で、ある原子が持っている電子の過不足の数。1つの化学反応では、酸化と還元は同時に進行し、増加した酸化数の合計＝減少した酸化数の合計となる。

　①陽極：電気分解で、外部電源の正極につないだ電極。
　　陽極上で物質は電子を失い、酸化される。
　　※水溶液の電気分解で、陽極での酸化反応の起こりやすさは次の順序。
　　　$Cl^- > OH^-$、　$H_2O > NO_3^-$、SO_4^{2-}
　②陰極：電気分解で、外部電源の負極につないだ電極。
　　陰極上で物質は電子を受け取り、還元される。
　　※水溶液の電気分解で、陰極での還元反応の起こりやすさは次の順序。
　　　$Ag^+ > Cu^{2+} > H^+$、　$H_2O > Al^{3+}$、Na^+、K^+
　③両極での変化

陽極	・Cl^-、Br^-、I^- が存在	→	Cl_2、Br_2、I_2が発生
	・NO_3^-、SO_4^{2-}だけが存在	→	O_2が発生
陰極	・イオン化傾向がHより大	→	H_2が発生
	・イオン化傾向がHより小	→	金属が析出

問題でPointを理解する

Level 2 **Q09**

生物 第1章

地学 第2章

物理 第3章

化学 第4章

数学 第5章

④いろいろな電気分解の反応

電解液	電極	電極における反応と全体の反応
$CuCl_2$	+C	$2Cl^- \rightarrow Cl_2 + 2e^-$ 酸化反応
	−C	$Cu^{2+} + 2e^- \rightarrow Cu$ 還元反応
	＊全体の反応：$CuCl_2 \rightarrow Cu + Cl_2$	
NaCl	+C	$2Cl^- \rightarrow Cl_2 + 2e^-$ 酸化反応
	−C	$2H_2O + 2e^- \rightarrow H_2 + 2OH^-$ 還元反応
	＊全体の反応：$2NaCl + 2H_2O \rightarrow 2NaOH + H_2 + Cl_2$	
$CuSO_4$	+Pt	$2H_2O \rightarrow 4H^+ + O_2 + 4e^-$ 酸化反応
	−Pt	$Cu^{2+} + 2e^- \rightarrow Cu$ 還元反応
	＊全体の反応：$2CuSO_4 + 2H_2O \rightarrow 2H_2SO_4 + 2Cu + O_2$	

C：炭素（黒鉛）電極　　Pt：白金電極

◉電気分解の電気量と物質量

　電気分解では、電極で変化する物質量は流した電気量に比例し、同じ電気量で変化する物質量は１／価数に比例する（ファラデーの電気分解の法則）。

　１molの電子が運ぶ電気量は約96500C（クーロン）で、F＝96500［C/mol］をファラデー定数という。

　電気量［C］＝電流［A］×時間［s］より、

　電流［A］×時間［s］÷96500［C/mol］＝流れた電子の物質量［mol］　となる。

Level up Point!　電気分解については、反応そのものが出題されるよりも、応用分野での出題可能性が高い。しかし、個々の選択肢は基本的理解で理解が試されることが多い。確実に得点をするなら苦手分野をつくらないことが重要。

A09　正解−4

電気分解の−極では還元反応が、＋極では酸化反応が起こる。

・アの水溶液　−極：H^+が還元されてH_2が発生。＋極：H_2Oが酸化されてO_2が発生。
・イの水溶液　−極：H_2Oが還元されてH_2が発生。＋極：OH^-が酸化されてO_2が発生。
・ウの水溶液　−極：Cu^{2+}が還元されてCuが析出。＋極：Cl^-が酸化されてCl_2が発生。
以上から−極では、アとイでH_2が発生し、ウではCuが析出する。

Q10 非金属元素・ハロゲン

問 ハロゲンに関する次の記述のうち、妥当なものはどれか。 （国家一般）

1 単体のハロゲンはすべて2原子分子であり、常温でフッ素F_2と塩素Cl_2が気体、臭素Br_2とヨウ素I_2は液体であるが、$I_2 > Br_2 > Cl_2 > F_2$の順に酸化作用は小さくなる。

2 ハロゲンの原子は、すべて7個の価電子をもち、結合する相手の原子に電子を与えて1価の陽イオンになりやすいため酸化力が強く、原子量が大きいほど結合力が大きくなる。

3 ハロゲン化水素は、いずれも褐色で刺激臭のある有毒な気体で、水によく溶けて酸性を示す。このうちフッ化水素の水溶液はフッ化水素酸と呼ばれ、強酸であるためガラスをよく溶かす。

4 ヨウ素は、水やヨウ化カリウム水溶液によく溶けて褐色の溶液となり、このヨウ素溶液に、塩素を作用させてデンプンの水溶液を加えるとヨウ素が遊離し、赤褐色の沈殿物を生じる。

5 塩素は、刺激臭をもつ黄緑色の気体で、水に溶けるとその一部が反応して塩化水素と次亜塩素酸を生じる。次亜塩素酸には強い酸化作用があるため、塩素水は漂白剤や殺菌剤として使われる。

PointCheck

◉ハロゲン

(1)ハロゲンの性質

フッ素F、塩素Cl、臭素Br、ヨウ素I、アスタチンAtの周期表17族の元素をハロゲンと呼ぶ（Atは不安定で化学的に未知の部分が多い）。

ハロゲンの価電子は7個で、1価の陰イオンになり他の原子とイオン結合しやすい。その反応性・酸化力の強さは、原子番号が小さいほど大きくなる。たとえば、ヨウ化カリウム水溶液に臭素水を加えると、ヨウ素は酸化されて遊離する。

$$2KI + Br_2 \rightarrow 2KBr + I_2$$

(2)ハロゲン単体の一般的性質

	フッ素F_2	塩素Cl_2	臭素Br_2	ヨウ素I_2
常温での状態	気体	気体	液体	固体
色	淡黄色	黄緑色	赤褐色	黒紫色
融点・沸点	低い←			→高い
反応性	大きい←			→小さい

・フッ素は猛毒で常温で刺激臭のある淡黄色の気体である。化合力が最も強い元素で、水と激しく反応し、フッ化水素HFとなる。 $2F_2 + 2H_2O \rightarrow 4HF + O_2$

・塩素は刺激臭のある有毒な気体で、水に溶け塩化水素と次亜塩素酸を生成する。次亜塩

素酸の酸化作用で塩素水は漂白や殺菌作用がある。　$Cl_2 + H_2O \rightarrow HCl + HClO$
・臭素は刺激臭のある有毒な液体で、水より重くわずかしか溶けない。
・ヨウ素は黒紫色の結晶で昇華性がある。溶液にデンプン水溶液を加えると溶液が青紫色になる（ヨウ素デンプン反応）。非常に鋭敏な反応でヨウ素あるいはデンプンの検出に用いられる。

◉ハロゲン化水素（HF、HCl、HBr、HI）

水素と反応し生じた水素化合物をハロゲン化水素という。
①塩化水素HCl、臭化水素HBr、ヨウ化水素HI
　刺激臭のある無色の気体で、水溶液は強酸。
②フッ化水素H F
　刺激臭のある無色の液体（沸点は19.5℃）で、水溶液は水素結合のため弱酸。HFはガラスの成分であるSiO_2と反応しやすいためガラスをとかす。

◉ハロゲン化銀の沈殿

Cl⁻、Br⁻、I⁻を含む水溶液に硝酸銀$AgNO_3$を加えると、ハロゲン化銀の沈殿物が生じる。AgCl（白）、AgBr（淡黄）、AgI（黄）。これによりハロゲン化物イオン検出ができる。
また、ハロゲン化銀は感光性があり、日光があたるとAgが遊離して黒色になる（フィルム写真の現像に利用）。

Level up Point!　暗記が重要になる部分ではあるが、実験などの結果をイメージできれば原理から正解は導き出せる。ハロゲンの一般的性質などは特にポイントを押さえた学習が必要だ。

A10　正解ー5

1－誤　常温でヨウ素は固体である。$F_2 > Cl_2 > Br_2 > I_2$の順で酸化作用は小さくなる。
2－誤　ハロゲンは相手の原子から電子を得て、1価の陰イオンになりやすい。
3－誤　ハロゲン化水素はいずれも無色だが、フッ化水素の沸点は19.5℃なので常温で液体であることが多い。フッ化水素酸は水素結合をしているため弱酸である。
4－誤　ヨウ素は水に溶けにくい。また、ヨウ素デンプン反応は青紫色の呈色。
5－正　塩素は非常に活発な元素で、他の元素と直接化合し塩化物を生成する。

Q11 酸素を含む有機化合物

問 酸素を含む有機化合物に関する次の記述のうち、妥当なものはどれか。 （国家一般）

1 アルコールは、炭化水素の水素原子を水酸基で置換した化合物であり、水よりも沸点が高く、また、分子中の炭素数が増加するにつれて水に溶けやすくなる。

2 エーテルは、酸素原子に2個の炭化水素基が結合した化合物であり、アルコールと比較して沸点が高く、また、水に溶けやすく、引火性も強い。

3 アルデヒドは、第一級アルコールを酸化して得られる化合物である。アルデヒドの一種であるホルムアルデヒドは、無色で、刺激臭があり、それを水に溶かした液体をホルマリンという。

4 カルボン酸は、アルデヒドを酸化して得られる化合物である。酢酸やギ酸はカルボン酸の一種であるが、いずれも刺激臭があり、水よりも沸点が低く、また、水に溶けにくい。

5 エステルは、アルコールとカルボン酸を反応させて得られる化合物であり、水に溶けやすく、酸性である。エステルの一種である酢酸エチルは天然でも果実類の中に存在している。

PointCheck

◉脂肪族化合物の性質

(1)アルコール

アルカンの水素をヒドロキシル基−OHで置換した化合物。

アルコール分子の特別な結合によって、アルコールの融点・沸点は、分子量が同等のアルカンに比べて高い（メタノールで64.7℃）。

炭素数の少ないアルコールは水によく溶けるが、炭素数が多くなると水に溶けにくくなる。水溶液は中性である。

アルコールを酸化剤で酸化すると、第一級アルコールはアルデヒドからカルボン酸に変化する。第二級アルコールではケトンとなる。（第三級アルコールは酸化されない。）

メタノール	メチルアルコールとも呼ばれ有毒。青白の炎をあげよく燃える。
エタノール	アルコール飲料に使用される。空気中でよく燃える。
エチレングリコール	無臭・甘味。粘性がある。繊維・樹脂の原料、不凍液。
グリセリン	無臭・甘味。吸湿性。粘性が非常に高い。湿潤剤。

(2)エーテル

酸素原子に2個の炭化水素基が結合した構造の化合物。エーテルはアルコールの異性体。

エーテルはアルコールのような分子の特別な結合はないため、沸点はアルコールよりも低い。酸・塩基と反応せず、反応性は低い。

(3)アルデヒド

分子内のカルボニル基に1個以上の水素原子が結合した化合物。

沸点はアルコールより低い。分子量が小さいほど水溶性が高い。また、酸化されやすいため相手の物質を還元する（還元性）。

(4)ケトン

分子内のカルボニル基に2個の炭化水素基が結合している化合物。

アルデヒドとの違いは還元性を有しない点で、これを利用してアルデヒドと判別する。

(5)カルボン酸

分子内にカルボキシル基を持つ化合物。

液体では2分子の特別な結合となるため（二量体）、見かけの分子量が大きくなり、沸点がアルコールや水よりも高い。また、炭素数が少ないので水に溶け、弱酸性を示す。

カルボン酸は一般に酸化されにくいが、アルデヒド基ももっているギ酸だけは酸化されやすく還元性を有する。

(6)エステル

カルボン酸とアルコールの縮合によって生じる化合物。水には溶けにくい揮発性の液体で、果実のような芳香を持つ。そのため合成香料、果実エッセンスとして使用される（天然の果実にも含まれている）。

Level up Point! 実社会、生活を反映した出題は今後も増えていくと考えられる。どれだけ化学的理解で背景を説明できるかを問われることが多く、覚えるべき内容は化学Iの範囲で十分である。

A11 正解─3

1 ─誤 メタノール、エタノール、1-プロパノールなどは水よりも沸点が低い。分子中の炭素数が増加するにつれて水に溶けにくくなる。

2 ─誤 エーテルはアルコールより沸点が低く、水に溶けにくい。

3 ─正 塗料や接着剤の有機溶剤として使われるホルムアルデヒドはシックハウス症候群の原因物質とされる。

4 ─誤 カルボン酸の一種の酢酸やギ酸は水に溶けやすい。酢酸の沸点は118℃、ギ酸の沸点は101℃で水より高い。

5 ─誤 エステルは水に溶けにくく、中性である。

第5章 数学

第5章

Level 1 p238～p253　　Level 2 p254～p259

1 数と式、方程式・不等式

Level 1 ▷ **Q01,Q05**

1 数と式 ▶p238

　数学的考え方や計算法の基本である。実際の問題はいくつかの数学的な知識を組み合わせて力を見ようと出題される。正確な知識を確実に運用できるようにしよう。

①指数法則

・$a^m \times a^n = a^{m+n}$　　　・$(a^m)^n = a^{m \times n}$　　　・$(ab)^m = a^m b^m$

②因数分解公式（逆に使うと乗法公式）

・$ma + mb = m(a+b)$

・$a^2 - b^2 = (a+b)(a-b)$　←「和と差の積（は2乗の差）」という。

・$a^2 \pm 2ab + b^2 = (a \pm b)^2$　（複号同順）

・$a^3 \pm b^3 = (a \pm b)(a^2 \mp ab + b^2)$　（複号同順）

・$a^2 + b^2 + c^2 + 2ab + 2bc + 2ca = (a+b+c)^2$

・$x^2 + (a+b)x + ab = (x+a)(x+b)$

・$acx^2 + (ad+bc)x + bd = (ax+b)(cx+d)$

③整式の除法　割られる式をA、割る式をB、商Q、余りRとするとき、

・$A = BQ + R$　（Qの次数＞Rの次数）

④因数定理

・整式$f(x)$に$x = a$を代入したとき、$f(a) = 0$なら、$f(x)$は$(x-a)$を因数にもつ。

⑤平方根

・正の数aの平方根は、$\sqrt{a}$と$-\sqrt{a}$の2つある。

・$\sqrt{a^2 b} = a\sqrt{b}$　　$(a, b > 0)$　　・$\sqrt{a} \times \sqrt{b} = \sqrt{ab}$　　・$\sqrt{a} \div \sqrt{b} = \sqrt{\dfrac{a}{b}}$

⑥分母の有理化

・$\dfrac{1}{\sqrt{2}} = \dfrac{1}{\sqrt{2}} \times \dfrac{\sqrt{2}}{\sqrt{2}} = \dfrac{\sqrt{2}}{2}$　　　$\dfrac{1}{3+\sqrt{5}} = \dfrac{1}{3+\sqrt{5}} \times \dfrac{3-\sqrt{5}}{3-\sqrt{5}} = \dfrac{3-\sqrt{5}}{9-5} = \dfrac{3-\sqrt{5}}{4}$

　この例のように、「和と差の積」を使う。

⑦2重根号

・$\sqrt{8+2\sqrt{15}} = \sqrt{5+2\sqrt{5\times 3}+3} = \sqrt{(\sqrt{5})^2+2\sqrt{5\times 3}+(\sqrt{3})^2} = \sqrt{(\sqrt{5}+\sqrt{3})^2} = \sqrt{5}+\sqrt{3}$

   この例のように、$(\sqrt{a}+\sqrt{b})^2 = a+2\sqrt{ab}+b$を使う。

⑧絶対値記号の扱い

・$|a| = \begin{cases} a & (a \geqq 0) \\ -a & (a < 0) \end{cases}$

⑨相加・相乗平均　　$a \geqq 0, b \geqq 0$　のもとで

・$\dfrac{a+b}{2} \geqq \sqrt{ab}$　（等号が成り立つのは$a=b$のときに限る）

⑩整数問題の扱い

・整数問題は各々の問題に応じ、一般知能・数的推理のような考えをしなければならない
　ことが多い。問題に記された条件に合うものを落ち着いて拾っていく態度が必要である。
・なお、出題される整数の基本的性質としては以下のようなものがある。
　(i)「奇数×奇数＝奇数」
　(ii)「奇数＋奇数＝偶数」(奇数は$2n+1$などと表示できる)
　(iii)「連続整数の積$n(n+1)$は必ず偶数」
　(iv)「連続3整数の積$(n-1)n(n+1)$は必ず6の倍数」

2　2次方程式、2次不等式 ▶p246

①解の公式
　$a \neq 0$のとき

　$ax^2+bx+c=0$の解は　$x = \dfrac{-b \pm \sqrt{b^2-4ac}}{2a}$

②因数定理
　xの整式$f(x)$が、$f(\alpha)=0$を満たすとき$f(x)$は$x-\alpha$で割り切れる。
　例：$x^3-2x^2-5x+6=0$は左辺が$x=1$のとき0になるから、
　　　左辺を$x-1$で割ってさらに因数分解し、
　　　$(x-1)(x-3)(x+2)=0$　これより　$x=1,\ 3,\ -2$

③2次不等式
　$a \neq 0,\ b^2-4ac>0$のとき、$f(x)=ax^2+bx+c$とおくと、
　$f(x)=a(x-\alpha)(x-\beta)$と因数分解できる$(\alpha<\beta)$。
　下の表から　$f(x)>0$の解は
　　　　　　$a>0$のとき$x<\alpha,\ \beta<x$　　$a<0$のとき$\alpha<x<\beta$
　　　　　$f(x)<0$の解は
　　　　　　$a>0$のとき$\alpha<x<\beta$　　　　$a<0$のとき$x<\alpha,\ \beta<x$　となる。

x	$x < \alpha$	α	$\alpha < x < \beta$	β	$\beta < x$
$x - \alpha$	$-$	0	$+$	$+$	$+$
$x - \beta$	$-$	$-$	$-$	0	$+$
$(x - \alpha)(x - \beta)$	$+$	0	$-$	0	$+$

3 その他基本事項の確認

⑴連立方程式

　①加減法で解く　（通常）

　②代入法で解く　（未知数の係数が±1のときに有効）

⑵不等式

　①$A < B$なら、$A + C < B + C$、$A - C < B - C$

　②$A < B$、$C > 0$なら、$AC < BC$、$A \div C < B \div C$

　③$A < B$、$C < 0$なら、$AC > BC$、$A \div C > B \div C$

おさえておきたい
Point ミニ演習

1　相加・相乗平均

$x + \dfrac{1}{x}$　$(x > 0)$　の最小値を求めよ。

解答・解説

微分や2次関数でもないのに最小値を求められるのがすでにあやしい！　と気がつけば、相加・相乗平均の問題と見抜くことができる。

相加・相乗平均の関係から$a > 0$, $b > 0$のとき、$\dfrac{a + b}{2} \geqq \sqrt{ab}$ を用いて、$a + b \geqq 2\sqrt{ab}$ ゆえに、

$a = x$, $b = \dfrac{1}{x}$とすれば、$x + \dfrac{1}{x} \geqq 2\sqrt{x \times \dfrac{1}{x}} = 2$となり最小値は2であることがわかる。

これは、$x = \dfrac{1}{x}$　つまり$x = 1$のときである。

2　絶対値の処理

不等式　$x^2 - |x| < 6$　を解け。

解答・解説

絶対値の中身で場合に分ける

①　$x \geqq 0$のとき

　$x^2 - x - 6 < 0$から、　$(x - 3)(x + 2) < 0$　$-2 < x < 3$　条件から　$0 \leqq x < 3$

② $x<0$ のとき

$x^2-(-x)-6<0$ から、$(x+3)(x-2)<0$　$-3<x<2$　条件から　$-3<x<0$

①②より　$-3<x<3$

2 関数とグラフ

Level 1 ▷ **Q02,Q05**

1 1次関数と2次関数 ▶ p240

① 1次関数 $y=ax+b$ のグラフは傾き a、切片 b である直線となる。

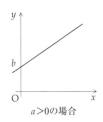

$a>0$ の場合

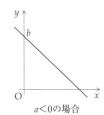

$a<0$ の場合

② 2次関数 $y=ax^2+bx+c$ のグラフは　$y=a(x-p)^2+q$ と変型（平方完成）する。

なお、$p=-\dfrac{b}{2a}$　　$q=-\dfrac{b^2-4ac}{4a}$

（$a>0$ の場合　下に凸）

（$a<0$ の場合　上に凸）

③ 平行移動の考え方

・$y=a(x-p)^2+q$ は、$y=ax^2$ を、x 軸方向に p、y 軸方向に q 平行移動したものと考えられる。この考え方は重要で、一般的に $y=f(x)$ を、x 軸方向に p、y 軸方向に q 平行移動したグラフは $y=f(x-p)+q$ である。

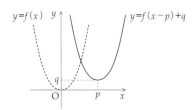

2 ２次関数のグラフと２次方程式、２次不等式の関係 ▶p241

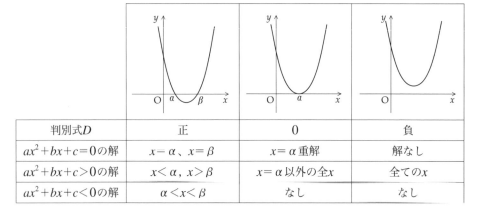

判別式D	正	0	負
$ax^2+bx+c=0$の解	$x=\alpha$、$x=\beta$	$x=\alpha$ 重解	解なし
$ax^2+bx+c>0$の解	$x<\alpha, \ x>\beta$	$x=\alpha$ 以外の全x	全てのx
$ax^2+bx+c<0$の解	$\alpha<x<\beta$	なし	なし

①グラフが下に凸（$a>0$）のとき、最小値を頂点でとり最大値はない。
②グラフが上に凸（$a<0$）のとき、最大値を頂点でとり最小値はない。
③定義域が限られる場合の最大値、最小値については、頂点の値と端点値の比較になる。

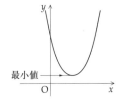 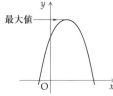 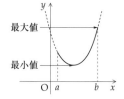

（定義域が $a \leqq x \leqq b$ のとき）

おさえておきたい
Point ミニ演習

1 平方完成

$y=x^2+6x+5$　を平方完成せよ。

解答・解説

$y=x^2+6x+5=x^2+6x+9-9+5=(x+3)^2-4$
xの係数の半分の２乗を次のように補って変形する。「たして、ひいて（xの係数の）半分の２乗！」

2 解の配置

　２次方程式$2x^2-ax+2=0$の１つの解が0と1の間に、他の解が1と2の間にあるとき、定数aの範囲を求めよ。

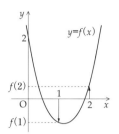

※方程式の実数解の個数や状態は、その関数のグラフにおおいに関係があるし、グラフを援用して解を得る方法が強力。

解答・解説

典型的な「解の配置」の問題である。解き方は問題の2次方程式を$f(x)=0$とおき、このグラフとx軸との交点の座標の問題に議論をすり替える。

見るべきポイントは一般的には次の3点。

1　$f(x)$の対称軸の条件

2　頂点の座標に関する条件（判別式Dを使う場合もある）

3　題意に基づく特定の点におけるグラフの通過の仕方（x軸との関係）

この問題の場合

$f(x)=2x^2-ax+2$とおき、右図のように考えて、上述の3の考えから

$f(0)=2$、$f(1)<0$、$f(2)>0$

$f(1)=2-a+2=-a+4<0$、$f(2)=8-2a+2=10-2a>0$から

この条件を整理して、$4<a<5$を得る。

3　2次関数の最大最小

$y=x^2-6x+5$（$2\leqq x\leqq 6$）における最大値と最小値の和を求めよ。

解答・解説

$y=x^2-6x+5=(x-3)^2-4$であるからグラフは頂点$(3,\ -4)$で下に凸な放物線となる。

端点の値を考慮して、最大値は$x=6$のとき$y=5$、最小値は頂点$(3,\ -4)$でとるので、

最大値と最小値の和は$5+(-4)=1$

3 図形と方程式

1 2点間の距離

2点 $A(x_1, y_1)$, $B(x_2, y_2)$ 間の距離は、

$$d = \sqrt{\left(x_2 - x_1\right)^2 + \left(y_2 - y_1\right)^2}$$

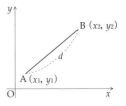

2 内分点

線分AB $(A(x_1, y_1), B(x_2, y_2))$ を、
$m:n$に内分する点Pの座標は、

$$P\left(\frac{nx_1 + mx_2}{m + n}, \frac{ny_1 + my_2}{m + n}\right)$$

なお中点は、$m=n=1$ と置いて計算すればよい。

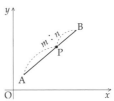

3 外分点

線分AB $(A(x_1, y_1), B(x_2, y_2))$ を、
$m:n$に外分する点Qの座標は、

$$Q\left(\frac{-nx_1 + mx_2}{m - n}, \frac{-ny_1 + my_2}{m - n}\right)$$

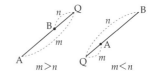

4 直線の方程式

①傾きaとy切片bで与えられるタイプ

$y=ax+b$　　　※弱点はy軸に平行な直線を表現できないこと。

②標準型

$ax+by+c=0$

③傾きと1点で与えられるタイプ

点(x_1, y_1)を通り、傾きmである直線の方程式は

$y-y_1=m(x-x_1)$

5 2直線の平行と垂直

①$y=mx+n$と$y=m'x+n'$が平行（一致含む）$\Leftrightarrow m=m'$

②$y=mx+n$と$y=m'x+n'$が垂直 $\Leftrightarrow mm'=-1$

6 点と直線との距離の公式 ▶p250

点$A(x_1, y_1)$と直線$ax+by+c=0$との距離d

$$d = \frac{|ax_1 + by_1 + c|}{\sqrt{a^2 + b^2}}$$

7 円の方程式

中心(a, b)、半径rである円の方程式は、$(x-a)^2+(y-b)^2=r^2$
特に中心が原点$O(0, 0)$、半径1である円の方程式は
$x^2+y^2=1$ （単位円という）

8 円の接線の方程式

$x^2+y^2=r^2$上の接点(x_1, y_1)における接線の方程式は
$x_1x+y_1y=r^2$

9 円と直線の関係

$(x-a)^2+(y-b)^2=r^2$の円と、$y=mx+n$との関係は、2つの式からyを消去した
2次方程式で、判別式Dが、
① $D>0$（2点で交わる）
② $D=0$（1点で接する）
③ $D<0$（共有点がない）

10 三角形の重心

三角形ABCの重心Gは
$$G\left(\frac{x_1+x_2+x_3}{3}, \frac{y_1+y_2+y_3}{3}\right)$$

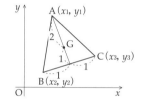

おさえておきたい Point ミニ演習

図形と式
$x^2+y^2-2x+4y-4=0$はどんな図形を表すか。

解答・解説

$x^2-2x+1+y^2+4y+4=9$
$(x-1)^2+(y+2)^2=3^2$　となり中心$(1, -2)$、半径3である円を表す。

数列では数列の考え方自体に慣れることが大切。特に漸化式の考え方は重要で、幾何図形との組み合わせで極限を調べる問題が過去に出題されている。

1 **等差数列の一般項** ▶ p242

初項a、公差d、項数nとすると、$a_n = a + (n-1)d$

2 **等差数列の和**

末項lとすると、$S_n = \dfrac{n(a+l)}{2}$

3 **等比数列の一般項**

初項a、公比rとすると、

$a_n = ar^{n-1}$

4 **等比数列の和**

$$S_n = \dfrac{a(1-r^n)}{1-r}(r \neq 1), \quad S_n = na\,(r=1)$$

5 **和と一般項の関係**

$S_n - S_{n-1} = a_n\,(n \geqq 2), \quad a_1 = S_1$

6 **Σ公式**

① $\displaystyle\sum_{k=1}^{n} k = \dfrac{n(n+1)}{2}$ ② $\displaystyle\sum_{k=1}^{n} k^2 = \dfrac{n(n+1)(2n+1)}{6}$ ③ $\displaystyle\sum_{k=1}^{n} k^3 = \left\{\dfrac{n(n+1)}{2}\right\}^2$

7 **階差数列**

数列 $\{a_n\}$ の階差数列を $\{b_n\}$ とすれば、

$a_n = a_1 + \displaystyle\sum_{k=1}^{n-1} b_k \quad (n \geqq 2)$

8 **簡単な漸化式**

$a_n = ra_{n-1}, \quad a_n - a_{n-1} = d$

（それぞれ公比 r の等比数列、公差 d の等差数列を表す）

9 **無限等比級数の収束** ▶ p243

等比数列の和（等比級数という）

$$S = a + ar + ar^2 + ar^3 + \cdots + ar^{n-1} = \dfrac{a(1-r^n)}{1-r} \quad \text{が} -1 < r < 1 \text{のとき、}$$

この和Sは $n \to \infty$ のとき収束し、その極限値は $\dfrac{a}{1-r}$

おさえておきたい
Point ミニ演習

1 等比数列

第2項が3、初項から第3項までの和が13である等比数列 $\{a_n\}$ の一般項を求めよ。

解答・解説

初項 a、公比 r とおくと、

$ar=3$ …① $a+ar+ar^2=13$ …②

$a=\dfrac{3}{r}(r\neq0)$ を②式に代入し整理すると、

$3r^2-10r+3=0$

$(3r-1)(r-3)=0$

$\therefore r=\dfrac{1}{3},\ 3$ それぞれ、aは9, 1

以上から、$a_n=9\times(\dfrac{1}{3})^{n-1}$ または、$a_n=3^{n-1}$

2 階差数列

数列1, 4, 11, 22, 37, 56, …の一般項を求めよ。

解答・解説

階差数列は初項3、公差4の等差数列になるから、階差数列 $\{b_n\}$ の一般項は $b_n=4n-1$

$\therefore a_n=a_1+\sum\limits_{k=1}^{n-1}(4k-1)\quad(n\geq2)$

$\therefore a_n=2n^2-3n+2\quad a_1=1$なのでこれは$n=1$のときにも成り立つ。

ゆえに、一般項は、

$a_n=2n^2-3n+2$

5 場合の数・確率

Level 1 ▷ Q06

1 和の法則

Aの起こる場合がa通り、Bの起こる場合がb通りのとき、

AまたはBの起こる場合は、$a+b$通り。

2 積の法則

Aの起こる場合がa通り、Bの起こる場合がb通りのとき、

AとBがともに起こる場合は、$a\times b$通り。

3 階乗

1からnまでのすべての自然数の積を、nの階乗という。$n!$と書く。

例　$5!=5×4×3×2×1=120$

4 順列

異なるn個のものからr個とって1列に並べたものを、n個のものからr個とる順列という。

その総数は、${}_n p_r = \dfrac{n!}{(n-r)!} = \underbrace{n(n-1)(n-2)\cdots\cdots(n-r+1)}_{r\ 個}$

5 重複順列

n種類のものから繰り返しをゆるしてr個とる順列。その総数は、n^r

6 同じものを含む順列

n個のもののうち、p個、q個、r個がそれぞれ同じものの場合、

これらを1列に並べた順列の総数は、$\dfrac{n!}{p!q!r!}$　（ただし，$p+q+r=n$）

7 円順列

異なるn個のものを円形に並べたものを、n個のものの円順列という。

$\dfrac{{}_n p_n}{n} = (n-1)!$

8 組合せ

異なるn個のものからr個とり出して得られる組を、n個からr個とる組合せという。

その総数は、${}_n C_r = \dfrac{n!}{r!(n-r)!} = \dfrac{\overbrace{n(n-1)\cdots\cdots(n-r+1)}^{r\ 個}}{\underbrace{r(r-1)\ldots2\cdot1}_{r\ 個}}$

9 確率の基本性質 ▶p248

① n個の場合がすべて同様に起こりやすいとき、このうちr個の場合が起こる確率は$\dfrac{r}{n}$

② Aが起こる確率をP(A)と書く。つねに$0 \leqq P(A) \leqq 1$

　必ず起こることがらSの確率　$P(S)=1$

　決して起こらないことがらϕの確率　$P(\phi)=0$

③ AとBが同時に起こらないとき、Aが起こる確率がp、Bが起こる確率がqのとき、

　AまたはBの起こる確率は$p+q$

④ Aが起こる確率がp、Bが起こる確率がqのとき、

　AとBがともに起こる確率は$p×q$である。

⑤ Aが起こる確率がpのとき、Aが起こらない確率は$1-p$

　（これを Aの余事象の確率 という）

10 反復試行の確率

Aが起こる確率がpである試行をn回行うとき、
ちょうどr回だけAが起こる確率は、$_nC_r p^r(1-p)^{n-r}$

おさえておきたい
Point ミニ演習

1 （順列）5人の中からリレーの第一走者、第二走者、第三走者を決める。

解答・解説

$_5P_3=5\times4\times3=60$通り。

2 （重複順列）1と2の2種類の数字を使って4けたの整数をつくる。

解答・解説

$2\times2\times2\times2=2^4=16$個

3 （同じものを含む順列）数字3を3個、数字2を2個、数字1を1個用いて6けたの整数をつくる。

解答・解説

$$\frac{6!}{3!\,2!\,1!}=\frac{6\times5\times4\times3\times2\times1}{3\times2\times1\times2\times1\times1}=60$$個

4 （円順列）5人が円形のテーブルに座る。

解答・解説

$(5-1)!=4!=4\times3\times2\times1=24$通り

5 （組合せ）5人の中から走る順番を考えないで3人の走者を決める。

解答・解説

$$_5C_3=\frac{5!}{3!(5-3)!}=\frac{5\times4\times3}{3\times2\times1}=10$$通り

6 （反復試行の確率）サイコロを5回投げて、1の目がちょうど2回出る確率。

解答・解説

1の目が出ることを○、1の目が出ないことを×と書くと、
○○×××　○×○××　○××○×　○×××○　×○○××
×○×○×　×○××○　××○○×　××○×○　×××○○
の10通りある。これは、5個から2個とる組合せであるから、

$_5C_2 = \dfrac{5 \times 4}{2 \times 1} = 10$　である。

これらの10通りのそれぞれが起こる確率は、$\left(\dfrac{1}{6}\right)^2\left(\dfrac{5}{6}\right)^3$である。

よって求める確率は、$_5C_2 \times \left(\dfrac{1}{6}\right)^2\left(\dfrac{5}{6}\right)^3 = \dfrac{625}{3888}$

6 指数関数・対数関数

Level 1 ▷ Q08

1 累乗根

aのn乗根　$\sqrt[n]{a}$　n乗してaになる正の数

　例　$\sqrt[3]{8} = \sqrt[3]{2^3} = 2$　　$\sqrt[4]{81} = \sqrt[4]{3^4} = 3$

2 累乗根の計算

$a > 0$, $b > 0$, m, nが正の整数のとき、

$\sqrt[n]{a}\,\sqrt[n]{b} = \sqrt[n]{ab}$　　　例　$\sqrt[3]{3}\,\sqrt[3]{9} = \sqrt[3]{27} = \sqrt[3]{3^3} = 3$

$\dfrac{\sqrt[n]{a}}{\sqrt[n]{b}} = \sqrt[n]{\dfrac{a}{b}}$　　　例　$\dfrac{\sqrt[4]{32}}{\sqrt[4]{2}} = \sqrt[4]{\dfrac{32}{2}} = \sqrt[4]{16} = \sqrt[4]{2^4} = 2$

$\sqrt[n]{a^m} = (\sqrt[n]{a})^m$　　　例　$\sqrt[3]{64} = \sqrt[3]{8^2} = (\sqrt[3]{8})^2 = 2^2 = 4$

3 指数の拡張

$a \neq 0$, nが正の整数のとき、

$a^0 = 1$　$a^{-n} = \dfrac{1}{a^n}$　　例　$3^0 = 1$　$3^{-2} = \dfrac{1}{3^2} = \dfrac{1}{9}$

$a > 0$, pが正の整数、qが整数のとき、

$a^{\frac{q}{p}} = \sqrt[p]{a^q}$　　　　例　$8^{\frac{2}{3}} = \sqrt[3]{8^2} = (\sqrt[3]{8})^2 = 2^2 = 4$

4 指数関数

$y=a^x$を、aを底とする指数関数という（ただしaは1でない正の定数）。

$a>1$　のとき、
$y=a^x$は増加関数

$0<a<1$のとき、
$y=a^x$は減少関数

5 指数を用いて表された数の相等と大小

aが1でない正の定数のとき、$a^m=a^n$　⇔　$m=n$

$a>1$　のとき、　$a^m>a^n$ ⇔ $m>n$　　　例　$2^4>2^3$ ⇔　$4>3$

$0<a<1$のとき、$a^m>a^n$ ⇔ $m<n$　　　例　$\left(\dfrac{1}{2}\right)^3>\left(\dfrac{1}{2}\right)^4$⇔　$3<4$

6 対数 ▶ p252

$a>0$，$a\neq 1$，$M>0$　のとき、
$a^p=M$　⇔　$\log_a M=p$　例　$2^3=8$ ⇔　$\log_2 8=3$

7 対数の性質

$a>0$，$a\neq 1$，$M>0$，$N>0$　のとき、

$\log_a 1=0$　　　$\log_a a=1$　　　　　例　$\log_3 1=0$　$\log_3 3=1$

$\log_a MN=\log_a M+\log_a N$　　　　例　$\log_6 2+\log_6 3=\log_6 (2\times 3)=\log_6 6=1$

$\log_a \dfrac{M}{N}=\log_a M-\log_a N$　　　例　$\log_3 18-\log_3 2=\log_3 \dfrac{18}{2}=\log_3 9=2$

$\log_a M^r=r\log_a M$　　　　　　　　例　$6\log_4 2=\log_4 2^6=\log_4 64=3$

8 底の変換公式

$a>0$，$a\neq 1$，$b>0$，$c>0$，$c\neq 1$　のとき

$\log_a b=\dfrac{\log_c b}{\log_c a}$　　　　　　　例　$\log_8 16=\dfrac{\log_2 16}{\log_2 8}=\dfrac{4}{3}$

※底となるcは1でない正の数で、計算しやすい数を任意で選ぶ。

⑨ 対数関数

$x>0$ に対して $y=\log_a x$ を a を底とする x の対数関数という（ただし a は 1 でない正の定数）。

$a>1$ のとき、 $\qquad\qquad$ $0<a<1$ のとき、

$y=\log_a x$ は増加関数 $\qquad$ $y=\log_a x$ は減少関数

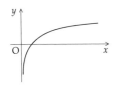 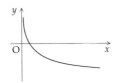

⑩ 対数の相等と大小

a が 1 でない正の定数のとき、$\log_a M=\log_a N \quad \Leftrightarrow \quad M=N$

$a>1$ のとき、$\log_a M>\log_a N \quad \Leftrightarrow \quad M>N$ $\qquad$ 例 $\log_2 16>\log_2 8 \quad \Leftrightarrow \quad 16>8$

$0<a<1$ のとき、$\log_a M>\log_a N \quad \Leftrightarrow \quad M<N$ $\qquad$ 例 $\log_{\frac{1}{2}} 8>\log_{\frac{1}{2}} 16 \quad \Leftrightarrow \quad 8<16$

⑪ 対数の相等と大小 ▶p253

10 を底とする対数 $\log_{10} x$ を常用対数という。底 10 を省略して $\log x$ と書くことが多い。

常用対数表を用いて、常用対数の値を求めることができる。

常用対数を利用すると、正の数のけた数を調べることができる。

例 3 けたの数 x は，100 から 999 までである。

これは、$100\leqq x<1000$ とかける。

ゆえに、$10^2\leqq x<10^3$ である。

これらの常用対数をとると、$2\leqq\log_{10} x<3$ となる。

またこの式が成り立つとき、x は 3 けたの数である。

おさえておきたい
Point ミニ演習

1 指数関数・大小関係

$\sqrt[3]{4}$ と $\sqrt[4]{8}$ の大小を判別せよ。

解答・解説

$\sqrt[3]{4}=\sqrt[3]{2^2}=2^{\frac{2}{3}}$

$\sqrt[4]{8}=\sqrt[4]{2^3}=2^{\frac{3}{4}}$

$y=2^x$ は増加関数で $\dfrac{2}{3}<\dfrac{3}{4}$ より、$2^{\frac{2}{3}}<2^{\frac{3}{4}}$ よって $\sqrt[3]{4}<\sqrt[4]{8}$

重要事項
スピードチェック

生物 第1章
地学 第2章
物理 第3章
化学 第4章
数学 第5章

2　常用対数

2^{50}は、何けたの数か。
ただし、$\log_{10}2=0.3010$とする。

解答・解説

$\log_{10}2^{50}=50\times\log_{10}2=50\times0.3010=15.050$
よって、$15<\log_{10}2^{50}<16$
したがって、2^{50}は16けたの数である。

7 三角比・三角関数

1 三角比

直角三角形ABCにおいて

Aの正弦またはAのサイン	$\sin A=\dfrac{a}{c}$	$\dfrac{高さ}{斜辺}$
Aの余弦またはAのコサイン	$\cos A=\dfrac{b}{c}$	$\dfrac{底辺}{斜辺}$
Aの正接またはAのタンジェント	$\tan A=\dfrac{a}{b}$	$\dfrac{高さ}{底辺}$

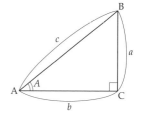

2 30°、45°、60°の三角比

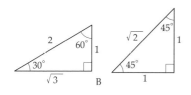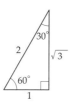

三角比 ＼ A	30°	45°	60°
$\sin A$	$\dfrac{1}{2}$	$\dfrac{\sqrt{2}}{2}$	$\dfrac{\sqrt{3}}{2}$
$\cos A$	$\dfrac{\sqrt{3}}{2}$	$\dfrac{\sqrt{2}}{2}$	$\dfrac{1}{2}$
$\tan A$	$\dfrac{\sqrt{3}}{3}$	1	$\sqrt{3}$

3 三角関数

中心（0，0）、半径rの円において、

Aの正弦またはAのサイン　　　　$\sin A = \dfrac{y}{r}$　　$\dfrac{y座標}{半径}$

Aの余弦またはAのコサイン　　　$\cos A = \dfrac{x}{r}$　　$\dfrac{x座標}{半径}$

Aの正接またはAのタンジェント　$\tan A = \dfrac{y}{x}$　　$\dfrac{y座標}{x座標}$

（ただし$x \neq 0$）

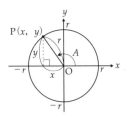

半径を1とすると、$\sin A = y$, $\cos A = x$, $\tan A = \dfrac{y}{x}$（ただし$x \neq 0$）となる。

4 三角関数の相互関係

$\tan \theta = \dfrac{\sin \theta}{\cos \theta}$，$\sin^2 \theta + \cos^2 \theta = 1$

5 正弦定理

△ABCの外接円の半径をRとすると、

$\dfrac{a}{\sin A} = \dfrac{b}{\sin B} = \dfrac{c}{\sin C} = 2R$

6 余弦定理

△ABCにおいて

$a^2 = b^2 + c^2 - 2bc\cos A$
$b^2 = c^2 + a^2 - 2ca\cos B$
$c^2 = a^2 + b^2 - 2ab\cos C$

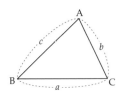

7 三角形の面積

△ABCの面積をSとすると、

$S = \dfrac{1}{2}bc\sin A = \dfrac{1}{2}ca\sin B = \dfrac{1}{2}ab\sin C$

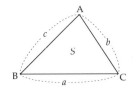

おさえておきたい
Point ミニ演習

1　三角関数

$\theta = 210°$ のとき、$\sin \theta$，$\cos \theta$，$\tan \theta$ の値を求めよ。

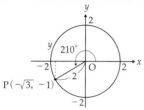

解答・解説

$r=2$とすると、上の図のようになり点$P(-\sqrt{3},\ -1)$となる。

$$\sin 210° = -\frac{1}{2} \qquad \tan 210° = \frac{-1}{-\sqrt{3}} = \frac{\sqrt{3}}{3} \qquad \cos 210° = -\frac{\sqrt{3}}{2}$$

2　三角関数の相互関係

$180° < \theta < 270°$ で、$\sin \theta = -\dfrac{4}{5}$ のとき、$\cos \theta$，$\tan \theta$ の値を求めよ。

解答・解説

$\sin^2 \theta + \cos^2 \theta = 1$ より、$\cos^2 \theta = 1 - \sin^2 \theta = 1 - \left(-\dfrac{4}{5}\right)^2 = \dfrac{9}{25}$

$180° < \theta < 270°$ より、$\cos \theta < 0$　よって　$\cos \theta = -\dfrac{3}{5}$

$\tan \theta = \dfrac{\sin \theta}{\cos \theta} = \left(-\dfrac{4}{5}\right) \div \left(-\dfrac{3}{5}\right) = \dfrac{4}{3}$

3　正弦定理

$\triangle ABC$において、$BC = 10$，$\angle A = 45°$，$\angle B = 60°$であるとき、bおよび外接円の半径Rを求めよ。

正弦定理により $\dfrac{10}{\sin 45°} = \dfrac{b}{\sin 60°} = 2R$

$2R = \dfrac{10}{\sin 45°}$ より $R = \dfrac{10}{2\sin 45°} = 5\sqrt{2}$

$\dfrac{b}{\sin 60°} = 2R$ より $b = 2R\sin 60° = 5\sqrt{6}$

4 三角形の面積

次の△ABCの面積Sを求めよ。

(1) $b = 5$, $c = 8$, $A = 60°$

(2) $a = 8$, $b = 10$, $C = 135°$

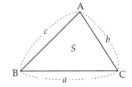

解答・解説

(1)

$S = \dfrac{1}{2}bc\sin A$ より $S = \dfrac{1}{2} \times 5 \times 8 \times \sin 60° = 10\sqrt{3}$

(2)

$S = \dfrac{1}{2}ab\sin C$ より $S = \dfrac{1}{2} \times 8 \times 10 \times \sin 135° = 20\sqrt{2}$

---

8 平面図形・立体図形   Level 1 ▷ **Q04,Q07**

1 平行線と比の関係 ▶ p244

△ABCにおいて、DE//BCのとき、

AD：AB＝AE：AC＝DE：BC

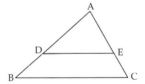

2 三平方の定理

∠C＝∠Rの直角三角形ABCにおいて、

$a^2 + b^2 = c^2$

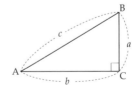

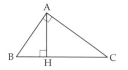

3　直角三角形の相似

　直角三角形ABCの頂点Aから辺BCに
　垂線AHを引くと、
　　　△ABC∽△HBA∽△HAC

4　三角形の面積の比 ▶ p245

　高さが等しい場合　　　　　　相似な三角形の場合

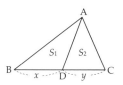
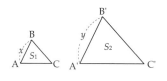

　　$S_1 : S_2 = x : y$　　　　　$AB : A'B' = x : y$のとき、$S_1 : S_2 = x^2 : y^2$

5　中点連結定理

　△ABCの2辺AB、ACの中点をM, Nとすると、

　　MN//BC　　　$MN = \dfrac{1}{2}BC$

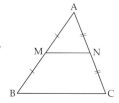

6　重心

　△ABCにおいて、3本の中線は1点で交わる。
　その交点を重心Gという。
　重心は中線を2：1に内分する。

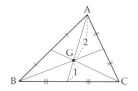

7　円周角

　円Oにおいて、弧ABの中心角
　∠AOBと弧ABに対する
　円周角∠ACBの関係は、

　　$\angle ACB = \dfrac{1}{2}\angle AOB$

⑧ 接弦定理

円Oにおいて、円周上の点Aにおける接線と弦AB
のつくる角は、その角の内部にある弧ABに対する
円周角に等しい。

⑨ 平面図形の面積

①三角形

$$S=\frac{1}{2}ah \qquad \frac{1}{2}\times(底辺)\times(高さ)$$

②平行四辺形

$$S=bh \qquad (底辺)\times(高さ)$$

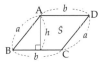

③台形

$$S=\frac{1}{2}(d+b)h \qquad \frac{1}{2}\times(上底+下底)\times(高さ)$$

⑩ 立体図形の体積・表面積

①直方体

体積 $V=abc$

表面積 $S=2(ab+bc+ca)$

対角線の長さ $l=\sqrt{a^2+b^2+c^2}$

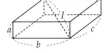

②角柱

底面積を S'、底面の周囲の長さを l' とすると、

体積 $V=S'h$

表面積 $S=2S'+l'h$

③角錐

底面積を S' とすると、

体積 $V=\frac{1}{3}S'h$

表面積 $S=S'+(側面積)$

④円柱

体積$V = \pi r^2 h$（底面積$S' = \pi r^2$）

表面積$S = 2S' + (側面積)$

$\quad = 2\pi r^2 + 2\pi rh$

⑤円錐

母線の長さをlとすると、

底面の円周と、側面の弧の長さが等しいので、

$2\pi r = 2\pi l \times \dfrac{\theta}{360°}$ が成り立つ。

体積$V = \dfrac{1}{3}\pi r^2 h$（底面積$S' = \pi r^2$）

表面積$S = S' + (側面積) = \pi r^2 + \pi rl$

$\left(\theta = \dfrac{r}{l} \times 360°\right)$

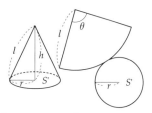

⑥球

体積$V = \dfrac{4}{3}\pi r^3$

表面積$S = 4\pi r^2$

Q01 式の計算

> **問** $x^2 + 3x + 1 = 0$ のとき、$x^5 + \dfrac{1}{x^5}$ の値はどれか。　　　　　（地方上級）

1 118　　　**2** -123　　　**3** 125　　　**4** -129　　　**5** 133

PointCheck

●対称式と基本対称式

$\alpha\beta$ や $(\alpha+\beta)^2$ のように文字を入れ換えても同じ値になる式を対称式という。
$\alpha\beta, \alpha+\beta$ を基本対称式という。

$$\alpha^2 + \beta^2 = (\alpha+\beta)^2 - 2\alpha\beta$$

$$\frac{1}{\alpha} + \frac{1}{\beta} = \frac{\alpha+\beta}{\alpha\beta}$$

　このように対称式は、基本対称式で表現可能なことが知られている。このことを利用した問題は数多い。

●式の変換

$$a^2 + b^2 = (a+b)^2 - 2ab$$

$$a^3 + b^3 = (a+b)^3 - 3ab(a+b)$$

$$a^5 + b^5 = (a^2+b^2)(a^3+b^3) - a^2b^3 - a^3b^2 = (a^2+b^2)(a^3+b^3) = (ab)^2(a+b)$$

●解と係数の関係

$ax^2 + bx + c = 0$ の解を α, β とするとき、$\alpha+\beta = \dfrac{-b}{a}$　　　$\alpha\beta = \dfrac{c}{a}$

●多項式の乗法に関する公式

　整式の積を計算して整理した形にすることを整式の展開という。展開において基本的な公式を覚えておくと能率的に計算できる。

① $(a+b)^2 = a^2 + 2ab + b^2$
② $(a-b)^2 = a^2 - 2ab + b^2$
③ $(a+b)(a-b) = a^2 - b^2$
④ $(x+a)(x+b) = x^2 + (a+b)x + ab$
⑤ $(ax+b)(cx+d) = acx^2 + (ad+bc)x + bd$
⑥ $(a+b)^3 = a^3 + 3a^2b + 3ab^2 + b^3$

⑦ $(a-b)^3 = a^3 - 3a^2b + 3ab^2 - b^3$

⑧ $(a+b+c)^2 = a^2 + b^2 + c^2 + 2ab + 2bc + 2ca$

⑨ $(a+b)(a^2 - ab + b^2) = a^3 + b^3$

⑩ $(a-b)(a^2 + ab + b^2) = a^3 - b^3$

例1：$(2x - y + 3z)^2$
$= (A + 3z)^2$
$= A^2 + 6Az + 9z^2$
$= (2x - y)^2 + 6(2x - y)z + 9z^2$
$= 4x^2 - 4xy + y^2 + 12zx - 6yz + 9z^2$

例2：$(x + y - z)(x - y + z)$
$= \{x + (y - z)\}\{x - (y - z)\}$
$= (x + A)(x - A)$
$= x^2 - A^2$
$= x^2 - (y - z)^2$
$= x^2 - y^2 - z^2 + 2yz$

A01 正解—2

$x^2 + 3x + 1 = 0$ より、$x \neq 0$ したがって、両辺をxで割ってもよい。

両辺をxで割ると $x + 3 + \dfrac{1}{x} = 0$ これを変形して、$x + \dfrac{1}{x} = -3$ …①

なお、$x \times \dfrac{1}{x} = 1$ …②

ここで、$x = a$ $\dfrac{1}{x} = b$ と置くと、①と②より、$a + b = -3,\ ab = 1$ …③

$x^5 + \dfrac{1}{x^5} = a^5 + b^5 = (a^2 + b^2)(a^3 + b^3) - (ab)^2(a + b)$

$= \{(a+b)^2 - 2ab\}\{(a+b)^3 - 3ab(a+b)\} - (ab)^2(a+b)$

③をこれに代入して、

$x^5 + \dfrac{1}{x^5} = \{(-3)^2 - 2 \times 1\} \times \{(-3)^3 - 3 \times 1 \times (-3)\} - (1)^2(-3)$

$= 7 \times (-18) - (-3) = -123$

Q02 図形と式

問 次の3直線によって囲まれる三角形の面積は次のうちどれか。

(地方上級)

$$x-y+7=0、\quad 2x+y-1=0、\quad x+5y+13=0$$

1 32　　**2** 34　　**3** 36　　**4** 38　　**5** 40

PointCheck

◉**1次関数**

① $y = ax$　　グラフは、傾きa、原点を通る。

② $y = ax + b$　　グラフは、傾きa、y切片bの直線を表す。

③ $ax + by + c = 0$

$$ax + by + c = 0 \Leftrightarrow y = -\frac{a}{b}x - \frac{c}{b}\ (b \neq 0)$$

2直線 $ax + by = c$　$a'x + b'y = c'$ が平行 $\dfrac{a}{a'} = \dfrac{b}{b'} \neq \dfrac{c}{c'}$

◉**2次関数**

①$y = ax^2$のグラフ（放物線）

a. 対称軸……y軸 $(x = 0)$

b. 頂点の座標……原点 $(0 , 0)$

c. $a > 0$ならば下に凸、$a < 0$ならば上に凸

②$y = ax^2 + bx + c\ (a \neq 0)$ のグラフ

$y = ax^2 + bx + c\ (a \neq 0)$ のグラフは、$a > 0$ならば下に凸、$a < 0$ならば上に凸

a. 基本変形……$y = a\left(x + \dfrac{b}{2a}\right)^2 - \dfrac{b^2 - 4ac}{4a}$

b. $y = ax^2 + bx + c$ のグラフは$y = ax^2$のグラフを x 軸の方向に$-\dfrac{b}{2a}$、y 軸の方向に

$-\dfrac{b^2 - 4ac}{4a}$だけ平行移動したもの

c. 対称軸…… $x = -\dfrac{b}{2a}$

d. 頂点の座標……$\left(-\dfrac{b}{2a}\ ,\ -\dfrac{b^2 - 4ac}{4a}\right)$

● **方程式とグラフの関係**

① $ax^2 + bx + c = 0$ のグラフ

a．二次方程式 $ax^2 + bx + c = 0$ に関する種々の問題を解くのに，放物線 $y = ax^2 + bx + c$ のグラフを利用すると便利なことが多い。

b．放物線 $y = ax^2 + bx + c$ のグラフは、$ax^2 + bx + c = 0$ の判別式 D が、

$D > 0 \Leftrightarrow x$ 軸と2点で交わる。

$D = 0 \Leftrightarrow x$ 軸と接する。

$D < 0 \Leftrightarrow x$ 軸と出合わない。

② 直線と二次曲線の交点

直線 $y = ax + b$（y または $x = cy + d$）を二次曲線の方程式に代入してできた x（または y）の二次式の判別式 D が

$D > 0 \Leftrightarrow$ 直線と曲線は2点で交わる。

$D = 0 \Leftrightarrow$ 直線と曲線は接する。

$D < 0 \Leftrightarrow$ 直線と曲線は出合わない。

 A02 正解―3

3直線の交点の座標を求めると、$(-2,\ 5)$、$(2,\ -3)$、$(-8,\ -1)$ である。
（△ABCの面積）＝（長方形CDEFの面積）－（△AEBの面積）－（△BFCの面積）－（△CDAの面積）と求める。

$8 \times 10 - \dfrac{1}{2} \times 6 \times 6 - \dfrac{1}{2} \times 10 \times 2 - \dfrac{1}{2} \times 8 \times 4$

$= 80 - 18 - 10 - 16$

$= 80 - 44$

$= 36$

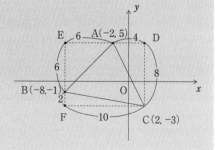

Q03 数列の和

図のように瓶400本を1段上がるごとに1本ずつ減らしていく方法で積み上げた。全部積み上げるには、一番下の段の瓶の本数は最小限何本になるか。 (国家一般)

1 26本　　**2** 27本　　**3** 28本　　**4** 29本　　**5** 30本

PointCheck

●等差数列

初項がa、公差がdの等差数列の第n項をa_nとする。

$a_{n+1} = a_n + d \quad a_1 = a \quad (n = 1, 2, 3, \cdots)$

$a_n = a + (n-1)d$

この等差数列の初項から第n項までの和S_nは

$$S_n = \frac{n}{2}\{a_1 + a_n\} = \frac{n}{2}\{2a + (n-1)d\}$$

●等比数列

初項がa、公比がrの等比数列の第n項をa_nとする。

$a_{n+1} = a_n r \quad a_1 = a \quad (n = 1, 2, 3, \cdots)$

$a_n = ar^{n-1}$

この等比数列の初項から第n項までの和S_nは

$r = 1$のとき　$S_n = na$

$r \neq 1$のとき　$S_n = \dfrac{a(1 - r^n)}{1 - r}$

問題でPointを理解する
Level 1 Q03

生物 第1章
地学 第2章
物理 第3章
化学 第4章
数学 第5章

●等比数列の極限と無限等比級数

初項がa、公比がrの等比数列において、rが$|r|<1$を満たすとき、nを限りなく大きくするとa_nは0に限りなく近づく。

またこのとき、初項から第n項までの和S_nは限りなく$\dfrac{a}{1-r}$に近づく。

A03　正解－3

かなり大雑把な考えでも正解を得られる。

図のように積み重ねて400本を並べることを考えると最下段をn本と考えれば本数はだいたい

$1+2+3\cdots+n$　と表してよく、

400本を並べるときに必ずしも最上段が1本になるとは限らないが、いずれにせよちょうど400本が積み重なると仮定すれば

$1+2+3\cdots+n=400$になり、

つまり

$\dfrac{n(n+1)}{2}=400$　$(\because 1+2+3+\cdots+n=\displaystyle\sum_{k=1}^{n}k=\dfrac{n(n+1)}{2})$

$n(n+1)=800$ ……①

である。

$n^2+n-800=0$と変型して

実際にこの2次方程式を解くと解は自然数とはならない（つまり、最上段は1本にはならない）。

しかし、nと$n+1$が近い数であることから$n(n+1)$をn^2で近似して①より

$n^2=800$

$n=\sqrt{800}=20\sqrt{2}=20\times1.41=28.2$

となる。

実際に選択肢の数を代入してみると、

$n=27$のとき－44となり題意に足りず

$n=28$のとき12となりはじめて題意を満たす。

したがって

$n=28$

Q04 平面幾何

問 AB＝2、AD＝1+$\sqrt{5}$の長方形ABCDがある。線分AEが対角線BDと垂直に交わるように、辺BC上に点Eをきめるとき、三角形ECDの面積はいくらか。 （国家一般）

1 $\dfrac{5}{2}$ 2 $\dfrac{1+\sqrt{5}}{2}$ 3 2 4 $\dfrac{2+\sqrt{5}}{2}$ 5 $\dfrac{3+\sqrt{5}}{2}$

PointCheck

● 初等幾何学の諸性質

① 平行線と線分の比

右図でAB//CDのとき、OA：OC＝OB：OD＝AB：CD

OA：OB＝OC：OD＝AC：BD

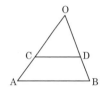

② 相似比と面積比

△ABCと△DEFの相似比が$a:b$のとき、

（△ABCの面積）：（△DEFの面積）＝$a^2:b^2$

③ 特殊な三角形の辺の比

∠BAC＝90°，∠ABC＝∠ACB＝45°の三角形の辺の比は

AB：AC：BC＝1：1：$\sqrt{2}$

∠BAC＝90°，∠ABC＝60°，∠ACB＝30°の三角形の辺の比は

AB：AC：BC＝1：$\sqrt{3}$：2

④ 直角三角形の相似

直角三角形ABCの頂点Aから辺BCに垂線AHを引くと、

△ABC∽△HBA∽△HAC

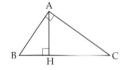

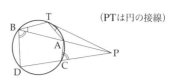

⑤円と比例

右図で　△PAC∽△PDB

　　　　△PAT∽△PTB

より　　PA・PB＝PC・PD

　　　　PT^2＝PA・PB

(PTは円の接線)

●三角形の面積

①三角形の面積

$$\triangle ABC = \frac{1}{2}ah = \frac{1}{2}bc\sin A$$

$$l /\!/ m \Leftrightarrow \triangle ABP = \triangle A'CP$$

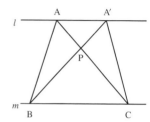

②2つの三角形の面積比

　a．等底（等高）ならば高さ（底）の比。

　b．1つの内角が等しいならば角を挟む2辺の積の比。

　c．相似ならば対応辺の二乗の比。

③ピタゴラスの定理

　直角三角形ＡＢＣにおいて

　$\angle A = 90° \Leftrightarrow a^2 = b^2 + c^2$

④中線定理

　三角形 ABC においてMが辺BCの中点であると

　$AB^2 + AC^2 = 2(AM^2 + BM^2)$

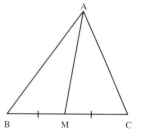

A04 正解ー3

相似な三角形を見つければ正解にたどりつける。

　　　△ABE と△DAB は∠ABE =∠DAB =∠R

　　　∠AEB = 90°−∠EBD =∠ABD

ゆえに相似

　　　BE = x とすれば、$x : 2 = 2 : (1+\sqrt{5})$

　　　$(1+\sqrt{5})\,x = 4$

$$\therefore x = \frac{4}{1+\sqrt{5}} = \sqrt{5}-1$$

だから　EC = AD − $(\sqrt{5}-1)$ = 2

つまり△ECD の面積 S は

$$S = \frac{1}{2} \times 2 \times 2 = 2$$

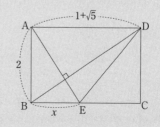

Q05 2次方程式・判別式

問 方程式 $\dfrac{1}{x-a}+\dfrac{1}{x-b}+\dfrac{1}{x-c}=0$

の解について確実にいえるのはどれか。ただし a, b, c は実数で $a<b<c$ である。

(地方上級)

1 2つの相異なる実数解をもつ
2 1つの重解をもつ
3 3つの相異なる虚数解をもつ
4 3つの相異なる実数解をもつ
5 2つの相異なる虚数解と1つの実数解をもつ

PointCheck

●2次方程式、2次不等式

①2次方程式の解（因数分解による）

$a(x-\alpha)(x-\beta)=0$ の解は、$x=\alpha$ または $x=\beta$

②解の公式

$ax^2+bx+c=0$ の解 x は、$x=\dfrac{-b\pm\sqrt{b^2-4ac}}{2a}$

③判別式

$ax^2+bx+c=0$ について、$D=b^2-4ac$ を判別式という。

D の正、負、0によって解の状態を判別できる。
$D>0$（相異なる2つの実数解をもつ）　　$D=0$（重解をもつ）
$D<0$（実数解を持たない）

④解と係数の関係

$ax^2+bx+c=0$ の解を α, β とするとき、　$\alpha+\beta=\dfrac{-b}{a}$　　$\alpha\beta=\dfrac{c}{a}$

⑤2次不等式 $(a>0,\ \alpha<\beta$ とする)
$a(x-\alpha)(x-\beta)>0$ の解は　$x<\alpha$ または $x>\beta$
$a(x-\alpha)(x-\beta)<0$ の解は　$\alpha<x<\beta$

●実数の分類

$$整数 \begin{cases} 正の整数（自然数）1, 2, 3 \cdots \\ 0 \\ 負の整数 \ -1, -2, -3 \cdots \end{cases}$$

有理数

整数でない有理数 $\begin{cases} \dfrac{1}{4} \ など \cdots\cdots\cdots 有限小数 \\ -\dfrac{4}{3} \ など \cdots\cdots 循環小数 \end{cases}$

実数

無理数 $\sqrt{2},\ \pi$ など $\cdots\cdots\cdots\cdots$ 循環しない無限小数

無限小数

A05 正解ー1

やや強引な変形ができると話は簡単である。

$\dfrac{1}{x-a}+\dfrac{1}{x-b}+\dfrac{1}{x-c}=0$ を通分して整理すると、

$(x-b)(x-c)+(x-a)(x-c)+(x-a)(x-b)=0$

$\therefore x^2-(b+c)x+bc+x^2-(a+c)x+ac+x^2-(a+b)x+ab=0$

$\therefore 3x^2-2(a+b+c)x+ab+bc+ca=0$

判別式を D とすれば、

$\dfrac{D}{4}=(a+b+c)^2-3(ab+bc+ca)=a^2+b^2+c^2-ab-bc-ca$

$=\dfrac{1}{2}(2a^2+2b^2+2c^2-2ab-2bc-2ca)$ ←強引に変形

$=\dfrac{1}{2}\{(a-b)^2+(b-c)^2+(c-a)^2\}>0 \quad (\because a<b<c)$

ゆえに相異なる 2 実数解をもつ。

Q06 確率

問　1つのサイコロを1回投げ、出た目の数と同じ枚数の硬貨を投げたとき、5枚以上に表が出る確率として正しいものは次のうちどれか。　　　　　　　　　(地方上級)

1　$\dfrac{1}{384}$　　2　$\dfrac{1}{192}$　　3　$\dfrac{1}{256}$　　4　$\dfrac{1}{54}$　　5　$\dfrac{3}{128}$

PointCheck

◉確率

①定義

　ある試行において、すべての起こり得る場合の数がn通りで、それらのどの2つも重複して起こらず、またどの場合も同程度に起こることが期待されるとき、事象Aの起こる場合の数がaならば、事象Aの起こる確率$P(A)$は、$P(A) = \dfrac{a}{n}$

②余事象

　事象Aに対してAが起こらない事象をAの余事象 という。　　$P(\overline{A}) = 1 - P(A)$

③排反事象の和の法則

　n個の事象A_1，A_2，A_3，$\cdots A_n$の中のそれらのどの2つも同時に起こらない場合、これらのn個の事象は互いに排反である。

　$P(A_1 \bigcup A_2 \bigcup \cdots \bigcup A_n) = P(A_1) + P(A_2) + \cdots + P(A_n)$

④反復試行の確率

　Aが起こる確率がpであるような試行をn回行うとき、このうちr回だけAが起こる確率は　${}_nC_r\, p^r(1-p)^{n-r}$

　例えばサイコロを5回投げて、そのうち2回だけ1の目が出る確率は

　${}_5C_2\left(\dfrac{1}{6}\right)^2\left(\dfrac{5}{6}\right)^3$　である。

A06 正解—5

サイコロを1回投げて1の目が出たら、硬貨を1枚投げる。

サイコロを1回投げて2の目が出たら、硬貨を2枚投げる。

硬貨を投げて5枚以上に表が出るためには、サイコロを投げて5の目か6の目が出なければならない。

（Ⅰ）サイコロを1回投げて5の目が出た場合

サイコロを1回投げて5の目が出る確率は、$\dfrac{1}{6}$

つづいて硬貨を5枚投げる。5枚とも表になる確率は、$\left(\dfrac{1}{2}\right)^5$ …①

（Ⅱ）サイコロを1回投げて6の目が出た場合

サイコロを1回投げて6の目が出る確率は、$\dfrac{1}{6}$

つづいて硬貨を6枚投げる。

(a) 5枚表（○）、1枚裏（×）になる確率を求める。

5枚表（○）、1枚裏（×）になる確率は、

○○○○○×　　○○○○×○　　○○○×○○

○○×○○○　　○×○○○○　　×○○○○○

の6通りあって、それぞれの確率は、$\left(\dfrac{1}{2}\right)^6$。よって和の法則より $6 \times \left(\dfrac{1}{2}\right)^6$

…②

(b) 6枚とも表になる確率は、$\left(\dfrac{1}{2}\right)^6$ …③

求める確率は、

$$\dfrac{1}{6} \times ① + \dfrac{1}{6} \times (② + ③) = \dfrac{1}{6} \times \left(\dfrac{1}{2}\right)^5 + \dfrac{1}{6} \times \left\{ 6 \times \left(\dfrac{1}{2}\right)^6 + \left(\dfrac{1}{2}\right)^6 \right\} = \dfrac{3}{128}$$

Q07 三角比・空間図形

問 あるテレビ塔の真南の地点Aからテレビ塔の先端Cを見上げて角度を測ったら45°でテレビ塔の真東の地点Bから測ったら30°であった。ABの距離が80mであるとき、テレビ塔の真下の地点をDとすると、テレビ塔の高さCDは次のうちどれか。なお、A，B，Dは同一標高上にあるものとする。

(地方上級)

1 35m   **2** 40m   **3** 45m   **4** 50m   **5** 55m

PointCheck

●空間図形と座標

2点 (x_1, y_1, z_1)，(x_2, y_2, z_2) 間の距離をdとすると
$$d^2 = (x_1 - x_2)^2 + (y_1 - y_2)^2 + (z_1 - z_2)^2$$

平面の方程式 $ax + by + cz = k$
この平面はベクトル (a, b, c) に垂直である。

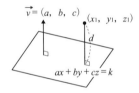

点と平面の距離
点 (x_1, y_1, z_1) と平面$ax + by + cz = k$の距離dは
$$d = \frac{|ax_1 + by_1 + cz_1 - k|}{\sqrt{a^2 + b^2 + c^2}}$$

直線の方程式は2平面の交線として表示
点 (p, q, r) を通り、ベクトル (a, b, c) に平行な直線の方程式は
$$\frac{x - p}{a} = \frac{y - q}{b} = \frac{z - r}{c}$$

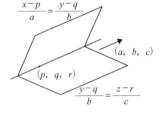

中心 (a, b, c)，半径 r の球面の方程式は、
$$(x - a)^2 + (y - b)^2 + (z - c)^2 - r^2$$

A07 正解—2

テレビ塔の高さ CD を h（m）とする。

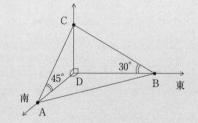

△ACD において、CD = h（m）より　AD = h（m）

△BCD において、CD = h（m）より　DB = $\sqrt{3}\,h$（m）

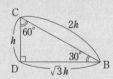

△ABD において、AD = h（m）、DB = $\sqrt{3}\,h$（m）より
AB = $2h$（m）となる。

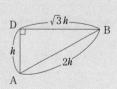

△ABD は、∠ABD = 30°、∠BAD = 60°の直角三角形。辺の長さの比は、$1:2:\sqrt{3}$
AB = 80（m）なので、　　$2h = 80$
　　$h = 40$（m）

Q08 対数・常用対数

問 Aは1000万円を年利率7%で借金した。複利計算するものとして、途中一切の返済を行わなかった場合、債務総額が2000万円を超えるのは何年目か。なお、当該年の利息は当該年のうちに債務に繰り込まれ、1年目の債務総額は1070万円である。必要があれば、次の常用対数表を使用せよ。

(国家一般)

常 用 対 数 表

数	0	1	2	3	4	5	6	7	8	9
1.0	.0000	.0043	.0086	.0128	.0170	.0212	.0253	.0294	.0334	.0374
1.1	.0414	.0453	.0492	.0531	.0569	.0607	.0645	.0682	.0719	.0755
1.2	.0792	.0828	.0864	.0899	.0934	.0969	.1004	.1038	.1072	.1106
1.3	.1139	.1173	.1206	.1239	.1271	.1303	.1335	.1367	.1399	.1430
1.4	.1461	.1492	.1523	.1553	.1584	.1614	.1644	.1673	.1703	.1732
1.5	.1761	.1790	.1818	.1847	.1875	.1903	.1931	.1959	.1987	.2014
1.6	.2041	.2068	.2095	.2122	.2148	.2175	.2201	.2227	.2253	.2279
1.7	.2304	.2330	.2355	.2380	.2405	.2430	.2455	.2480	.2504	.2529
1.8	.2553	.2577	.2601	.2625	.2648	.2672	.2695	.2718	.2742	.2765
1.9	.2788	.2810	.2833	.2856	.2878	.2900	.2923	.2945	.2967	.2989
2.0	.3010	.3032	.3054	.3075	.3096	.3118	.3139	.3160	.3181	.3201
2.1	.3222	.3243	.3263	.3284	.3304	.3324	.3345	.3365	.3385	.3404
2.2	.3424	.3444	.3464	.3483	.3502	.3522	.3541	.3560	.3579	.3598
2.3	.3617	.3636	.3655	.3674	.3692	.3711	.3729	.3747	.3766	.3784
2.4	.3802	.3820	.3838	.3856	.3874	.3892	.3909	.3927	3945	3962

1 11年目　　**2** 10年目　　**3** 9年目　　**4** 8年目　　**5** 7年目

PointCheck

●対数

①aが1でない正の数のとき、$a^p = q$を$\log_a q = p$と表す。

②次の公式が成り立つ。

$$\log_a xy = \log_a x + \log_a y$$

$$\log_a x^n = n\log_a x$$

$$\log_b c = \frac{\log_a c}{\log_a b}$$

③$a>1$のとき、a^x、$\log_a x$はともに増加関数、

0<a<1のとき、a^x、$\log_a x$はともに減少関数である。

④対数の相等と大小

aが1でない正の定数のとき、　$\log_a M = \log_a N \Leftrightarrow M = N$

$a>1$のとき、　$\log_a M > \log_a N \Leftrightarrow M > N$

0<a<1のとき、　$\log_a M > \log_a N \Leftrightarrow M < N$

◉常用対数

10を底とする対数$\log_{10} x$を常用対数といい、底10を省略して$\log x$と書く。つまり、$\log x$は、「xにするには10を何乗するかをあらわすもの」≒「xのけた数」となる。電子計算機がない時代は、常用対数の値を常用対数表を用いて求め、累乗でけた数が大きくなった計算をしたと考えてよい（ただ、計算結果として正確な数値が出るものではない）。

A08　正解ー1

1年目の債務総額　　　1000×1.07（万円）

2年目の債務総額　　　$1000 \times (1.07)^2$（万円）

n年目の債務総額　　　$1000 \times (1.07)^n$（万円）

n年目に2000（万円）を超えるとすると、

$1000 \times (1.07)^n > 2000$

$(1.07)^n > 2$

両辺の常用対数をとる

$n \log 1.07 > \log 2$

常用対数表より　　　$\log 1.07 = 0.0294$　　　$\log 2.00 = 0.3010$

$n \times 0.0294 > 0.3010$

$n > 0.3010 / 0.0294 \fallingdotseq 10.2$

nは整数より　　　$n = 11$

債務総額が2000万円を超えるのは、11年目である。

Q09 集合・要素の個数

問 集合A={0,1}に対し、その一部分を要素とする部分集合をすべて挙げると次の通りである。
　　{0}，{1}，{0,1}，φ（要素を1つも含まない集合を空集合といいφと書く）
　　集合Nが次のようなxを要素とする集合である場合、集合Nの部分集合をすべて挙げると
いくつあるか。
　　集合N={ x | x² + x < 6 （xは整数）}

(国家一般)

1 16　　**2** 18　　**3** 20　　**4** 22　　**5** 24

PointCheck

●集合の要素と個数

①集合

　ある条件を満たすものの集まり。

②要素（または元）

　集合をつくっている1つ1つのもの。

　集合Aの要素の個数を$n(A)$と書く。

③空集合

　要素を1つももたない集合。 φと書く。

④部分集合

　集合Aのすべての要素が集合Bの要素になっているとき「AはBの部分集合である」とい
　う。$A \subset B$　と書く。「AはBに含まれる」「BはAを含む」ともいう。

⑤共通部分

　集合Aの要素でもあり集合Bの要素でもあるような要素からなる集合を集合Aと集合Bの
　共通部分という。$A \cap B$と書く。「AとBの交わり」ともいう。

⑥和集合

　集合Aの要素と集合Bの要素の全てを要素とし、それ以外には要素を持たない集合を集
　合Aと集合Bの和集合という。$A \cup B$と書く。「AとBの結び」ともいう。

⑦補集合

　ある集合Uの部分集合だけを考えるときに集合Uを特に全体集合という。全体集合の要
　素である集合Aの要素ではない要素を全て要素とする集合をAの補集合という。$\bar{A}$と表す。

⑧集合の表現

　　集合AをA={a, b} とする。　集合Aの要素は、a, bの2個である。

　　$n(A)=2$　　集合Aの部分集合は、φ，{a}，{b}，{a, b}。

　　$\phi \subset A$，$A \subset A$ である。　また $n(\phi)=0$ である。

問題でPointを理解する

Level 2 **Q09**

生物 第1章
地学 第2章
物理 第3章
化学 第4章
数学 第5章

集合Aを「1以上10以下の偶数」とすると、次のように2つの表現ができる。

$A = \{ x \mid x$は偶数、かつ、$1 \leq x \leq 10 \}$

$A = \{ 2, 4, 6, 8, 10 \}$

 Level up Point! 実は集合の出題に難問はない。一般的に数学での難問とは、イコール「なじみのない問題」なのである。対策としては、基本を確認し問題の解き方を理解しておくだけである。

A09 正解ー1

2次不等式 $x^2 + x < 6$を解く

$x^2 + x - 6 < 0$

$(x+3)(x-2) < 0$

∴ $-3 < x < 2$

xは整数より、集合Nは N$= \{ -2, -1, 0, 1 \}$

Nの部分集合で

要素が0個のものは、ϕの1個

要素が1個のものは、$\{-2\}, \{-1\}, \{0\}, \{1\}$ の4個 （$_4C_1 = 4$で求める）

要素が2個のものは、$_4C_2 = 6$

要素が3個のものは、$_4C_3 = 4$

要素が4個のものは、$_4C_4 = 1$

部分集合は全部で、$1 + 4 + 6 + 4 + 1 = 16$個

〈別解〉

Nの4つの要素$-2, -1, 0, 1$を用いてNの部分集合を作る。

要素-2を入れるか入れないかで2通りある。

そのおのおのに対して、要素-1を入れるか入れないかで2通りずつある。

（ここまでで$2 \times 2 = 4$通り。さらにこの4通りに対して考える）

そのおのおのに対して、要素0を入れるか入れないかで2通りずつある。

そのおのおのに対して、要素1を入れるか入れないかで2通りずつある。

このように考えると、

$2 \times 2 \times 2 \times 2 = 2^4 = 16$通り の部分集合ができる。

たとえば、要素が入るを○、要素が入らないを×と書くと、

4つの要素$-2, -1, 0, 1$に対して

部分集合 $\{0, 1\}$ は、××○○ で表せる。

部分集合 ϕ は、　××××　で表せる。

このように16個の部分集合が表せる。

Q10 微分・極値

問 3次関数 $f(x) = 2x^3 + ax^2 + bx + c$ が $x = -1$, $x = 2$ で極値をとり、極小値が -19 であるとき極大値は次のうちどれか。 (地方上級)

1 2　　2 8　　3 10　　4 12　　5 18

PointCheck

●導関数

$$f'(x) = \lim_{h \to 0} \frac{f(x+h) - f(x)}{h}$$

関数 $f(x) = x^n$ とすると、関数 $f'(x) = nx^{n-1}$ を $f(x)$ の導関数といい、$f(x)$ に対して $f'(x)$ を求めることを、「微分する」という。

●xⁿの微分、他

$(x^n)' = nx^{n-1}$, $(c)' = 0$ (cは定数)

$\{f(x) + g(x)\}' = f'(x) + g'(x)$, $\{kf(x)\}' = kf'(x)$ (kは定数)

●微分係数と接線の方程式

関数 $f(x)$ に対して、その導関数 $f'(x)$ の $x = a$ のときの値 $f'(a)$ を、微分係数という。微分係数 $f'(a)$ は、曲線 $y = f(x)$ の、$x = a$ における接線の傾きを表す。

したがって、$y = f(x)$ 上の点 $(a, f(a))$ における接線の方程式は

$y - f(a) = f'(a)(x - a)$ 　となる。

●微分係数と関数f(x)の増加・減少

接線の傾きを表す微分係数 $f'(a)$ の正負から、$x = a$ における関数 $f(x)$ の増減の状態を知ることができる。すなわち、

　　$f'(x) > 0$ なる区間で $f(x)$ は（単調に）増加

　　$f'(x) < 0$ なる区間で $f(x)$ は（単調に）減少

●極大・極小

　$f(x)$ が増加から減少に転じるところを極大（その値を極大値）

　$f(x)$ が減少から増加に転じるところを極小（その値を極小値）

という。その点 $x = a$ において $f'(a) = 0$（この逆は必ずしも成り立たない）

問題でPoint を理解する
Level 2 Q10

生物第1章
地学第2章
物理第3章
化学第4章
数学第5章

例題：$f(x) = 2x^3 + 3x^2 - 12x + 5$ の極値の積を求めよ。

　　3次関数 $f(x)$ は $f'(x) = 0$ が異なる2つの実数解をもてば極値を2つもつので
$f'(x) = 0$ の解 α, β について、極値は $f(\alpha)$, $f(\beta)$。
したがって、$f(\alpha) \times f(\beta)$ を求めればよい。
$f'(x) = 6x^2 + 6x - 12 = 6(x + 2)(x - 1) = 0$ から
$x = -2, 1$
$\therefore f(-2) \times f(1) = 25 \times (-2) = -50$

Level up Point!
　微分・積分では、3次関数の極大・極小（微分）や、2次関数のグラフと直線とで囲まれた図形の面積（積分）が頻出である。数Ⅱまでの範囲の微分・積分が出題されるが、例題レベルの問題なので、パターンを習得すれば十分対応できる。

A10 正解－2

　最高次数 x^3 の係数が2であり、正の数であるために極値は、x の小さい方が極大、大きい方が極小であることが自明である。
　$f(x)$ を微分すると $f'(x) = 6x^2 + 2ax + b$
題意より $x = -1$ と2で極値をとることから
　$f'(-1) = 6 - 2a + b = 0$、$f'(2) = 24 + 4a + b = 0$
　a, b について解くと、$a = -3$, $b = -12$
　$\therefore f(x) = 2x^3 - 3x^2 - 12x + c$
さらに $x = 2$ で極小値をとることから
　$f(2) = -19$
　$\therefore c = 1$
　$\therefore f(x) = 2x^3 - 3x^2 - 12x + 1$
よって
　$x = -1$ で極大値をとることから
　$f(-1) = 8$

Q11 積分・面積

問 図のように$y = ax^2$（$a > 0$）と$y = x$とで囲まれた部分の面積はいくらか。 （地方上級）

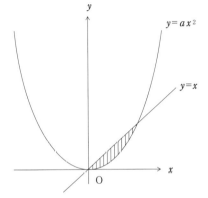

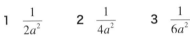

1 $\dfrac{1}{2a^2}$　　2 $\dfrac{1}{4a^2}$　　3 $\dfrac{1}{6a^2}$

4 $\dfrac{1}{8a^2}$　　5 $\dfrac{1}{10a^2}$

PointCheck

◉不定積分

$$\int f(x)dx = F(x) + C \quad （Cは積分定数）$$

$F(x)$を微分すると　$F'(x) = f(x)$となるとき、逆に$f(x)$から$f(x)+c$を求めることを不定積分という。

◉定積分

$$\int_a^b f(x)dx = F(b) - F(a)$$

定積分では差をとるので、積分定数Cはなくなる。

◉定積分と面積

$$\int_a^b \{f(x) - g(x)\}dx$$

　定積分では、区間$[a, b]$の間で、関数式で囲まれた部分の面積を求めることができる。

　例：関数$y = x^2$と2直線$x = 0$，$x = 3$と、x軸で囲まれた面積S

$$\int_0^3 x^2 dx = \left[\frac{1}{3}x^3\right]_0^3 = 9$$

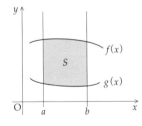

問題でPoint を理解する
Level 2 **Q11**

生物 第1章

地学 第2章

物理 第3章

化学 第4章

数学 第5章

●面積の簡略公式

$$\left|\int_a^b (x-a)(x-b)dx\right| = \frac{|b-a|^3}{6}$$

※検算用に非常に便利だが、使いこなすには訓練が必要。

　放物線と直線の囲む面積も、放物線と放物線の囲む面積も、被積分関数が2次関数になり端点がその関数＝0の解になることから、簡略公式が適用できる。

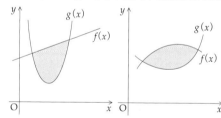

A11 正解―3

積分さえ間違わなければ容易であろう。

$y=ax^2$と$y=x$の交点のx座標は

$ax^2=x$から、$ax^2-x=0$、$x(ax-1)=0$

$x=0, \dfrac{1}{a}$ $(\because a>0)$

よって求める図形の面積は

$$\int_0^{\frac{1}{a}}(x-ax^2)dx$$

$$=\left[\frac{1}{2}x^2-\frac{a}{3}x^3\right]_0^{\frac{1}{a}} = \frac{1}{2a^2}-\frac{1}{3a^2} = \frac{1}{6a^2}$$

INDEX

地学

物理

数学

本書の内容は、小社より2020年3月に刊行された
「公務員試験 出るとこ過去問 14 自然科学」(ISBN：978-4-8132-8756-8)
および2023年3月に刊行された
「公務員試験 出るとこ過去問 14 自然科学 新装版」(ISBN：978-4-300-10614-3)
と同一です。

公務員試験 過去問セレクトシリーズ

公務員試験 出るとこ過去問 14 自然科学 新装第2版

2020年 4 月 1 日　初　　　版　第 1 刷発行
2024年 4 月 1 日　新装第 2 版　第 1 刷発行

編　著　者	Ｔ　Ａ　Ｃ　株　式　会　社		
	（出版事業部編集部）		
発　行　者	多　　田　　敏　　男		
発　行　所	ＴＡＣ株式会社　出版事業部		
	（ＴＡＣ出版）		

〒 101-8383
東京都千代田区神田三崎町 3-2-18
電話　03 (5276) 9492 （営業）
FAX　03 (5276) 9674
https://shuppan.tac-school.co.jp/

印　　刷	株式会社　光　　　邦	
製　　本	株式会社　常　川　製　本	

© TAC　2024　　　Printed in Japan

ISBN 978-4-300-11134-5
N.D.C. 317

公務員講座のご案内

大卒レベルの公務員試験に強い!

2022年度 公務員試験

公務員講座生[※1]
最終合格者延べ人数[※2]

5,314名

国家公務員 (大卒程度)	計	**2,797**名
地方公務員 (大卒程度)	計	**2,414**名
国立大学法人等	大卒レベル試験	**61**名
独立行政法人	大卒レベル試験	**10**名
その他公務員		**32**名

※1 公務員講座生とは公務員試験対策講座において、目標年度に合格するために必要と考えられる、講義、演習、論文対策、面接対策等をパッケージ化したカリキュラムの受講生です。単科講座や公開模試のみの受講生は含まれておりません。
※2 同一の方が複数の試験種に合格している場合は、それぞれの試験種に最終合格者としてカウントしています。(実合格者数は2,843名です。)
＊2023年1月31日時点で、調査にご協力いただいた方の人数です。

1位 全国の公務員試験で 合格者を輩出!

詳細は公務員講座(地方上級・国家一般職)パンフレットをご覧ください。

2022年度 国家総合職試験

公務員講座生[※1]

最終合格者数 **217**名

法律区分	**41**名	経済区分	**19**名
政治・国際区分	**76**名	教養区分[※2]	**49**名
院卒/行政区分	**24**名	その他区分	**8**名

※1 公務員講座生とは公務員試験対策講座において、目標年度に合格するために必要と考えられる、講義、演習、論文対策、面接対策等をパッケージ化したカリキュラムの受講生です。単科講座や公開模試のみの受講生は含まれておりません。
※2 上記は2022年度目標の公務員講座最終合格者のほか、2023年度目標公務員講座生の最終合格者40名が含まれています。
＊ 上記は2023年1月31日時点で調査にご協力いただいた方の人数です。

2022年度 外務省専門職試験

最終合格者総数55名のうち
54名がWセミナー講座生です。[※1]

合格者占有率[※2] **98.2%**

外交官を目指すなら、実績のWセミナー

※1 Wセミナー講座生とは、公務員試験対策講座において、目標年度に合格するために必要と考えられる、講義、演習、論文対策、面接対策等をパッケージ化したカリキュラムの受講生です。各種オプション講座や公開模試など、単科講座のみの受講生は含まれておりません。また、Wセミナー講座生はそのボリュームから他校の講座生と掛け持ちすることは困難です。
※2 合格者占有率は「Wセミナー講座生(※1)最終合格者総数」を、「外務省専門職採用試験の最終合格者総数」で除して算出しています。また、算出した数字の小数点第二位以下を四捨五入して表記しています。
＊ 上記は2022年10月10日時点で調査にご協力いただいた方の人数です。

WセミナーはTACのブランドです

公務員講座のご案内

無料体験入学のご案内
3つの方法でTACの講義が体験できる!

教室で体験 迫力の生講義に出席 | 予約不要! | 最大3回連続出席OK!

1. 校舎と日時を決めて、当日TACの校舎へ

TACでは各校舎で毎月体験入学の日程を設けています。

2. オリエンテーションに参加(体験入学1回目)

初回講義「オリエンテーション」にご参加ください。体験入学ご参加の際に個別にご相談をお受けいたします。

3. 講義に出席(体験入学2・3回目)

引き続き、各科目の講義をご受講いただけます。参加者には体験用テキストをプレゼントいたします。

- 最大3回連続無料体験講義の日程はTACホームページと公務員講座パンフレットでご覧いただけます。
- 体験入学はお申込み予定の校舎に限らず、お好きな校舎でご利用いただけます。
- 4回目の講義前までにご入会手続きをしていただければ、カリキュラム通りに受講することができます。

※地方上級・国家一般職、理系(技術職)、警察・消防以外の講座では、最大3回連続体験入学を実施しています。また、心理職・福祉職はTAC動画チャンネルで体験講義を配信しています。
※体験入学1回目や2回目の後でもご入会手続きは可能です。「TACで受講しよう!」と思われたお好きなタイミングで、ご入会いただけます。

ビデオで体験 校舎のビデオブースで体験視聴

TAC各校のビデオブースで、講義を無料でご視聴いただけます。(要予約)

各校のビデオブースでお好きな講義を視聴できます。視聴前日までに視聴する校舎受付までお電話にてご予約をお願い致します。

ビデオブース利用時間 ※日曜日は④の時間帯はありません。
- ① 9:30 ~ 12:30
- ② 12:30 ~ 15:30
- ③ 15:30 ~ 18:30
- ④ 18:30 ~ 21:30

※受講可能な曜日・時間帯は一部校舎により異なります。
※年末年始・夏期休業・その他特別な休業以外は、通常平日・土日祝祭日にご覧いただけます。
※予約時にご希望日とご希望時間帯を合わせてお申込みください。
※基本講義の中からお好きな科目をご視聴いただけます。(視聴できる科目は時期により異なります)
※TAC提携校での体験視聴につきましては、提携校各校へお問合せください。

Webで体験 スマートフォン・パソコンで講義を体験視聴

TACホームページの「TAC動画チャンネル」で無料体験講義を配信しています。時期に応じて多彩な講義がご覧いただけます。

TACホームページ https://www.tac-school.co.jp/

※体験講義は教室講義の一部を抜粋したものになります。

TAC出版 書籍のご案内

TAC出版では、資格の学校TAC各講座の定評ある執筆陣による資格試験の参考書をはじめ、資格取得者の開業法や仕事術、実務書、ビジネス書、一般書などを発行しています!

TAC出版の書籍
*一部書籍は、早稲田経営出版のブランドにて刊行しております。

資格・検定試験の受験対策書籍

- ✪日商簿記検定
- ✪建設業経理士
- ✪全経簿記上級
- ✪税理士
- ✪公認会計士
- ✪社会保険労務士
- ✪中小企業診断士
- ✪証券アナリスト

- ✪ファイナンシャルプランナー(FP)
- ✪証券外務員
- ✪貸金業務取扱主任者
- ✪不動産鑑定士
- ✪宅地建物取引士
- ✪賃貸不動産経営管理士
- ✪マンション管理士
- ✪管理業務主任者

- ✪司法書士
- ✪行政書士
- ✪司法試験
- ✪弁理士
- ✪公務員試験(大卒程度・高卒者)
- ✪情報処理試験
- ✪介護福祉士
- ✪ケアマネジャー
- ✪社会福祉士　ほか

実務書・ビジネス書

- ✪会計実務、税法、税務、経理
- ✪総務、労務、人事
- ✪ビジネススキル、マナー、就職、自己啓発
- ✪資格取得者の開業法、仕事術、営業術
- ✪翻訳ビジネス書

一般書・エンタメ書

- ✪ファッション
- ✪エッセイ、レシピ
- ✪スポーツ
- ✪旅行ガイド (おとな旅プレミアム/ハルカナ)
- ✪翻訳小説

公務員試験対策書籍のご案内

TAC出版の公務員試験対策書籍は、独学用、およびスクール学習の副教材として、各商品を取り揃えています。学習の各段階に対応していますので、あなたのステップに応じて、合格に向けてご活用ください!

INPUT

『みんなが欲しかった!
公務員
合格へのはじめの一歩』
A5判フルカラー
●本気でやさしい入門書
●公務員の"実際"をわかりやすく紹介したオリエンテーション
●学習内容がさっくりわかる入門講義

・数的処理（数的推理・判断推理・空間把握・資料解釈）
・法律科目（憲法・民法・行政法）
・経済科目（ミクロ経済学・マクロ経済学）

『みんなが欲しかった!
公務員 教科書&問題集』
A5判
●教科書と問題集が合体!
でもセパレートできて学習に便利!
●「教科書」部分はフルカラー!
見やすく、わかりやすく、楽しく学習!

・憲法
・【刊行予定】民法、行政法

『新・まるごと講義生中継』
A5判
TAC公務員講座講師
郷原 豊茂 ほか
●TACのわかりやすい生講義を誌上で!
●初学者の科目導入に最適!
●豊富な図表で、理解度アップ!

・郷原豊茂の憲法
・郷原豊茂の民法Ⅰ
・郷原豊茂の民法Ⅱ
・新谷一郎の行政法

『まるごと講義生中継』
A5判
TAC公務員講座講師
渕元 哲 ほか
●TACのわかりやすい生講義を誌上で!
●初学者の科目導入に最適!

・郷原豊茂の刑法
・渕元哲の政治学
・渕元哲の行政学
・ミクロ経済学
・マクロ経済学
・関野喬のパターンでわかる数的推理
・関野喬のパターンでわかる判断整理
・関野喬のパターンでわかる
　空間把握・資料解釈

要点まとめ

『一般知識
出るとこチェック』
四六判
●知識のチェックや直前期の暗記に最適!
●豊富な図表とチェックテストでスピード学習!

・政治・経済
・思想・文学・芸術
・日本史・世界史
・地理
・数学・物理・化学
・生物・地学

記述式対策

『公務員試験論文答案集
専門記述』
A5判
公務員試験研究会
●公務員試験（地方上級ほか）の専門記述を攻略するための問題集
●過去問と新作問題で出題が予想されるテーマを完全網羅!

・憲法〔第2版〕
・行政法

書籍の正誤に関するご確認とお問合せについて

書籍の記載内容に誤りではないかと思われる箇所がございましたら、以下の手順にてご確認とお問合せをしてくださいますよう、お願い申し上げます。

なお、正誤のお問合せ以外の書籍内容に関する解説および受験指導などは、一切行っておりません。
そのようなお問合せにつきましては、お答えいたしかねますので、あらかじめご了承ください。

1 「Cyber Book Store」にて正誤表を確認する

TAC出版書籍販売サイト「Cyber Book Store」の
トップページ内「正誤表」コーナーにて、正誤表をご確認ください。

CYBER TAC出版書籍販売サイト
BOOK STORE

URL:https://bookstore.tac-school.co.jp/

2 ❶の正誤表がない、あるいは正誤表に該当箇所の記載がない ⇒ 下記①、②のどちらかの方法で文書にて問合せをする

★ご注意ください★

お電話でのお問合せは、お受けいたしません。

①、②のどちらの方法でも、お問合せの際には、「お名前」とともに、
「対象の書籍名(○級・第○回対策も含む)およびその版数(第○版・○○年度版など)」
「お問合せ該当箇所の頁数と行数」
「誤りと思われる記載」
「正しいとお考えになる記載とその根拠」
を明記してください。
なお、回答までに1週間前後を要する場合もございます。あらかじめご了承ください。

---

① ウェブページ「Cyber Book Store」内の「お問合せフォーム」より問合せをする

【お問合せフォームアドレス】

https://bookstore.tac-school.co.jp/inquiry/

---

② メールにより問合せをする

【メール宛先 TAC出版】

syuppan-h@tac-school.co.jp

※土日祝日はお問合せ対応をおこなっておりません。
※正誤のお問合せ対応は、該当書籍の改訂版刊行月末日までといたします。

乱丁・落丁による交換は、該当書籍の改訂版刊行月末日までといたします。なお、書籍の在庫状況等により、お受けできない場合もございます。
また、各種本試験の実施の延期、中止を理由とした本書の返品はお受けいたしません。返金もいたしかねますので、あらかじめご了承くださいますようお願い申し上げます。

(2022年7月現在)